En Güzel

Çocuk Adları Sözlüğü

Yayına hazırlayan:
İpek Özınen

İstanbul

1. baskı: Omega Yayınları, İstanbul 2007

EN GÜZEL ÇOCUK ADLARI SÖZLÜĞÜ

ISBN 978-975-468-677-4

Yayın yönetmeni: *Murat Batmankaya*
Yayına hazırlayan: *İpek Özmen*

Baskı: Engin Ofset
Litros Yolu 2. Matbaacılar Sit. 1 NA33 Topkapı-İst.
Tel: (0212) 612 05 53

omega
Ankara Cad. 54/12 • TR-34410 Sirkeci-İstanbul
Telefon: 0 212 - 512 21 58 • Faks: 0 212 - 512 50 80
e-posta: sayyayinlari@ttnet.net.tr

Genel Dağıtım: Say Dağıtım Ltd. Şti.
Ankara Cad. 54/4 • TR-34410 Sirkeci-İstanbul
Telefon: 0 212 - 528 17 54 • Faks: 0 212 - 512 50 80
e-posta: dagitim@saykitap.com

İÇİNDEKİLER

I. BÖLÜM
ERKEK ADLARI

A.....7
B.....24
C.....35
Ç.....38
D.....41
E.....48
F.....59
G.....61
H.....67
I.....70
İ.....70
J.....73
K.....74
L.....82
M.....82
N.....87
O.....89
Ö.....93
P.....97
R.....99
S.....100
Ş.....108
T.....109
U.....118
Ü.....121
V.....122
Y.....124
Z.....129

II. BÖLÜM
KADIN ADLARI

A.....130
B.....141
C.....148
Ç.....150
D.....151
E.....156
F.....163
G.....166
H.....174
I.....178
İ.....178
J.....180
K.....181
L.....182
M.....183
N.....189
O.....194
Ö.....195
P.....196
R.....197
S.....199
Ş.....206
T.....209
U.....211
Ü.....211
V.....212
Y.....213
Z.....214

KAYNAKÇA.....216

KISALTMALAR

Ar.	Arapça
Erm.	Ermenice
Far.	Farsca
Fr.	Fransızca
İbr.	İbranice
İng.	İngilizce
İt.	İtalyanca
Lat.	Latince
Mac.	Macarca
Moğ.	Moğolca
Türk.	Türkçe
Yun.	Yunanca

ERKEK ADLARI

A

Abakan/Abakay Bir Türk boyu.

Abat *Far.* Şen, rahat, mutlu, gönlü huzur içinde olan kimse

Abay Hünerli.

Abaza *İsm.* **1.** Kuzeybatı Kafkasya'da yaşaya bir halk. **2.** Bu soydan olan kimse.

Abbas *Ar.* **1.** Aslan. **2.** Sert, çatık kaşlı kimse. **3.** Peygamberimizin amcalarından, Mekke fethinde müslüman olan zat.

Abdal *Ar.* **1.** Dilenci kılıklı, üstü başı perişan kimse. **2.** Gezgin, derviş. **3.** Anadolu'da yaşayan birtakım oymaklara verilen ad.

Abdi *Ar.* Kölelikle ilgili olan.

Abdullah *Ar.* Tanrı'nın kulu.

Abduş *Ar.* "Abdullah"ın kısaltılarak söylenmiş şekli.

Abdülalim *Ar.* Herşeyi bilen Tanrı'nın kulu.

Abdülaziz *Ar.* Tanrı'nın sevgili kulu.

Abdülbaki *Ar.* Varlığı zamanla sınırlanamayan Tanrı'nın kulu.

Abdülcabbar *Ar.* Zor kullanma yetisine sahip olan Tanrı'nın kulu.

Abdülcelal *Ar.* Tanrıkulu.

Abdülcelil *Ar.* Ulu Tanrı'nın bir kulu.

Abdülcemal *Ar.* Dürüstlüğü ve güzelliği olan bir Tanrı kulu.

Abdülcevat *Ar.* Cömert ve eli açık olan Tanrı kulu.

Abdülferit *Ar.* Tüm özelikleriyle üstün olan Tanrı kulu.

Abdülfettah *Ar.* Sorunların üstesinden kolaylıkla gelen Tanrı kulu.

Abdülgaffar *Ar.* Af edici olan Tanrı kulu.

Abdülgafur *Ar.* Bağışlayan ve acıyan Tanrı kulu.

Abdülgani *Ar.* Zengin ve cömert olan Tanrı'nın kulu.

Abdülhak *Ar.* Yüce Tanrı'nın kulu.

Abdülhakim *Ar.* Her şeye hakim olan Tanrı'nın kulu.

Abdülhalik *Ar.* Yaratan Tanrı'nın kulu.

Abdülhalim *Ar.* Halden anlayan Tanrı'nın kulu.

Abdülhamit *Ar.* Övülen Tanrı'nın kulu.

Abdülkadir *Ar.* Gücü her şeye yeten Tanrı'nın kulu.

Abdülkerim *Ar.* Cömert olan Tanrı'nın kulu.

Abdüllatif *Ar.* Zenginliğini paylaşan Tanrı'nın kulu.

Abdüllazim *Ar.* Büyük, yüce, yüksek ve ulu olan Tanrı'nın kulu.

Abdülmecit *Ar.* Şan ve şeref sahibi Tanrı'nın kulu.

Abdülmelik *Ar.* Bütün evrene hakim olan Tanrı'nın kulu.

Abdülmetin *Ar.* Her şeye gücü yeten ve sonsuz bir güce sahip olan Tanrı'nın kulu.

Abdülvahap *Ar.* Cömert olan Tanrı'nın kulu.

Abdülvahip Tüm yarattıklarından ve her şeyden daha üstün olan Tanrı'nın kulu.

Abdülvahit *Ar.* Üstün olan Tanrı'nın kulu.

Abdürrahman *Ar.* Rahmet sahibi olan, her şeyi bağışlayan Tanrı'nın kulu.

Abdürrauf *Ar.* Esirgeyen Tanrı'nın kulu.

Abdürreşit *Ar.* Dürüstlüğü ve doğruluğu öğreten Tanrı'nın kulu.

Abdürrezzak *Ar.* Bütün yarattıklarını rızkıyla birlikte yaratan Tanrı'nın kulu.

Âber *Ar.* Nuh'un erkek torunu.

Abır *Ar.* Huzur ve barış sahibi olan.

Abidin *Ar.* Her şeye inanan, ibadet eden.

Abus *Ar.* **1.** Asık suratlı, somurtkan kimse. **2.** Çatık, asık yüz. **3.** Niteliği bilinmeyen, garip acaip.

Abuzer *Far.* Altın suyu.

Abuzettin *Ar.* Dindar olan ve din yolundan ayrılmayan.

Acabay Güçlü, kuvvetli, ulu ve saygın kişi.

Acabey Güçlü, kuvvetli, ulu ve saygın olan kişi.

Acahan Kuvvetli kişi.

Acar *Ar.* **1.** Taşkın, yılmaz, kabına sığmayan. **2.** Güçlü, çevik ve enerjik olan. **3.** Yeni. **4.** Güneybatı Kafkasya'nın Türkiye sınırına yakın bölgesinde yaşayan bir halk.

Acara Bkz. Acar.

Acaralp Bahadır ve korkusuz yiğit. Her şeyin üzerine büyük bir cesaretle giden korkusuz kimse.

Acarsoy **1.** Atik. **2.** Kafkasya'da yaşayan Gürcülerin soyundan gelen kişi. **3.** Soyu yiğit olan kişi.

Acatay Güçlü ve kuvvetli kişi.

Aclan *Ar.* **1.** Büyüklenmek, güçlenmek. **2.** Osmanlılar'ın kuruluş döneminde sıkça kullanılan isim. **3.** Karasi Beyliği'ni kuran Kara İsa Bey'in oğlu. **4.** Yerinde duramayan ve aceleci olan.

Acun Kâinat, cihan, alem, dünya.

Acunalp Yiğitliği, mertliği ve kahramanlığı ile cihana ün salmış olan kişi.

Acuner Yürekliliği ve erliği cihana yayılmış olan kişi.

Acunseven Mertliği ve yiğitliği seven kimse.

Açıkalın Dürüst, mert, çekinecek hiçbir şeyi olmayan kişi.

Açıkel Cömert ve eli açık kimse.

Açıker Doğruluğun ve dürüstlüğün savunucusu olan kimse.

Açıkgün Doğru, dürüst olan gün.

Adal Adı bilinen, saygın ve tanınmış kişi.

Adalan Şöhret kazanan, ünü yayılarak büyük bir isme sahip olan kimse.

Adalır Nam ve ün salan kimse.

Adanır Adıyla ün kazanan kimse.

Adalı Ada halkından olan, adada yaşayan kişi.

Adem *Ar.* **1.** İlk yaratıldığı sanılan insan ve ilk peygamberin adı. **2.** İnsan, insanoğlu, adem. **3.** Yokluk ve bulunmayış. **4.** İnsanda bulunması gereken özelliklere sahip olan.

Adıcan Adı gibi candan ve sevilen.

Adıgün Adı aydınlık ve gün gibi olan.

Adıgüzel Adıyla beğenilen ve hayranlık uyandıran.

Adınamlı Adıyla ün kazanmış olan.

Adısanlı İsmiyle ün ve şöhret kazanmış olan.

Adısoylu Adı gibi soylu ve asil olan.

Adısönmez Sönmeyen ateş gibi adı da yaşayacak olan.

Adıvar Adı duyulmuş ve bilinen, insanlar arasında iyi bir etki bırakmış olan kimse.

Adil *Ar.* **1.** Adaletten ve haktan ayrılmayan, adaletli. **2.** Hakka uygun olan, haklı.

Adilhan *Ar.* Adaletle iş gören hakkın hükümdarı.

Adlı **1.** Ün sahibi, herkesçe iyi tanınan kişi. **2.** Adı olan.

Adnan *Ar.* Cennette ölümsüzlüğe ulaşmış olan kimse.

Adni *Ar.* Cennetlik insan.

Adsay Adıyla bir saygınlık kazanmış olan kimse.

Adsoy Adı da soyunu ifade eden kimse.

Afacan Çok zeki, aynı zamanda ele avuca sığmayan yaramaz çocuk.

Afer *Ar.* Çok beyaz olan.

Affan *Ar.* İradeli, kötü şeylerden kaçınan ve kendine dikkat eden kimse.

Afif *Ar.* İffetli ve temiz olan.

Afşar Oğuz Türkleri'nin 24 boyundan biri.

Afşin **1.** Savaşlarda kullanılan bir giysi, kargı. **2.** 1066 yılında Anadolu'da görevlendirilen Gümüştigin'in kumandanlarından Selçuklu Emiri'nin adı.

Agâh *Far.* **1.** Bilgin, haberli, uyanık. **2.** Erkek adı.

Ağa **1.** Kırsal bölgelerde büyük topraklara sahip ve halk üzerinde yetki sahibi olan, varlıklı, sözü geçen kimse. **2.** Halk arasında sayılan ve sözü geçen erkeklere verilen ünvan. **3.** Büyük kardeş, ağabey. **4.** Osmanlı İmparatorluğu zamanında bazı kurumların başında bulunanlara verilen ünvan. **5.** Hoş görülü, babacan erkek.

Ağababa **1.** Dede, ata. **2.** Sözü geçen ve ileri gelen kimse.

Ağabay Zengin ve sözü geçen kimse.

Ağabey **1.** Çok varlıklı, güçlü kişi. **2.** Büyük erkek kardeş.

Ağacan Cömert ve içten kimse.

Ağahan Ağaların ağası.

Ağakan Ağa soyundan gelen kimse.

Ağan Göktaşı, akan yıldız.

Ağaner **1.** Yükseklerin bekçisi. **2.** Yükselen kişi.

Ağansoy Yüksek, soylu kimse.

Ağaoğlu **1.** Saygı duyulan birinin oğlu. **2.** Beyzade.

Ağar Sadık kişi.

Ağarantan Gün doğmadan önceki alacakaranlığın, yavaş yavaş yerini aydınlığa bırakması.

Ağca Beyaz olan, çok beyaz.

Ağcabey Temiz ve güvenilir insan.

Ağer Temiz kişi, dürüst erkek.

Ağırtaş Ağırbaşlı insan.

Ahen *Far.* Demir gibi sert olan.

Ahıska Gürcistan'ın Türkiye sınırlarına yakın bölgelerinde yaşamış olan, ancak II. Dünya Savaşı sonlarında Sovyetler Birliği'nin değişik bölgelerine sürülen Türkler.

Ahi *Ar.* **1.** Dost canlısı. **2.** Erkek kardeş. **3.** Eli açık ve cömert olan.**4.** Ahilik ocağından olan kimse.

Ahmet *Ar.* **1.** Çok övülen, minnettarlıkla anılmaya lâyık olan. **2.** Daha, pek, çok, en çok methedilmiş olan.

Aka **1.** Büyük ve saygıdeğer olan. 2. Büyük kardeş, ağabey.

Akabay Temiz ve saygın, yaptıklarıyla toplumda saygı uyandıran kimse.

Akabey Dürüst ve saygıdeğer kimse.

Akad Dürüst ve güvenilir insan.

Akadlı Adı gibi dürüst ve güvenilir kişi.

Akagündüz **1.** Ak günler görecek olan, günü aydınlık olan. **2.** Mutlu ve şen gün.

Akal Beyaz ve kırmızı.

Akalan Temiz ve ak alan.

Akalın Temiz ve dürüst alın, açık alın.

Akalp Temiz, kahraman, dürüst, bahadır kişi.

Akan Akıp gitmekte olan.

Akaner Akan yiğit.

Akansu Akıp giden su.

Akant Temiz, dürüst ve sözünün eri olan kişi.

Akar Akıp giden.

Akarca Küçük akarsu.

Akarçay Küçük akarsu, ırmak.

Akarsel **1.** Akıp giden sel, akıp giden sel gibi olan. **2.** Önüne çıkan hiçbir engeli tanımayan kimse.

Akarsoy **1.** Akıp giden bir soydan gelen. **2.** Soyun devam etmesi.

Akasoy Devam eden soy.

Akartuna Tuna nehri gibi gürül gürül akan.

Akartürk Akıp giden, önüne çıkan engelleri geçen Türk.

Akat Temiz ve güvenilir insan.

AkataTemiz ve namuslu bir soydan gelen kimse.

Akatay Temiz ve güvenilir olan kişi.

Akay **1.** Ayın on dördü, dolunay, ayın en parlak hali. **2.** Kuzey Türkleri'nde erkeklerden büyük olana verilen ad. **3.** Adam, erkek.

Akaydın Temiz ve aydınlık olan.

Akbal **1.** Gönlü huzur içinde, kalbi ak ve temiz olan. **2.** İç dünyasıyla barışık olan huzurlu kişi. **3.** Bir çeşit tatlı. (Isparta) 4. Yoğurt. (Bor)

Akbaran Temiz ve dürüst olan güç.

Akbaş **1.** Şahinden büyük av kuşu. **2.** Daha tanelenmemiş olan ekinin başağı.

Akbatu Temiz ve güçlü olan.

Akbatur Yiğit ve namuslu kişi.

Akbay Namuslu ve zengin kişi.

Akbayar Temiz, yüce ve dürüst kişi.

Akbeğ Değerli ve dürüst insan.

Akbek Saygıdeğer, artık yaşlanmış, kutsal işlerle uğraşan erdem sahibi kimse.

Akbel Aklığı ve temizliği ile tanınmış bölge.

Akben Bkz. Akbun.

Akbey Dürüst ve güvenilir kimse.

Akboğan Muşmula çekirdeği.

Akboy İyi bir soydan gelen, dürüst ve güvenilir insan.

Akbilge Bilgi ve erdem sahibi dürüst insan.

Akbora Ak fırtına , ak rüzgar.

Akbulut Beyaz bir bulut gibi aklığı ve temizliği temsil eden kimse.

Akbun Su basan, gübreli, verimli tarla (Zile).

Akburç Şansı yaver giden, uğurlu bir burçta doğmuş olan.

Akburçak Baklagillerden boyu bir metreye ulaşabilen, burçağa çok yakın bir bitki.

Akça 1. Oldukça beyaz olan, beyazca. **2.** Beyaz ve boz renkli öküz (Osmaneli). **3.** Kadınların süs eşyasında kullandıkları, parlak ve ortası delik yassı pul (Eğrigöz).

Akçakaya Oldukça beyaz olan kaya.

Akçakıl Beyaz renkte olan çakıl

Akçal Beyaza çalan, beyaz gibi olan.

Akçalı 1. Beyazlığı, temizliği ya da dürüstlüğü herkes tarafından bilinen. **2.** Dalları yassı olan bir çeşit çalı (İsmetiye). **3.** Çit yapılan bir çeşit diken çalı (Ankara).

Akçam Beyaz çam.

Akçar Temiz ruhlu olan kimse. Çoğu zaman Akçora ile Akçura şeklinde de söylenir.

Akçasu Rengi oldukça beyaz içine hiçbir kir karışmamış olan, temiz su.

Akçay Berrak, temiz ve duru akan çay.

Akçayel Rengi ak olan rüzgâr.

Akçıl Rengini atmış ya da rengi solmakta olan. Ağarmış, solmuş (Isparta, Afyon, İnebolu, Merzifon).

Akçınar Beyaz renkte olan bir çınar türü.

Akçit 1. Güneş, aydınlık, yüz. 2. Beyazı çok olan basma (Beyşehir).

Akdağ Ak renkli dağ, karla kaplı olan dağ.

Akdal Beyaz olan dal.

Akdamar 1. Temiz ve güvenilir kişi. **2.** Tütün yapraklarında görülen bir tür hastalık (Dikili).

Akdemir Döğme demir.

Akdik Ak renkli olan yamaç.

Akdiken Ak renkli olan diken (Cratargus rosaceae).

Akdil Sözü, sohbeti iyi olan, inanılar kişi.

Akdoğ Beyaz ve temiz doğ ve öyle yaşa.

Akdoğan Beyaz, kıvrık ve kısa gagalı, yırtıcı bir kuş.

Akdoğdu Henüz yeni doğmuş beyaz tenli çocuk.

Akdoğmuş Yeni doğmuş, beyaz tenli çocuk.

Akdoğu Beyaz, temiz olan doğu.

Akdora Karlı doruk.

Akdoru Karla kaplı zirve.

Akdoruk Tamamen karla kaplanmış dağın zirvesi.

Akduman Beyaz duman.

Akdur Beyaz olarak kal, temizliğini koru.

Aker 1. Dürüst insan **2.** Beyaz tenli, yakışıklı kişi. **3.** Sigara ağızlığında biriken kir, zifir (Mardin).

Akergin Dürüst, sözüne güvenilir ve aynı zamanda olgun kişi.

Akerman Dürüst ve güvenilir kişi.

Akersan Temiz, yiğit ve adı şanı olan kimse.

Akersoy Namuslu, yiğit ve soylu insan.

Akgiray Temiz ve uygun insan.

Akgüç Temiz ve güçlü insan.

Akgündüz İkbal ve mutluluk. Bayram, şenlik ve sevinçli günler.

Akgüner Sabah vakti.

Akgüngör Neşe içinde yaşayıp, mutlu ve güzel günler görmesi temenni edilen.

Akhan Temiz ve güvenilir, sözüne inanılır hükümdar.

Akı 1. Eli açık, cömert, yiğit. 2. Yumurtanın beyazı.

Akıalp Yiğit kişi.

Akıl *Ar.* **1.** Düşünme, anlama ve kavrama gücü. **2.** Hafıza, bellek. **3.** Öğüt, salık verilen yol. **4.** Düşünce, kanı.

Akım Ayağın üstü (Ağrı).

Akın 1. Yıldırma, talan, şaşırtma gibi amaçlarla düşman denetimindeki topraklara yapılan saldırı. **2.** Ekin, harmandan alınan buğday (Gemerek, Kangal). **3.** Kazak-Kırgız Türkleri'nin saz şairlerine verdiği ad.

Akınal Saldırıda bulun ve kazan.

Akınalp Savaşan cesur ve yiğit kişi.

Akıner Akıncı ordularında görev yapan cengâver genç.

Akıneri Savaşan, yiğit genç.

Akıngan Su yürümüş ağaç (Samsun).

Akınsoy Savaşçı bir soydan gelen kimse.

Akırgan Tomruğun içinden çıkan yağlı çam.

Âkif *Ar.* **1.** Bir işte ısrar eden, sabır gösteren ve bu sabrın karşılığını alan kimse. **2.** İbadet eden.

Akil Zeki ve akıllı kişi.

Akimaş Şelale.

Akkan Dürüst ve temiz bir soydan gelen insan.

Akkanal 1. Kuyruğu ve yelesi olan beyaz at. (Isparta) **2.** Beyaz kanatlı küçük birkuş. (Aydın) **3.** Ürün vermeyen mısır bitkisi. (Oğuz) **4.** Eski askeri örgüte göre ihtiyat ve rediften sonra gelen yaşlılar.

Akkaş 1. Ün ve şöhret. **2.** Lâkap. **3.** Haşhaş, afyon. (Konya)

Akkaya 1. Beyaz olan kaya. **2.** Su geçirmeyen, gri renkli, killi toprak, kaalan (Ordu, Giresun).

Akkerman Yüksek burçları olan kale.

Akkılıç Kirlenmemiş kılıç.

Akkın 1. Arzulu, âşık. **2.** Az meyilli, düzgün yol ya da toprak (Isparta). **3.** Yolunda, yoluna girmiş durumda (Afyon).

Akköz Ak olan ateş, köz.

Akkurt Rengi beyaz olan kurt.

Akkuş Yırtıcı bir kuş türü.

Aklan 1. Yamaç. **2.** Sırım gibi olan genç erkek. **3.** Su arkı (Isparta). **4.** Yeşil kabuğu syulan iyi cins ceviz (İçel).

Akman **1.** Lekesiz, temiz ve ak yüzlü olan. **2.** Alnı beyaz sığır (Taşköprü). **3.** İhtiyar (Şebinkarahisar).

Akmaner Alımlı, ak ve temiz olan.

Akmaral Büyük geyik (Yalova).

Akmeri Bir çeşit beyaz üzüm (Elazığ).

Akmeriç Saf, duru ve temiz akan Meriç nehri.

Akova Bir çeşit yumuşak buğday (Balıkesir).

Akozan İçten ve duygulu şair.

Akönder Temiz ve dürüst olan önder.

Aköz Özü doğru ve temiz olan.

Akpolat Manas Destanı'nda adı geçen bir Türk adı.

Aksal Temizlik ve dürüstlüğün temsilcisi olan.

Aksan Su gibi çağlayıp akan.

Aksay Beyaz ve boz renkli kayalık yer.

Aksaya Beyaz gömlek.

Aksel Beyaz ve duru akan sel.

Aksın Temiz ve doğru.

Akson Değirmen çarkını döndüren mil. (Isparta)

Aksoy Soyu temiz olan, temiz bir soydan gelen kimse.

Aksu **1.** Kayalardan akan tatlı ve berrak su. **2.** Olmadı, kabul etmem anlamına gelen birçocuk oyunu deyimi. (Niğde)

Aksun Karşısındakine güven duygusu veren, dürüstlük uyandıran kimse.

Aksunar Dürüst kimse.

Aksungur **1.** Kartal cinsinden bir kuş. **2.** Türk büyüklerine verilen bir ünvan.

Akşın Beyaz tenli kişi.

Akşin **1.** Akımsı. **2.** Her tarafı beyaz olan.

Akşit Aydınlık ve güneş yüzlü kişi.

Aktaç Beyaz taç.

Aktan Aydınlık, sabahın ilk vakitleri.

Aktaş **1.** Beyaz taş, kireç taşı. **2.** Kilometre taşı (Afyon). **3.** Mermer, kireç taşı (Isparta).

Aktay Beyaz renkli olan at.

Aktekin Temiz ve güvenilir olan.

Aktemur Beyaz demir.

Akter Dürüst emekçi.

Aktimur Temiz timur.

Aktolga Beyaz demir başlık.

AktöreAhlâkçı.

Aktuğ At kılından yapılmış beyaz başlık.

Aktuna Duru ve berrak akan Tuna nehri.

Aktunç Beyaz renkte olan tunç.

Aktün Aydınlık ve ışıklı olan gece.

Aktürk Doğru ve dürüst Türk.

Akünal Temiz bir üne sahip olan kimse.

Akyel Lodos.

Akyiğit Dürüst ve temiz yiğit.

Akyol Yolu aydınlık olan. Hayırlı ve doğru yol.

Akyurt Aydınlık ve temiz olan yurt.

Akyürek Kalbi temiz, doğru ve dürüst olan kimse.

Akyüz **1.** Dürüstlüğü yüzüne vurmuş olan kimse. **2.** İffet, namus, şeref (Isparta, Tokat, Ordu).

Alaaddin/Alaattin Dini yükseltmek için çalışan kişi.

Alacan **1.** Renkli bir kişiliğe sahip olan kimse. **2.** Arı kovanlarında bulunan mum kurdu (Aliköy).

Aladoğan Bir kuş türü. Doğan kuşunun kırmızı renkli olanı.

Alakoç Kürkü karışık renkli olan kuş.

Alakurt Derisi karışık renkli olan kurt.

Alakuş **1.** Alaca renklerde olan tavus kuşu. **2.** Baş örtüsü (Çerkez).

Alanay Temiz ve aydınlık ay.

Alaner Meydan yiğidi.

Alangu Altın renkli geyik.

Alarga Orman, içindeki açıklık yerler.

Alasay Kişiliğiyle çevresinde saygı uyandıran kimse.

Alasoy Yüce ve yüksek bir soydan gelen kimse.

Alaşa Zayıf ve çelimsiz at.

Alatan Seher vakti, seher vakti renginde olan.

Alataş Karışık renkte olan taşlar.

Alatay Alacalı, karışık renkte at yavrusu.

Alatürk Çok renkli bir kişiliğe sahip olan.

Albora Kırmızı fırtına.

Alçın Kırmızı renkli küçük bir kuş.

Aldemir Kırmızı renkte olan demir.

Aldoğan Bir doğan türü.

Alem *Ar.* **1.** Dünya, cihan, halk. **2.** Bayrak. **3.** Durum ve şartlar. **4.** Eglence. **5.** Duygu, düşünce.

Alemdar *Ar* **1.** Sancak ya da bayrağı taşıyan kimse. **2.** Önder, bir işin başına geçen kişi.

Alev **1.** Yanan maddelerin veya gazların türlü biçimlerde uzanan ışıklı dili. **2.** Ateş, sıcaklık, kıvılcım. **3.** Aşk ateşi, **4.** Mızrak uçlarına takılan küçük bayrak.

Algan Alan, fetheden, fatih.

Algarina Ağır birsayı denize indirmek işinde kullanılan büyük vençli deniz teknesi.

Algın Duyarlılığı ve zekâsı uyum içinde olan kimse.

Algur Sakinlik, sessizlik.

Alhan Kırmızı, kızıl han.

Alışık Kızıl renkte olan ışık.

Ali *Ar.* **1.** Yüce, ulu, üstün kimse. **2.** Yemin eden. **3.** Ebû Tâlib'in oğlu.

Alican İçten ve samimi olan yüce insan.

Alil *Ar.* Hastalıklı, sakat.

Alim *Ar.* Bilen, bilici.

Âlim *Ar.* Bilgin, çok okumuş.

Alinur Etrafına ışık saçan değerli kişi.

Aliş Yüce, ulu ve aynı zamanda sevecen kimse.

Alişah *Ar.* Şahların en ulusu olan kimse.

Alişan *Ar.* Yüce bir şanı ve şerefi olan kimse.

Aliyar *Ar.* Candan, sevgili ve dost.

Alkın **1.** Korkusuz ve gözü pek yiğit. **2.** Kızıl kan. **3.** Delicesine âşık olan.

Alkin Korkusuz ve kin dolu olan.

Alkor **1.** Kızıl kor. **2.** Büyük Ayı'nın yukarısında bulunan bir yıldız.

Alkun Herkes, elalem.

Allahverdi Yüce Tanrı'nın inayetiyle.

Alp **1.** Kahraman, bahadır, cesur ve yiğit kimse. **2.** Avrupa'daki şövalye karşılığı eski Türkler'de kullanılan bir ünvan.

Alpagu/Alpagut **1.** Tek başına tüm düşmana karşı koyan kahraman kimse. **2.** Eski Türkler'de kurda verilen bir başka ad.

Alpağan Cesaret sahibi, yiğit, bahadır, korkusuz kahraman.

Alpak Cesaret sahibi kimse.

Alpaka Çifte parmaklılar takımının devegiller sınıfından, Güney Amerika'da yaşayan, uzun tüylü, memeli bir hayvan.

Alpar Yiğit ve kahraman kimse.

Alparslan/Alpaslan **1.** Güçlü, kahraman kimse. **2.** 1071'de Malazgirt Savaşı'nı kazanarak Anadolu'nun kapılarını Türkler'e açan kahraman hakan.

Alpartun Bileğinin kuvvetinden emin olan kişi.

Alpay Ünü ay gibi parlayan yiğit kimse.

Alpaydın Aydın ve bilgili yiğit.

Alpayer Güçlü ve delikanlı

Alpbilge Güçlü ve aynı zamanda akıllı kimse.

Alpçetin Zorlu yiğit.

Alpdemir Demir gibi katı ve güçlü yiğit.

Alpdoğan Doğan kuşu gibi yırtıcı ve yiğit olan kimse.

Alper Yiğit insan, yiğit erkek.

Alperen **1.** Yiğit ve ermiş kimse. **2.** Derviş. **3.** Mücahit.

Alpergin Yiğit ve olgun kimse.

Alpermiş Yiğit, kahraman ve ermiş kimse.

Alpertunga Türk destanlarında adı geçen bir kahraman.

Alpgiray Kahramanlık sanı almış olan hükümdar.

Alphan Hanlar hanı, yiğit han.

Alphun Yiğit.

Alpkan Yiğit bir soydan gelen kimse.

Alpkutlu Kutlu ve bahadır kahraman.

Alpkartal Yiğit kartal.

Alpman Yiğit, er kişi.

Alpsoy Yiğit bir soydan gelen.

Alpsu Yiğit ve su gibi olan kahraman kişi.

Alpsü Yiğit ve kahraman subay.

Alptekin **1.** Erdemli ve dürüst kahraman. **2.** Yürekliliği ve zekâsı sayesinde ilerleyerek Gazne'de Türk hakanlığını kuran devlet adamı.

Alptuğ **1.** Yiğitlik simgesi. **2.** Yiğitliği ve kahramanlığı tuğla takdir edilen.

Alptuğrul Kahramanlığı takdir edilen.

Alpyürek Yüreğinde yiğitlik bulunan.

Alsaç Etrafına yiğitlik ve kızıllık saçan, parlayan.

Alsan Ün alan, ünlenen.

Alsoy Sıcak bir soydan gelen.

Altaş Kızıl renkte olan taş.

Altay **1.** Orta Asya'da Altay Dağları Bölgesi'ndeki Türkler'in genel adı.

2. Sibirya ile Moğolistan'ı ayıran dağlık bölge. 3. Al renkli at yavrusu.

Altemur Kızıl renkte olan demir, demirin kızıl kor haline gelmiş hali.

Altmay Altın gibi değerli ve ay gibi ışıklı olan.

Altınbaran Altın gibi kıymetli olan.

Altınel Altın gibi bir kişiliğe sahip olan.

Altıner Altın gibi değerli ve sağlam bir karakteri olan kimse.

Altınhan Çok değerli kahraman hakan.

Altınışık Altın gibi parlak olan ışık.

Altınkaya Altın gibi parlayan kaya.

Altınkılıç Altın kadar kıymetli olan kılıç.

Altınok **1.** Altın gibi kıymetli olan ok. **2.** Eski Türkler'de iyi nişancılara verilen unvan. **3.** Çok değerli olan ok, hedefini bulan ok.

Altınöz Değerli bir geçmişe sahip olan.

Altınsoy Altın kadar kıymetli ve değerli bir soydan gelen.

Altıntuğ Altın değerinde olan tuğ.

Altuğ Al renkli, kızıl renkli tuğ.

Altuna Kızıl renkte olan Tuna nehri.

Altunç Kızıl renkte olan tunç.

Altunhan Altın kadar değerli olan han.

Altuntaş Altından yapılmış olan taş.

Âmade *Far.* Bir iş yapmaya hazır olan.

Âmir *Ar.* Buyuran, emreden.

Anak **1.** Kibar ve zarif. **2.** Soyu temiz olan.

Anapa Temel, esas, köken.

Andaç **1.** Ajanda, **2.** Anılar, hatırat, **3.** Anı, yadigar.

Andak Temiz yemin, diken.

Anday Ay ışığı altında edilen yemin.

Andıç Armağan, hediye.

Anıl **1.** Amaç, erek, hatırlanmak. **2.** Tedbirli, temkinli ve aceleci olmayan.

Anıt Abide, eser.

Anlı Adı ve sanı ünlenmiş olan.

Ansı **1.** Hatırlanabilir şey. **2.** O ana ait olan.

Ant Yemin, söz verme, and. Tanrı'ya ya da kutsal olan herhangi bir şeye karşın bir şeyi tanık göstererek bir olayı doğrulama ya da söz verme.

Anter *Ar.* Arap edebiyatında kahraman.

Apan Aniden.

Apaydın Çok fazla aydınlık olan, gizli saklı ve karanlık yanı olmayan.

Ar **1.** Namus, haya. **2.** Utanma, utanç duyma.

Arafat *Ar.* Müslümanlarca kutsal olduğuna inanılan Mekke'de bir dağ adı.

Aral Asya'da iç deniz boyutunda bir göl ve aynı zamanda sıra dağlar.

Ârâm *Far.* **1.** Durma, eğlenme, dinlenme. **2.** Yerleşme. **3.** Karar kılma. **4.** *Ar.* Sahrada, çölde mahsus konulan nişan.

Aran Ova, kuytu ve sıcak yer.

Aras **1.** Doğu Anadolu'da doğan ve Hazar Denizi'ne dökülen, Türkiye ile sınır oluşturan bir ırmak. **2.** Bulunmuş yer. **3.** Sağır ve dilsiz (Afyon). **4.** *Ar.* Yorgunluk, bitkinlik.

Arat 1. Yürekli kişi, yüreklilik. **2.** Halk, ahali.

Araz 1. Saadet (Bursa). **2.** İşaret. **3.** Hastalık, dert (Acıpayam). **4.** Soğuk (Kars). **5.** Ber çeşit ot (Kızılca). **6.** *Ar.* İşaret, alamet.

Arbas Çok kuvvetli erkek (Ankara ve çevresi).

Arbaş 1. Mavi gözlü, sarı saçlı erkek. **2.** Mutlu ve huzurlu baş. **3.** Eğri bacaklı (Giresun). **4.** Yaramaz (Mersin).

Arbay Mütevazi insan.

Arbaz 1. Avlu (Konya). **2.** Zayıf, cılız, hastalıklı (Afyon).

Arca 1. Namuslu kimse. **2.** Çam ağacı. **3.** Tahta kutu veya sandık.

Arcak 1. Koyunları tipiden korumak için götürülen kuytu yer (Konya). **2.** Ayı (Yozgat).

Arda 1. Ardıl. **2.** İşaret olarak yere dikilen çubuk (İzmir). **3.** Maden üzerine kazıma yapmak ve çıkrıkta çevrilen şeyleri yontmak için kullanılan çelik kalem.

Ardaf Terbiyesiz, huysuz, obur (Tokat).

Ardak İhtiyar adam (Silifke).

Ardıç Servigillerden güzel kokulu, yapraklarını kışın da dökmeyen yuvarlak kara yemişleri ilaç olarak kullanılan bir ağaççık (Junipcrus).

Ardık Dağda yetişen, kılıç şeklindeki yaprakları hayvanlara yem olarak verilen bir çeit bitki (Erzurum).

Ardıl 1. Birinin ardından gelip onun yerine geçen kimse, halef. **2.** Bir çıkarımda varılan sonuç.

Arel Temiz ve güvenilir, dürüst kimse.

Arer Dürüst, güvenilir insan.

Argın 1. Yorgun ve bitkin. **2.** Yaban armudu.

Arguç Gururlu kimse.

Argun 1. Kamıştan yapılmış bir çalgı (İskenderun). **2.** Temiz ve arınmış kimse. **3.** Vahşi hayvan. **4.** Gizli, saklı (Sivas).

Argüden Erdemlilik peşinde olan kimse.

Argüder Ar ve utanç duygusuna önem veren.

Argün İnsanı mutlu eden, şen gün.

Arhan Saf ve arınmış olan hükümdar.

Arıbağ 1. Arıların en çok hoşlandıkları çiçek ve bitkilerden toplayarak uçuştukları bağ. **2.** Temiz ve art niyetsiz arkadaşlık, dostluk ilişkileri.

Arıca Hilesiz, temiz ve saf olan.

Arıcan Temiz, saf, hilesiz ve candan ve içten insan.

Arıç Dirlik, düzen ve barış.

Arıel Katışıksız, temiz el.

Arıer Saf, temiz ve dürüst kimse.

Arıhan Temiz, çalışkan, iyi yürekli insan.

Arık 1. Temiz ve saf. **2.** Eti, yağı erimiş, kuru, sıska ve zayıf.

Arıkal Saflığını ve dürüstlüğünü koru.

Arıkan Saf, temiz ve asil bir kandan gelen kimse.

Arıker Temiz ve iyi kimse.

Arıkut Mutluluk ve bereketin temiz ve pürüzsüz olanı.

Arıman Kötülüklerden temizlenmiş, ruhu ve düşünceleri arınmış,dürüst insan.

Arın Temizlen, arın.

Arınç Temizlenmiş, arınmış, dürüst insan.

Arısal Arı gibi çalışkan olan.

Arısan İyi bir üne sahip olan kimse.

Arısoy Çalışkan, katışıksız ve temiz bir soydan gelen.

Arış **1.** Kolun dirsekten parmak uçlarına kadar olan kısmı. **2.** Araba oku. **3.** Çözgü.

Arıt Temizleme, saflaştırma.

Arıtan **1.** Temizleyen, saflaştıran. **2.** lan, gundoğumu.

Arıtaş Saf ve temiz bir taş gibi olan.

Arıyüz Yüzü saf ve temiz olan.

Ari **1.** Saf, temiz ve pür olan. **2.** İran'dan geçerek Kuzey Hindistan'a yerleşen halk veya bu halktan olan kimse.

Arif **1.** *Ar.* Bir şeyi çabuk anlama ve kavrama yetisi olan, çok anlayışlı ve sezgili kimse. **2.** Bilgin. **3.** Meşhur, çok tanınmış.

Arkadaş **1.** Dost, iyi ve kötü günde destek olan, yanında olan. **2.** Bir işte birlikte bulunanlardan her biri.

Arkan **1.** Galip gelen, yenen. **2.** Arka, sırt. **3.** Arıkan, temiz kan.

Arkın Arkada, geride olan kimse.

Arkış **1.** Kafile, kervan. **2.** Halk. **3.** Değirmen taşları arasına konan demir gereç (Artvin).

Arko İnatçı, kaba, bön, gülmez (Gümüşhane).

Arkoç Temiz ve güçlü.

Arkun Yavaş, geride kalan.

Arkut **1.** Temiz ve kutlu olan. **2.** Elbise, çamaşır asmaya yarayan ip, uzun çubuk (Giresun).

Arma *Lat.* **1.** Bir devletin, soylu bir ailenin ya da bir kentin simgesi olarak kabul edilmiş, resim, harf, heykel ya da bunlara benzeyen herhangi bir şey. **2.** Geminin yol almasına yardım eden direk, seren, ip, halat ve yelken takımı.

Arman **1.** Hasret, özleme, özleyiş. **2.** Zahmet, sıkıntı. **3.** Teessüf, pişmanlık.

Arol Çalışkan ve saf olan.

Aros Sürülmemiş tarla (Erzincan).

Arpad Arpacık.

Arpağ Sihir, büyü.

Arpak **1.** Sihir, büyü. Eski Türkler'de ve şamanizmin halen yaygın olduğu topluluklarda büyücü ve sihirbazların hastaları iyileştirmek için okudukları büyü ve sihirlerin genel adı. **2.** Yılanı deliğinden çıkarmak ve zehirin etkisini azaltmak için yapılan dua.

Arpat Hun-Uygur halkının önderi, Arpatlar hanedanının kurucusu.

Arpınar Su gibi temiz ve saf olan.

Arsal Sanatla ilgili, sanatsal.

Arsan Adı ve sanı temiz kişi.

Arsen Kurtuluş.

Arslan **1.** Kedigiller familyasından yırtıcı dört ayaklıların en kuvvetlisi olan ve ormanların kralı olarak adlandırılan hayvan. **2.** Gürbüz ve yiğit kimse.

Arslaner Yiğit ve gürbüz kimse.

Arsoy Temiz ve güvenilir bir soydan gelen.

Artam **1.** İyilikçilik, doğruluk ve erdem sahibi olan kimse. **2.** Fayda (Orta Anadolu).

Artanç İnce ruhlu, duyarlı ve sanatkâr kimse.

Artuğ Bkz. Artuk.

Artuk **1.** Artan, kalan, üstün (Bolu, Merzifon). **2.** Selçuklu emiri.

Artun Ağırbaşlı, ciddi ve onurlu kimse.

Artunç Katışıksız, saf ve onurlu kimse.

Aru **1.** Saf ve temiz olan. **2.** Şaşma ünlemi (Niğde). **3.** İyi, güzel (Balıkesir).

Arukan Saf ve temiz bir soydan gelen.

Arukun Tepelik (Sivas).

Arun Arın, temizlen.

Aryüz Temiz yüzlü, arı yüzlü kimse.

Arzam Hava, boş şey (Samsun).

Arzık **1.** Uysal ve iyi huylu kimse. **2.** Dindar ve sofu.

Asaf *Ar.* Vezir, nazır, bakan.

Asal **1.** Başlıca, esas niteliğinde olan. **2.** Bilmece (Burdur).

Asan *Ar. Far.* Kolay, rahat.

Asar **1.** Eğitmen. (Rize) **2.** Arsız, utanmaz. (Rize) **3.** Miras. (Artvin)

Asıf *Ar.* Çok sert esen rüzgâr.

Asıl Başlıca, esas ve önemli olan.

Asım **1.** Namuslu. **2.** Günahtan, haramdan çekinen kimse. **3.** Yemek pişirmek için tencereye konulan su. (Gaziantep)

Âsım *Ar.* **1.** Yasak, yanına yaklaşılamayan. **2.** Günahtan, haramdan çekinen. **3.** İffetli.

Asil *Ar.* **1.** Sağlam. **2.** İyice kökleşmiş. **3.** Kendi adına hareket eden. **4.** Edepli, terbiyeli.

Aslan **1.** Kedigillerden, yırtıcı, Asya'da ve Afrika'da yaşayan etçil memeli hayvan. **2.** Zodyak üzerinde Yengeç ve Başak burçları arasında yer alan burcun adı. **3.** Yiğit ve güçlü kimse.

Aslaner Yiğit ve er kimse.

Aslanhan Aslanların aslanı.

Asri *Ar.* Modern, çağdaş, çağcıl olan.

Asutay Hırçın ve ehlileştirilemeyen tay.

Aşan Gelip, giden, üste çıkan ve geçen.

Aşar **1.** Geçen, üstün gelen. **2.** Boyanarak iplik veya kumaşı asıl rengine boyamadan önce başka renge boyama. (Kocaeli)

Âşık *Ar.* **1.** Bir başkasını ya da bir şeyi büyük bir tutkuyla seven, aşırı sevgi ya da bağlılık duyan kimse. **2.** Dalgın, kalender kimse. **3.** Bir kadınla evlilik dışı bir ilişki sürdüren erkek. **4.** Halkın topluca bulunduğu yerlerde, saz eşliğinde doğaçtan şiir söyleyen ya da hikâyeler anlatan kişilere verilen ad. **5.** Koyun ayağından çıkarılan bir kemikle çocukların oynadıkları bir oyun.

Aşkan Yüz rengi.

Aşkar **1.** Şekil, eşkal, nişan. (Çorum) **2.** Hayvanların başındaki beyazlık. (Kayseri) **3.** Sarı saçlı adam. (Elbistan)

Aşkın 1. Dişiye çok düşkün hayvan. (Manisa) **2.** Kuzukulağı. (Erzurum) **3.** Üzüm bağı ve asmalarında yeni yetişen dallar, dalların ucundaki yapraksız, meyvesiz uzantılar. (Hatay)

Aşkınay Ayın çok değişik ve çok güzel görünmesi.

Aşkıner Üstün yetenekleri ile kendi dengini geçen er.

Aşkol Bravo. (Bolu)

Ata 1. Baba. **2.** Babalardan ve dedelerden her biri. **3.** Geçmişte yaşamış kimse, cet.

Atabay Saygı gören, zengin kimse.

Atabek 1. Selçuklular zamanında şehzadelerin eğitimi ile görevli erkek eğitici. **2.** Devlet yönetiminde yetkisi olan.

Atabey Zengin bir soydan gelen kimse.

Atacan Hoşgörülü, babacan, soylu ve candan kimse.

Ataç Atalarla ilgili, atalardan gelen.

Atadan Ata soyundan gelen.

Ataeli Ata yurdu, vatan.

Atagün Ataların, büyüklerin günü.

Atağan 1. Övünen, atıp tutan. (Isparta, Niğde, Tarsus, Milas) **2.** Kızak kayılan yerde çocukların kardan yaptıkları yükseklik.

Atahan Asil bir soydan gelen han, hükümdar.

Atak 1. Atılgan, atik. **2.** Cüretkar. **3.** Düşüncesizce her işe atılan.

Atakan Ata soyundan gelen.

Ataker Atılgan, yiğit, hızlı.

Atakol Atılgan ol.

Atakul 1. Atalarına saygı duyan, atalarına hizmet ve saygıda kusur etmeyen. **2.** Atasına candan bağlı kimse.

Atakurt Kurt soyundan gelen kimse.

Atalay Tanınmış, ünlü kişi.

Ataman 1. Kazaklarda seçimle gelen başkan. **2.** Ata kişi, önder.

Atamer 1. Soyu yiğit, atası er. **2.** Mertlik, cesaret, dürüstlük simgesi ata.

Ataner Soyunda yiğitlik ve atası er olan.

Atanur Nurlu ve aydınlık bir soydan gelen.

Ataol 1. Aile kuran, gelecek kuşakları olan, geleceği olan. **2.** "Aileni kur, soyundan kuşaklar yetişsin, ata ol." temennisi.

Ataöv Soyu ile övünen.

Atar 1. Gücü yeten. **2.** İleriye fırlatan.

Atasagun Soyunda doktor, hekim olan.

Atasan Soyuyla ünlü olan, soyuyla övünen kimse.

Atasay 1. Soyuna saygı gösteren. **2.** Soyuyla övünen kişi.

Atasev Soyunu seven.

Ataseven Atalarını seven, sayan kişi.

Atasever Atalarını, büyüklerini seven ve saygı gösteren kimse.

Atasevin Atalarını, büyüklerini sev ve say.

Atasoy Soylu bir nesilden gelen, atadan soylu kimse.

Atasöz Büyüklerinin sözünü dinleyen kimse.

Atasü 1. Asker babası. **2.** Askerlerin atası.

Atay 1. Herkes tarafından sevilen, sayılan, kimse. **2.** Kabile büyüğü, saygıdeğer kimse.

Ateş Od, hararet, kızgınlık.

Atıf *Ar.* **1.** Yöneltme. **2.** İçten ve samimi olan. **3.** Bağlama. **4.** Dokunma. **5.** Şefkatli.

Atıl Saldır, fırla ve atik ol.

Atılay Atik ve aydınlık olan.

Atılgan 1. Hiçbir şeyden yılmadan ve gözünü hiçbir şeyden sakınmadan kendini tehlikelere atan kimse. 2. Çavlan, şelale. (Sivas, Muğla, Samsun, Kayseri)

Atılhan Dinamik hükümdar.

Atım 1. Atılan ya da fırlatılan bir şeyin gidebileceği uzaklık ya da menzil. **2.** Lokma. (İçel ve çevresi)

Atınç Dinamik, atılım isteği.

Âtik *Ar.* **1.** Berrak, saf, kıymetli. **2.** Hür. **3.** Hz. Ebu Bekir'in lâkabı.

Atlaç Yamaç, dağın yüzü, sırtı. (Adapazarı)

Atkın 1. Kırılmalı üzere olan koyunların yünlerinin altından fışkırmış yeni yün. (Sivas) **2.** Prasız, parasızlık. (Yozgat)

Atlan San, şöhret, ün, nam.

Atlı At sahibi olan.

Atlığ Namlı ve şöhretli olan.

Atlıhan Atlı yönetici.

Attila Sağlığında Hıristiyan dünyasına dehşet saçan ve Batı Avrupa'da "Tanrı'nın kırbacı" diye anılan Hunlar'ın en büyük hükümdarı.

Atuf *Ar.* Âşık olan kimse.

Avar 1. Orta Avrupa'da yaşamış bir Türk boyu. **2.** Tarladaki sebze. (İzmir) **3.** Sabze dikmek için açılan ark. (İçel) **4.** Tek gözü kör olan. (Mardin) **5.** *Ar.* Ayıp, kusur, fesat.

Avcı 1. Avlanmayı seven ve bunu kendine iş edinmiş kimse. **2.** Bir şeyi büyük bir istekle izleyen ve bulup ortaya çıkaran, tanıtan kimse.

Avni *Ar.* Yardım eden.

Avşar Bir Türkmen boyu.

Avunç Teselli, avunma.

Ayalp Ay gibi güzel ve yiğit olan.

Ayanç Saygı, saygı duyulan.

Ayata Ay tanrısı.

Ayaydın Ay kadar aydınlık olan.

Ayaz Duru ve dingin havada çıkan kuru soğuk.

Aybar Kendisinde saygınlık, hayranlık uyandıran kimse.

Aybars Ay gibi güzel ve aynı zamanda pars gibi yiğit olan kimse.

Aybay 1. Zengin ve saygıdeğer. **2.** Ay gibi parlak, zengin ve güzel olan.

Aybek Hindistan komutanı.

Ayberk Ay gibi güzel ve sağlam olan.

Aybey Yüzü ay gibi parlayan erkek.

Aybora Ay kadar güzel ve fırtına kadar hızlı olan kimse.

Ayçetin Güzel ve aynı zamanda zor kişi.

Aydar 1. Perçem, kâkul. **2.** Manas Destanı'nda adı geçen bir yiğit.

Aydemir 1. Doğrama yapılırken kullanılan, kavisli bir tür keser. **2.** Ay gibi parlak ve demir gibi sağlam.

Aydeniz Ay gibi ışıldayan parlak ve berrak deniz.

Aydın 1. Kültürlü, okumuş, görgülü ve ileri düşünceli kimse. **2.** Kolayca anlaşılabilecek kadar açık söz ve yazı. **3.** Işık alan, ışıklı ve aydınlık olan.

Aydınalp Cesur, güçlü ve aynı zamanda bilgili insan.

Aydınay Ayın en parlak hali.

Aydınbay Saygın ve bilgili kimse.

Aydınbey Saygıdeğer ve bilgili kimse.

Aydınel Aydınlık ve ışıklı yer.

Aydıner Aydınlık ve yüzü mert olan.

Aydınol Okumuş, bilgili, görgülü olan.

Aydıntan Aydınlık, sabah vakti. Bulutsuz, parlak, bol güneşli bir günün doğacağını müjdeleyen tan.

Aydıntuğ Üzerine ışık düşmüş tuğ.

Aydınyol Doğru olan yol.

Aydinç Ay gibi güzel, ışıklı ve dinç olan.

Aydoğan Ay gibi doğan, ay gibi parlayan.

Aydoğdu Ay gibi aydınlık olan.

Aydoğmuş Ay gibi bir yüze sahip, yeni doğan çocuk.

Aydolun Dolunay. Ay'ın yere dönük yüzünün tam olarak aydınlık görüldüğü evre.

Ayet *Ar.* Kur'an'da bulunan surelerdeki cümlelerin her biri.

Aygen Gönül arkadaşı, gönül dostu.

Aygören Işığı, aydınlığı gören, aydınlanan.

Aykaç Güzel söz söyleyen, düzgün ve etkili konuşan hatip, şair.

Aykal 1. Ay gibi güzel kalasın anlamında bir temenni. **2.** Bakla. (Isparta)

Aykan Temiz ve aydınlık bir soydan gelen kimse.

Aykın Ayı andıran, ay edalı, ay tavırlı kimse.

Aykır Aygır. (Balıkesir ve çevresi)

Aykul Ay gibi insan.

Aykurt Üzerine ay ışıltısı düşmüş olan kurt.

Aykut Ay gibi uğurlu.

Aykutalp 1. Kutlu ayda doğmuş olan kahraman. **2.** Ödüllendirilmiş kahraman. **3.** Ertuğrul Gazi ile beraber Anadolu'ya geçen Türk komutanlarından.

Aykutlu Ay gibi uğurlu ve şanslı olan.

Aylan 1. Açık alan. **2.** Tarla suyu.

Ayman Ay gibi ışıklı kimse.

Aymete Hun İmparatoru Mete'nin adlarından biri.

Aymutlu Ay gibi güzel ve mutlu kimse.

Aypar 1. Görkem ve saygı. **2.** Ay parçası, aydan bir parça kadar güzel olan.

Aypars Ay gibi güzel ve pars kadar güçlü ve çevik olan.

Aypolat Ay gibi ışıltılı ve cesur olan.

Aysal Ayla ilişkili, ay gibi olan.

Aysan Ay kadar sanlı olan.

Aysar Ayın etkisiyle huyu değişen kimse.

Aysoy Aydınlık soydan gelen.

Aysungur Aydoğan, yırtıcı bir kuş türü.

Ayşan Ay gibi parlak ve temiz bir şöhrete sahip olan.

Aytaç Hilal biçiminde ve üzeri elmaslarla incilerle bezenmiş hükümdar tacı.

Aytan Güneş doğmadan önceki alacakaranlığın ay gibi parlak olması.

Aytar **1.** Haber getiren, haberci. **2.** Bir şeyi müjdeleyen kimse.

Aytek Ay gibi güzel, tek ve biricik olan.

Aytekin Ay gibi tek, biricik ve uğurlu olan.

Aytemiz Ay kadar berrak ve temiz olan

Aytemur Ay kadar ışıltılı ve demir kadar sağlam kişi.

Aytimur Ay gibi ışıl ışıl parlayan demir.

Aytolun Dolunay. Ayın bedir hali.

Aytop Ayın dolunay halini almış şekli.

Aytöre Temiz ve aydınlık gelenek, görenekler, iyi ahlak.

Aytuğ Ay gibi parlayan tuğ.

Aytunca Tuna'nın nehrinin kollarından olan Tunca'nın ay gibi parlaması.

Aytunç Ayın etrafında ve önünde gezen, süzülen çeşitli renklerdeki bulutların arkasından tunç rengi alarak görünmesi.

Aytürk Ay gibi parlayan Türk.

Ayunu Nazlı. (Samsun).

Ayvaz **1.** Koca. **2.** Yakışıklı, civan. **3.** Büyük konaklarda mutfak ve yemek hizmetlerine bakan uşak. **4.** Karşılık, bedel. (Aydın) **5.** Kör. (Edremit, Bolu) **6.** Yakışıklı. (Kütahya) **7.** Sğır. (Ankara) **8.** Hoyrat, kaba. (Denizli)

Ayverdi **1.** Bolluk getiren ay. **2.** Ay için adanan, adak sonucu doğan çocuklara verilen ad. **3.** Dört büyük Çağatay kabilesinden birinin adı.

Ayyar Tembel. (Kayseri)

Ayyüce **1.** Ay gibi yüksekte olan. **2.** Ayın gökyüzünün en son noktasına yükselmiş hali.

Azam *Ar.* Büyük, ulu ve yüce olan.

Azamet **1.** Büyüklük, ululuk, heybet. **2.** Görkem. **3.** Gurur. **4.** *Ar.* Çalım, kurum. **5.** Debdebe.

Azametdin *Ar.* Dinin yüceliği.

Âzer *Far.* Ateş gibi olan.

Azim *Ar.* **1.** Kesin karalı olmak, karar. **2.** Gayret. **3.** Niyetli. **4.** Büyük, ulu, iri.

Aziz *Ar.* **1.** Saygıya layık olan. **2.** Kutsal ve değerli olan. **3.** Candan aziz tutulan, çok sevilen. **4.** Muhterem. **5.** Sevgili.

Azmi *Ar.* **1.** Azmi, hedefi olan. **2.** Azim sahibi.

Aznavur Cesur, kahraman ve yiğit olan. (Gür)

Azrak Çok az bulunur, eşine az rastlanır, değerli.

B

Babaç 1. Azametli, gösterişli kimse. 2. Kümes hayvanlarının erkeği, erkek kuş. (Denizli, Bergama) 3. Her bakımdan babasına benzeyen çocuk. (Ordu, Erzincan, Sivas, Yozgat ve yöresi)

Babür 1. Büyük Moğol Devletini kuran, Babürname adlı eseriyle de ünlü olan hükümdar. 2. Hindistan'da yaşayan bir çeşit kaplan.

Badak 1. Küçük yapılı ve güçsüz kimse. 2. Yeni kurutulan üzüm arasında kalan yaş taneler. (Çankırı)

Badal 1. Merdiven basamağı. 2. Kar ya da çamurda donmuş, kurumuş, tekerlek veya ayak izi. 3. Ağacın gövdesinden ilk ayrılan dal.

Bagay Afacan, yaramaz.

Bağaç Mayası tutmadan pişirilen ekmek.

Bağatur Yiğit, korkusuz, kahraman, gözü pek.

Bağdaş Dost, arkadaş, dost canlısı.

Bağış 1. Bağışlama. 2. Bağışlanan şey, hibe. 3. Bahçeleri sulama sırası. (Konya) 4. Bağum. (Konya)

Bağışhan Hükmeden, bağışlayıcı.

Baha *Far.* 1. Kıymet, değer, paha. 2. Güzellik, süs, pırıltı.

Bahaç Mısır unundan yapılan ekmek.

Bahadır *Far.* Kahraman, cesur, yiğit.

Bahadırhan Güce ve kuvvete hükmeden, güçlü ve yılmaz kimse.

Bahak Çok öksürüklü kimse.

Bahattin *Ar.* Dinin güzelliği.

Bahir *Ar.* Deniz.

Bahri 1. Denizle ilgili, denize ve denizciliğe ait olan. 2. Yalı çapkınının bir türüne bazı bölgelerde verilen ad.

Bahti *Ar.* Yazgıyla ilgili olan.

Bahtiyar 1. *Far.* Talihli, mutlu ve mesut. 2. Güneydoğu Anadolu, Musul ve Bağdat'ta kullanılan bir makam.

Bakanay Güzelliği net bir şekilde görülebilen.

Bakır Kızıl renkli, kolay işlenir bir madde.

Baki *Ar.* 1. Ölümsüz, kalımlı, kalıcı. 2. Tanrı. 3. Alt taraf.

Balaban 1. İri, büyük. 2. Hazer'in doğusundaki Türkmenlerin çalgı takımında bulunan bir çeşit oda zurnacığı. 3. Büyük davul ve davul tokmağı. 4. Bataklıklarda yaşayan, balıkçıllara benzer, eti yağlı, iri bir kuş. 5. Şişman, gürbüz. 6. Nazlı, Cilveli. 7. Kağnı tekerinin çıkmaması için mazının ucuna takılan çivi. (Niğde)

Balabey İri vücutlu ve saygı duyulan kimse.

Balaran Sevgili.

Balamir Tuna kıyılarına kadar fetihler yapmış, Türk hükümdarı.

Balatekin Güçlü, kuvvetli ve uyanık.

Balatürk Güçlü, kuvvetli Türk.

Balaz Ağaç, sürgün.

Balbey İyiliksever, hoşgörülü sahibi ve saygın kimse.

Baldaş Bal gibi, bala denk olan.

Baldemir Tatlı sert. Sevimli ve gerektiği zaman da sert olabilen kişi.

Baler Bal gibi tatlı kimse.

Balhan Bal gibi tatlı, aynı zamanda yetkili kimse.

Balkı Şimşek, parlayış.

Balkır **1.** Çakan, parlayan, ışık saçan. **2.** Parıltı. (Bursa, İstanbul)

Balkırtan Tan ışığı.

Balkış Güzel geçen kış mevsimi.

Balla Şimşek, ışık, parlayış.

Balsan Ünvanı, şanı, şöhreti tatlı adam.

Baltaş Bal gibi tatlı ve aynı zamanda taş gibi sert olan.

Barak Çok akıllı kişi.

Baran **1.** Direnci kıran, güç, ulu, yüksek. **2.** İri koç, üç senelik koç. (Mardin, Bitlis) **3.** Yüksek, ulu. (Ödemiş)

Baranalp Güçlü, kuvvetli ve yiğit kimse.

Baransel Güç, kuvvetten gelen.

Baray Sonsuzluk.

Barbaros Büyük Türk denizcisi.

Barça Geniş bir topluma hakim olan, büyük bir kitleye emir veren general, hakan, hükümdar.

Barın **1.** Enerji, güç, kuvvet. **2.** Öküzleri otlatma, doyurma. (Konya)

Barış **1.** Savaştan ya da kırgınlıktan sonra tarafların uzlaşması. Savaş durumunda olmama hali. **2.** Götürü, kabala, toptan. (Maçka)

Barışcan Barışı, candan ve yürekten isteyen kimse.

Barışkan Soyundan itibaren savaş yanlısı olmayan, barışsever, barıştan yana olan.

Barışta Savaş halinde olmayan.

Barkal Sağlam, güçlü ve sert olan.

Barkan Poyraz.

Barkın Gezgin, turist.

Barkıt **1.** Küçük çocukları korkutmak içinsöylenen hayali yaratık. **2.** Vahşi.

Barksal Güçlü ve sağlam olan.

Barlas İyi savaşan, savaşçı.

Bartık Heykel, anıt, kabartma.

Bartu **1.** Güçlü, kuvvetli. **2.** En eski Türk hanlarından birinin adı.

Bartunç Güçlü, kuvvetli.

Baruk Eskiden kalan kişi.

Basim *Ar.* Sempatik ve sevecen kimse.

Baskan Düşmanı yenen, düşmanı alt eden kimse.

Baskın **1.** Kısa süreli ani hücum. **2.** Bir suçun işlendiği yere ansızın girerek suçluları yakalamak.

Basri *Ar.* Görmeyle ilgili, gören.

Başar "Bir iş veya girişimi sonuna kadar dayanarak, istenilen biçimde bitir" anlamında bir dilek.

Başaran Bir iş veya girişimi olumlu bir şekilde sonuca bağlayan.

Başarı Başarmak eylemi ya da başarılan şey.

Başat Benzerleri arasında güç ve önem bakımından önde gelen, üstün gelen kimse.

Başay Ay gibi ışıklı olan baş.

Başaydın Aydınlık baş.

Başbay Bir topluluğun başı olan kimse, önder.

Başbuğ Bir topluluğun lideri, başı olan kimse.

Başdemir Demir gibi sert başkan.

Başdoğan İlk olarak doğan kimse.

Başeğmez Baş eğmeyen, yenilmeyen, gururlu, güçlü kimse.

Başer Başta gelen önder.

Başhan Hunların ileri geleni, lider.

Başkal Her zaman önder ol.

Başkan Bir topluluğun, bir grubun önderi olan.

Başkaya Temel kaya, temel taş, esas ve kaya gibi sağlam olan.

Başkaynak Bir pınarın en büyük kaynağı.

Başkurt Ural dağları bölgesinde yaşayan Türkler'in Kıpçak kolundan bir boy.

Başkut En büyük mutluluk.

Başman İleri gelen, sözü geçen kimse.

Başok Hedefi tam isabetle vuran keskin nişancının oku.

Başol Baştaki yönetici, yöneten.

Başöz Asıl olan hükümdar, öz yönetici.

Başsoy **1.** Toplum içinde belirgin ve ün yapmış olan kimse. **2.** Soyluların en başta geleni.

Baştemir Demir gibi sert, başkan anlamında.

Baştuğ Hükümdar tuğu, hükümdar sorgucu.

Baştugay Tugay komutanı.

Baştürk Türkler'in ileri gelenleri anlamında.

Batı **1.** Güneşin battığı yön. **2.** Uygarlıkta ileri gitmiş ülkeler.

Batıbay Ülkenin Batı yöresini idare eden bey.

Batıbey Batıda sözü geçen, saygı duyulan kimseler.

Batıcan İçten ve sevecen kişiliği olan.

Batıhan Batının hükümdarı olan.

Batır Yiğit.

Batıray Hem yiğit ve hem de ay gibi olan.

Batırhan **1.** Yiğit. **2.** Kahraman hükümdar.

Batırkan Yiğitlik geçmişine sahip olan.

Batırsoy Yiğit ve kahraman bir soydan gelen.

Battal **1.** Alışılmış olandan daha büyük. **2.** Kahraman, yiğit ve cesur.

Batu **1.** Üstün olan, güçlü kuvvetli. **2.** Altınordu Devleti'ni kuran, Cengiz Han'ın torunu.

Batuğ Üstün olan yiğit, az.

Batuğhan Üstün olan, yiğit han.

Batuhan Yiğit, hükümdar.

Batuk Güçlü.

Batur Yiğit, yürekli, bahadır.

Baturalp Kahramanlar kahramanı.

Baturay Düşmanını yenmeye alışık, mert, kahraman ve yiğit kimse.

Baturhan Yiğit, yönetici.

Baver Güvenilir, inanılır.

Bayal Saygın ve kudretli kimse.

Bayalan Saygın ve etkili kimse.

Bayar **1.** Ulu, yüce, büyük, yüksek. **2.** Eskimiş toprak. (Mardin)

Bayat 1. Tanrı'nın adlarından biri. **2.** Devlet adamları arasında saygınlığı olan kimse. **3.** Tahtacı. (İzmir) **4.** İki ayrı cins güvercinin birleşmesinden meydana gelen melez yavru. (Yozgat)

Baybars 1. Türk Memluk devletinin dördüncü sultanı. **2.** Eski Türkler'in beslediği bir tür küçük kaplan.

Baybora Bora gibi, sert, şiddetli, güçlü, kudretli insan.

Baycan Zengin, cömert, gözü tok, görgülü kimse.

Bayça Zengin ve cömert kişi.

Baydar İlhanlı Devleti'nin komutanlarından.

Baydır Cesur ve güçlü kimse. (Tokat)

Baydoğan Yiğit ve kahraman doğan.

Baydu İlhanlı hükümdarı.

Bayduhan Kutluk Devleti'ni kuran Kutluk Han'ın kardeşi, Maço Han'ın oğlu.

Baydur Yerleşim merkezinin başı. Bugünkü anlamda belediye başkanı.

Bayduralp Cesur ve yiğit kişi.

Bayer Zengin ve cömert kişi.

Bayezıt/Bayazıt 1. Tanrı'nın yarattığı, çoğalttığı. **2.** Bazı Osmanlı şehzadelerine verilen ad.

Baygüç Güç ve kuvvetin temsilcisi olan.

Bayhan Zengin ve varlıklı han.

Bayhun Zengin kimse.

Bayık 1. Doğruluğu tartışma götürmez söz. (Çankırı) **2.** Açık, seçik. **3.** Geçici, ölümlü.

Bayır Dik, yamaç.

Baykal 1. Yaban kısrağı. **2.** Moğolistan'daki büyük göl.

Baykam 1. Doktor, hekim, tabip. **2.** Sihirbaz ya da sihirle tedavi eden.

Baykan Soylu kimse.

Baykara 1. Renkli bir kuş. **2.** Bilgin ve sanatçıları korumasıyla ünlü, Timur'un torunu, devlet adamı Hüseyin Baykara. **3.** Soytarı, maskara. (Isparta)

Baykır Mehtap, ay ışığı. (Balıkesir, Kars)

Baykoca Kadının eşi.

Baykor Saygın kimse.

Baykul Saygın ve yardımsever kimse.

Baykurt 1. Malı mülkü, çok olan zengin kimse. **2.** Kurt gibi güçlü ve saygıdeğer kimse.

Baykut Zengin ve uğurlu kimse.

Baykuta Zengin ve uğurlu kişi.

Baykutay 1. Saygın, cömert. **2.** Uğurlu ay.

Baylan 1. Toplumun her alanında hizmeti görülen, sevilen, sayılan varlıklı kimse. **2.** Nazlı, şımarık. (Burdur, Denizli, Manisa, Bodrum, Marmaris) **3.** Olgun ve kibar.

Bayman Hem zenginliği ve hem de tutumu, fedakârlığı, yardımseverliği, soyluluğu ile ün yapmış, saygın ve zengin kimse.

Baynaz Çıralı ağacın özü. (Kütahya)

Bayol Zengin ve saygın olması temenni edilen.

Bayraktar **1.** Bayrak taşıyan kimse. **2.** Düğünü idare eden kimse. (Yozgat, Muğla)

Bayram Kutlanan gün, sevinç, neşe.

Bayrav Şiddetli.

Bayrı Soyu çok eskilere dayanan kimse.

Bayru Çok eski bir geçmişe sahip olan.

Bayruk Çok eski bir soydan gelen.

Baysal Barış, dirlik, düzenlilik.

Baysan Adı, sanı duyulmuş, zengin ve ünlü kimse.

Baysoy Zengin ve saygın bir soydan gelen kimse anlamında.

Baysu Faziletli ve saygın kimse.

Baysungur Bir tür yırtıcı kuş.

Baytal Kısrak.

Baytaş Bir beye hizmet eden kimse, taş gibi güçlü olan.

Baytekin Zengin ve güvenilir kimse.

Baytimur Demir gibi sert ve saygın kimse.

Baytok **1.** Gözü çok yükseklerde olmayan. **2.** Zengin ve saygın kimse.

Baytüze Varlıklı ve haktan yana olan kimse.

Baytüzün Varlıklı ve adaletli kimse.

Bayülken Eski Türkler'de göğün 16. katında oturduğuna inanılan barış tanrısı.

Beberuhi Hindi. (Burdur)

Bedevi *Ar.* **1.** Göçebe. **2.** Seyyit Ahmed-ül Bedevî tarafından kurulan tarikat. Bedevilik tarikatından olan derviş. **3.** Huysuz, ahlaksız. (İncesu, Dinar, Afyon)

Bedi *Ar.* Benzersiz, eşsiz. Bir eşi daha bulunmayan.

Bedih *Ar.* Çok saygın ve çok büyük bir ünü olan anlamında.

Bediî *Ar.* Beğenilen, gözü gönlü okşayan.

Bedir *Ar.* **1.** Dolunay. **2.** Divan edebiyatında güzelin yüzü.

Bedirhan Selahaddin Eyyubi soyundan Cizre beyi.

Bedis Açık, belli, görünen ve aşikâr olan.

Bedrettin **1.** Dinsel ışık. **2.** Temelini insanların eşitliğinden alan sosyal düşünceleriyle Anadolu'da devrim yapan, XV. yy.'ın özgür düşünceli bilginlerinden.

Bedri **1.** Dolunayla ilgili. **2.** İçi altın dolu kese.

Bedük Görünüşü çok şatafatlı, gösterişli, göz alıcı.

Beğenç Beğeni, güzel bulma.

Behçcet/Behcet *Ar.* Sevinç, güzellik, güleryüzlülük, şirinlik.

Behiç *Ar.* Güleryüzlü, şen.

Behir *Ar.* Deniz.

Behlûl *Ar.* **1.** Çok gelen kişi. **2.** Hayır sahibi, çok iyi adam. **3.** Harun-ur-Reşîd'in kardeşinin adı olup, delice hareketleriyle meşhur olmuştu.

Behmen *Far.* **1.** Zeki, anlayışlı, kavrayışlı. **2.** Tedbirli. **3.** İran hükümdarlarından İsfendiyâr'ın oğlu Erdşîr'in lâkabı.

Behnan *Ar.* İyimser ve sempatik kimse.

Behram *Far.* **1.** İran'da kurulan Sesani devleti krallığı. **2.** Merih gezegeni. **3.** Acem pehlivanlarından biri. **4.** İran hükümdarlarından bir kaçının adı ki, en meşhuru, yaban eşeği avına pek düşkün olan "Behrâm Gûr"dur.

Behzat *Far.* **1.** Temiz soylu kimse. **2.** Doğuştan iyiliksever kimse.

Bekam *Far.* İsteklerini elde etmiş kimse.

Bekata Geçmişinde hiçbir tavizde bulunmayan kimse.

Beke 1. Metin, güçlü, kudretli kimse. **2.** Bank, oturulacak sıra. (Çivril, Çıtak)

Beker 1. Güçlü, kuvvetli kimse. **2.** Bekâr. (İçel)

Bekir *Ar.* Sabah erken kalkan.

Bekiroğlu İri uzun taneli, sarı renkte bir üzüm. (Tokat köyleri)

Bektaş 1. Taş gibi sert ve sağlam olan. **2.** Yaşıt. **3.** Akran, eş. (Bornova)

Bektöre Geleneklerine bağlı olan.

Bektürk Türk geleneklerine sağlam bir şekilde bağlı olan.

Belek 1. Armağan. **2.** Alacalı, karışık renkli. (Gelendost, Erciş, Van, Harput, Elazığ)

Belen 1. İki dağ arasındaki geçit, yol. **2.** Tepe, yüksek yer, üzeri yassı tepe, ufak tepe. (Isparta, Burdur, İzmir, Mudurnu, Amasya, Anamur) **3.** Deli. (Eskişehir) **4.** Issız, kimsesiz yer. (Muğla)

Beler 1. Bulayan, bulaştıran. **2.** Attila'nın dedelerinden birinin adı. **3.** Saçak, dam ucu. (Konya)

Belet Yüce, yüksek. (Diyarbakır)

Belger Benzerlerinden ayrı olan.

Belgi 1. Bir şeyin benzerleri arasında tanınmasına, ayrılmasına yarayan özellik, alâmet, nişan, marka. **2.** Duyuş, düşünüş ve inanıştaki özellik. **3.** Nişan. **4.** Hedef.

Benam *Far.* **1.** Şöhretli ve iyimser kimse. **2.** Güzel, iyi, nadide.

Bender *Far.* Liman.

Bener Kendisinin koruyucu olduğuna inanılan kimse.

Benzer Nitelik ve yapı bakımından bir başkasına benzeyen, ona eş olan.

Benk 1. Cilt üzerindeki koyu renk leke. **2.** Yıkanan çamaşırın renginin akması.

Beraat *Ar.* **1.** Kurtuluş. **2.** İyimserlik, olgunluk, güzellik. **3.** Fazilet, meziyet.

Beran Koç. (Bitlis)

Berat *Ar.* **1.** Birine madalya ya da herhangi bir ayrıcalık verildiğini bildiren belge. **2.** Osmanlı İmparatorluğu'nda bir göreve atanan, aylık bağlanan ya da ayrıcalık verilen kimseler için çıkarılan padişah buyruğu. **3.** Su bardağı. (Erzincan)

Berçin 1. Perçin. (Zonguldak, Mardin, Sivas, Niğde, Tokat) **2.** Sertleşmiş toprak. (Kayseri, Niğde) **3.** Taş yığını. (Çorum)

Berge İz.

Bergin Güçlü, kuvvetli.

Berhan Sağlam ve güçlü.

Berhay 1. Derebeyi. **2.** Serseri, avare. (Kütahya)

Berk 1. Sert, güçlü, sağlam. **2.** Pırıltı, kıvılcım. **3.** Metin, sert, sağlam. **4.** Yaprak. **5.** Yüksek sesle. (Mardin)

Berk *Ar.* Şimşek.

Berka Kuzey Afrika'da, Doğu Fas'ta bir bölge.

Berkal Sağlam, güçlü ve sert ol.

Berkan **1.** Parıldama. **2.** Sağlam ve güçlü olan.

Berkan *Ar.* Şakıma, parıldama.

Berkan *Far.* Kıvırcık tüylü kızı postu, kürkü.

Berkant **1.** Ortaasya'da bir sıradağ. **2.** Sağlam ve güçlü olan.

Berkay Güçlü ve ay gibi olan.

Berke **1.** Kamçı, değnek, kırbaç. **2.** Zerdali, kayısı. (Amasya, Sivas) **3.** Altınordu hükümdarı Cengiz Han'ın torunu. Batuhan'ın kardeşi. **4.** İz, im, eser, belge. **5.** Kanape. (İzmir)

Berkel Güçlü el, sağlam.

Berkem Sağlamlaştırılmış, silahlanmış halk.

Berker Güçlü ve sağlam er.

Berki Şimsek gibi parlayan, parlak olan.

Berkin Güçlü ve sağlam.

Berkkan Kanı temiz, arı, katışıksız, soylu.

Berkman İyi yetiştirilmiş, güçlendirilmiş kimse.

Berkmen İyi yetiştirilmiş, güçlendirilmiş kimse.

Berkok **1.** Sağlam ok. **2.** Celayir Devleti'nin sultanlarından.

Berkol **1.** Sağlam ve güçlü kimse. **2.** Güçlü bir koldan gelen.

Berköz Güçlü ve sağlam bir öze sahip olan.

Berksal Güçlü ve sağlam olan.

Berksan Adı, sanı, güçlü, sağlam bilinen.

Berksay Sert, kaya.

Berksin Güçlü, sağlam ve kuvvetli olan.

Berksoy Güçlü, kuvvetli bir soydan gelen.

Berksu Sert su.

Berksun Gücünü ver.

Berktan Tanyeri gibi güzel ve güçlü olan.

Berktin Güçlü ruh.

Berkün Sağlam ün, şan.

Bernâ Genç, delikanlı, yiğit.

Bermak *Ar.* Harûn-ûr-Reşîd zamanında vezirlik eden bir ailenin Halit, Yahya, Fazıl, Cafer adında dört oğlunun soyadı.

Beröz Güçlü ve özü sağlam kimse.

Berrak *Ar.* Nurlu, pek parlak, duru, açık.

Berran Keskin, kesen, kesici.

Bertan Tan yeri gibi güzel ve güçlü kimse.

Berter *Far.* Üstün ve değerli kişilik.

Bervar Dağ eteğindeki düz yol. (Bitlis)

Besat *Ar.* Düz arazi.

Besim *Ar.* **1.** Sempatik insan. **2.** Pus, hafif sis. (Kayseri)

Beşaret *Ar.* **1.** Sevinç veren haber. **2.** Başarmak, becermek. (Tokat, Gaziantep, Elbistan, Mardin)

Beşarettin *Ar.* Din açısından sevinçli bir haber.

Beşer *Ar.* İnsan, bütün insanlık.

Beşir *Ar.* Müjde getiren, güleryüzlü kimse.

Betik Yazılmış şeyler, kitap, mektup.

Betim 1. Bir şeyin resmi ya da heykeli. **2.** Bir şeyi, bir kimseyi, bir olay ya da duyguyu betimleyen söz ya da yazı.

Betin Beniz. (Isparta)

Bey 1. Kısır olan. (Edirne) **2.** Mide dolgunluğu. (Konya) **3.** Kırmızı mısır. (Rize) **4.** Reis, başkan, yönetici, varlıklı, saygın kişi.

Beyaz 1. Yarı işlenmiş keçi derisi. (Isparta) **2.** Ayran (Savşat köyleri, Artvin) **3.** Ak.

Beyazıt/Beyazit Bazı Osmanlı şehzadelerine verilen ad.

Beybars Pars gibi güçlü ve çevik olan bey.

Beybolat İradesinin gücüyle anılan saygın kişi.

Beybora Bora gibi fırtınalı.

Beycan 1. Zengin kimse. **2.** Beyefendi, bey kardeşi. (Ardahan köyleri, Kars)

Beyda *Ar.* Çöl.

Beydağ 1. Ödemiş'te bir yöre. **2.** Anadolu'da çeşitli dağların adı.

Beydaş Dürüstlük, doğruluk, hakkaniyet.

Beydoğan Zengin doğan.

Beykan Soylu ve zengin bir geçmişe sahip olan.

Beykara Saygın ve sert kişi.

Beyman 1. Çocuğu olmayan. (Kayseri) **2.** İmansız, insafsız.

Beyrek 1. Çok kibar. **2.** Kederli.

Beysan 1. Bey, efendi. **2.** Zengin, ün.

Beytaş Beylerle beraber olan, onların meclis, savaş ve uğraşlarında bulunan.

Beytekin 1. Bir tane, yegane, biricik. **2.** Rahat ve güvenilir. **3.** Boş, ıssız ve sahipsiz yer. **4.** Her eyaletin başında bulunan hanzade. **5.** Musul bölgesinde Beytekinler Devleti'ni kuran komutan.

Beytullah *Ar.* Kâbe.

Beysan 1. Zenginlik **2.** Ün, söhret. **3.** Beyefendi.

Beyzade *Far.* Saygın ve zengin kişinin oğlu.**2.** Şımarık, büyütülmüş.

Beyzat *Far.* Doğuştan soylu.

Bezirgan *Far.* **1.** Tüccar. **2.** Çok kâr peşinde olan.

Bican Cansız, hareket etmeyen.

Bijen *Far.* İran mitolojisinde kahraman meşhur Rüstem'in kızkardeşinin oğlu.

Bilal *Ar.* Suyla ıslatan, ıslaklık.

Bilan 1. Değerli taşlarla süslenmiş kılıç kemeri. **2.** Cadde. (Kars) **3.** Deli. **3.** Meyan kökü. (Çankırı)

Bilbaşar Bilgili olup, başaran.

Bilbay Saygın ve bilgili kimse.

Bilek Bileği sağlam ve güçlü kimse.

Bilen Bilgisi olan, bilgili.

Bilgealp Bilgili ve cesur kimse.

Bilgebay Bilgili ve saygın kimse.

Bilgeç Bilen, bilgili.

Bilgeer Bilgili ve sözüne güvenilir kimse.

Bilgehan Bilgili ve hükümdar kimse.

Bilgekağan 1. Bilgili ve savaşçı kimse. **2.** Kutluk Han'ın oğlu. Türk hükümdarı.

Bilgekan Bilgili, ataları olan kimse.

Bilgetay Çok bilen.

Bilgetürk En bilgili Türk.

Bilgiç **1.** Her konu hakkında bilgi sahibi olan kimse. **2.** Bilgili olmadığı halde, bir konuda bilirmiş gibi davranan.

Bilgier Bilen kimse.

Bilgihan Göktürk İmparatoru.

Bilgin Her konuda bilgi sahibi olan kimse.

Bilginay Ay gibi aydınlık ve bilgili olan.

Bilginer Bilgili kimse.

Bilgünay Gününün değerini bilen kimse.

Bilgütay Çok bilen kimse.

Bilhan Bilgili ve yönetici kimse.

Bilkan Bilgili bir soydan gelen kimse.

Bilmen Bilgili ve saygıdeğer kimse.

Bilsay Bilgili ve saygıdeğer kimse.

Biltan Tan yeri gibi ve bilgili olan.

Biltaş Bilgili ve taş gibi olan kimse.

Biltay Bilgili ve bilgi peşinde olan kimse.

Bilyap Bilginin semeresini gören.

Binal Bin çeşit kırmızı.

Binali Bin defa yüce ve bilgili olan kimse.

Binalp Çok yiğit ve cesur kimse.

Binan Yaşam boyu anılacak olan.

Binay Bin renkli ay.

Binbaşar Yaşam boyu başarılı olan.

Binbay Yaşam boyu saygı gören.

Bingöl Bin tane göl.

Biniz **1.** Birbirinden ayrılmayacak derecede çok iz. **2.** Savaşçı ve akıncı Türkler'in üç kıtada bıraktıkları nal izleri.

Binkan Soyu çok eskilere dayanan.

Binkaya Bin kaya gibi sert olan.

Binyaşar Yaşamı çok uzun süren.

Biran Aniden etkileyen.

Birant Tek ant, tek yemin.

Birce Biricik, tek ve eşsiz olan.

Birdal Tek dal.

Birge Birlemek, biraraya getirmek.

Birgit Birlikte, beraberce.

Birhan Biricik hakan, tek hükümdar.

Biriz Hep beraberiz, anlamında.

Birkan Aynı kandan ve aynı soydan olan kimse.

Birkök Belli bir soydan, aynı soydan gelen kimse.

Birmen Bir, benzeri ve eşi olmayan insan.

Birol Çevresinde ve emsalleri arasında bir tane olan.

Birsoy Soyu bir, kökü bir olan.

Birtan Bir yerde, tan gibi.

Birtaş Tek, bir tane, taş gibi olan.

Birtek Tek, yegane, biricik ve eşsiz olan.

Bişar *Far.* **1.** Esir. **2.** Altın ya da gümüş işleme.

Bitek **1.** Eşsiz. **2.** Verimli. (Afyon, Isparta, Denili, Manisa, Balıkesir, İstanbul, Kastamonu, Mardin, Kayseri) **3.** Tahılın saklanmasına yarayan büyük sepet. **4.** Pekmez konulan küçük küp.

Boğaç **1.** Efsaneleşmiş bir Türk kahramanı. **2.** Dede Korkut Hikâyeleri'nde azgın bir boğayı bir yumrukta öldürdüğü için bu adın verildiği rivayet edilir.

Boğatay Güçlü ve kuvvetli kimse.

Boğatır Savaşçı kimse.

Boğatu Boğa gibi güçlü, korkusuz, kuvvetli ve atılgan olan.

Bolat 1. Çelik gibi sert olan. **2.** Erkek arı (Afyon) **3.** Fincan tepesi.

Bolcan Herkese karşı sevecenliğini yürekten gösteren kimse.

Bora 1. Yağmur getiren fırtınalı ve sert rüzgâr. **2.** Küp, teneke dibinde kalan bulanık zeytinyağı. **3.** Masa, konsul. **4.** Erkek deve.

Boraç Çam ağacı ve topraktan yapılmış küçük testi. (Erdek, Yozgat, Bandırma, Kayseri)

Borahan Sert hakan.

Borak Kurban.

Borakan Kanı kaynayan.

Boran 1. Rüzgâr, şimşek ve gök gürültüsü ile ortaya çıkan sağanak yağışlı hava olayı. **2.** Yaban güvercini. **3.** İç sıkıntısı. (Afyon) **4.** Felâket, bela. (Tokat, Eskişehir, Mudurnu, Niğde) **5.** Haşlanmış semizotu üzerine sarmısaklı yoğurt ve yağ dökülerek yapılan yemek. (Muğla)

Boranalp Sert ve yiğit kimse.

Boranbay Saygın ve sert kimse.

Borasu Rüzgârlı, yağmurlu su, deniz.

Borataş Rüzgârlı ve taş gibi olan.

Boratav Sert ve olgun kimse.

Boydak Özgürlüğü seven kimse.

Boysal Her tarafa yayılan.

Boysan Sırım gibi, yakışıklı delikanlı.

Bozan 1. Boş, sürülmemiş tarla. **2.** Yenen.

Bozbala Cesur ve yiğit genç.

Bozdemir Boz renkte olan demir.

Bozdoğan 1. Bir çeşit doğan. **2.** Yazın olan iri, sarı ve iyi cins armut. (Gümüşhane, Artvin)

Bozkaya Boz renkli kaya.

Bozkır Uçsuz, bucaksız, yabanıl alan.

Bozkurt Göktürk efsanelerinde kutsal sayılan kurt.

Bozyel Yağmurdan önce esen lodos rüzgârı.

Bozyiğit Güçlü, kuvvetli, kişi.

Böke 1. Güçlü ve kahraman kimse. **2.** Reis. **3.** Pehlivan. 4. Büyümemiş kavun. (Aksaray, Niğde)

Bökleş Boğa. (Alanlı, Aydın)

Börteçin Demir dağı eriterek Türkler'i Ergenekon'dan çıkartan demirci.

Börühan Savaşçı, hükümdar.

Bucak Dağ zirvesi.

Budak 1. Ağacın dal olacak sürgünü. **2.** Dalın gövde içindeki başlangıç yeri. **3.** Damların üstünü düzeltmekte veya yağmurdan sonra çatlakları kapatmakta kulanılansilindir şeklindeki taş. (Konya)

Buğra Erkek deve.

Buğrahan İlk İslam Devletini kuran Türk hükümdarlarından bazılarına verilen ad.

Buğratekin Türk hükümdarlarından birinin adı.

Bulak 1. Kaynak, pınarın gözesi. **2.** Bela, felaket. (İzmir) **3.** Sersem. (Artvin) **4.** Hırsız, kaçakçı yatağı. (Bitlis)

Bulat Son Kazan beylerinden birinin adı.

Bulgan Bilge kişi.

Bulgu 1. Yeni bulunan şey. **2.** Anlayış.

Bulgubay Saygın ve anlayışlı kimse.

Buluç Buluş.

Bulunç İç evren, vicdan.

Buluş 1. İlk defa yeni bir şey yaratma. **2.** Bilinen bilgilerden yararlanarak daha önce bilinmeyen bir şeye ulaşma veya yöntem geliştirme. **3.** Konu, duygu, düşünce ve hayalde, başkalarının etkisinden sıyrılarak bunların işlenişinde yeni bir yol tutma.

Bulut 1. Havada su buharının yoğunlaşmasıyla oluşan hava olayı. **2.** Büyük kristal tepsi. (Kars)

Bulutay Bulut gibi buğulu ve ay gibi güzel olan.

Buluthan Bulut gibi yükseklerdeki hakan.

Buluttekin Bulut gibi tekin olan.

Bumin Göktürk Devleti'nin kurucusu.

Burak *Ar.* Hz. Muhammed'in Miraç'ta bindiği atın adı.

Burcu 1. Dört beş yaşında erkek deve. (Yalnız Finike-Antalya) **2.** Sakız ağacı tomurcuğu. (Kazancı , Konya)

Burç 1. Filiz. **2.** Sarp, yamaç, kayalık. **3.** Ökseotu. **4.** Karabiber. (Afyon) **5.** Kışın hayvanlara yem olarak verilen. Söğüt, kavak gibi ağaçların yeşil kabuğu. **6.** Bir çeşit çiçek. (İçel) **7.** Karın ağrısı. (Niğde) **8.** Su ve seller önüne yapılan bent. (Artvin)

Burçak Yer elması biçiminde, siyah kabuklu ve kırlarda kendiliğinden yetişen birbitki. (Denizli, Eskişehir, Kayseri, Mardin, Niğde, Konya)

Burçin Bir tür geyik.

Burhan *Ar.* Bir şeyi ispat etme aracı, kanıt.

Burhanettin *Ar.* Hak yolu gösteren kimse. **2.** Hak yolunda olan.

Burtaş Kapı altına konulan genişçe ve sağlam taş. (Gaziantep)

Buyruk 1. Emir. (Muğla) **2.** Önder, amir, sözcü. (Isparta, Kütahya, Denizli)

Buyrukçu Emir veren, emreden.

Büğdüz 1. Oğuzlar'ın 24 boyundan biri. **2.** Büküntü düzleyen.

Büke 1. Bilgili, akıllı, zeki. **2.** Sapa. (Kütahya) **3.** Güçlü, elebaşı, pehlivan yapılı.

Büker Bükme işini yapan kimse.

Bülent/Bülend *Far.* Yüksek, yüce.

Bünyamin Hz. Yakup'un oğullarından biri.

Bürçe Kurt yavrusu.

Bürkan *Ar.* **1.** Yanardağ. **2.** Beyaz tenli adam. **3.** Alaca çekirge.

Bürküt Kartal.

C

Cabbar *Ar.* **1.** Kuvvet ve kudret sahibi olan. **2.** Çingene. (Afyon, Isparta, Eskişehir, Konya)

Cafer *Ar.* **1.** Küçük akarsu. **2.** Hz. Ali'nin kardeşi olup, muta muharebesinde bayrak tutarken iki elini de kaybederek öldürülmüş kişi.

Cahit *Ar.* **1.** Çalışan, çabalayan. **2.** Bilerek inkar eden.

Cahiz *Ar.* Korkusuz ve cesur kimse.

Calav Kılıksız. (Isparta)

Camgöz **1.** Üzüm teveklerinin köklerini mahvedenbir kurt. **2.** Afacan çocuk.

Can *Far.* **1.** İnsan ve hayvanlarda yaşamayı sağladığına ve ölümle vücuttan ayrıldığına inanılan soyut varlık, ruh. **2.** Yaşama, yaşam. **3.** Güç, dirilik. **4.** Kişi, birey. **5.** İnsanın kendi varlığı. **6.** Tasavvufta Bektaşilik ve Mevlevilik'te tarikat kardeşi. **6.** Çok içten ve sevimli.

Canalp Yüreğinde güç ve sevgi olan kimse.

Canaltay İçten ve yürekten kimse.

Canay Yeniay.

Canbar Amışverişte ara bulan.

Canbay Saygın ve yüreği temiz olan.

Canberk Sağlam, canlı, metin.

Canbolat Canı pek, çelik gibi sağlam ve sert yaradılışlı olan.

Canbulat Çelik gibi sağlam ve sert yaradılışta olan.

Candaner Sevecenliğin koruyucusu olan.

Candar Candan ve içten.

Candaş Dost, arkadaş, yoldaş.

Canel Dostluk eli, uzatılan el.

Caner Çok içten ve sevilen.

Cangür Canlı, neşeli ve hareketli olan.

Canip *Ar.* Yan, taraf, yön.

Cankat Yaşama gücü veren, canlılık ve neşe katan.

Cankurt İçten ve sadık kimse.

Cankut **1.** Neşe, mutluluk **2.** Talih, şans. **3.** Neşe, mutluluk, talih, baht.

Canol İçten ve sevecen olan anlamında.

Canpolat İçtenliği ve yürekliliği çelik gibi sağlam olan.

Cansal İçtenliğini ve sevecenliğini çevresine de saçan.

Cansen Canla ilgili, candan.

Cansın Gönülden, içten ve tatlı.

Cansoy **1.** Canlı ve neşeli bir soydan gelen. **2.** Dost kimse.

Cansunar Can veren, yaşam veren.

Cansunay Can veren, ruh veren, yaşam veren.

Cantaş Candan olan.

Cantekin Sakin, huzur veren, uğurlu, güvenilir ve değerli olan.

Cantürk Can gibi insanın içini kıpırdatan, yaşama sevinci veren kimse.

Canur yağmur.

Canyurt Yurdunu büyük bir içtenlikle seven kimse.

Caran Güzel kokan bir tür çiçek.

Cavcav Boş, gereksiz laf.

Caver Su tutulan yer.

Cavit *Ar.* Sonsuz, ebedi, sonrasız, ölümsüz.

Caymaz Sözünü tutan, ne olursa olsun sözünden dönmeyen kimse.

Cazim *Ar.* Karar veren, kesen.

Cebbar *Ar.* **1.** Kuvvet ve kudret sahibi olan kimse. **2.** Becerikli, açıkgöz, cesur. **3.** Gökyüzünün güneyinde bulunan bir yıldız kümesi.

Cebealp Silahlanmış ve hazır durumda bekleyen savaşçı.

Cebel *Ar.* Dağ.

Ceben Bir Oğuz boyu.

Cebesoy Silahlarla ilgilenen bir soydan gelen.

Cebrail *Ar.* Dört melekten biri.

Cedit *Ar.* **1.** Yeni.**2.** Yeni olan, yeni ortalığa çıkmış olan.

Celadet *Ar.* Yiğitlik, cesurluk.

Celal *Ar.* **1.** Büyüklük, yücelik, ululuk. **2.** Kızgınlık.

Celalettin **1.** Büyüklük, ululuk. **2.** Hışım. (Tanrı'nın sıfatlarından)

Celasun/Cilasun Babayiğit, boylu, poslu, sağlıklı kimse.

Celayir Moğol ırkının kollarından biri.

Celil *Ar.* Çok büyük ve ulu kimse.

Celilay Ulu, yüce ve yüksek ay.

Cem *Ar.* **1.** Yanında, nezdinde bulunmak. **2.** Hükümdar, şah. **3.** Doğu mitolojisinde şarap ve içkinin mucidi. **4.** Süleyman Peygamberin lâkabı. **5.** Fatih Sultan Mehmet'in oğlunun adı. **6.** Cam. **7.** Büyük İskender'in lâkabı.

Cemal *Ar.* **1.** Güzel yüz, güzellik. **2.** Tasavvufta Tanrı'nın mutlak güzelliği.

Cemalettin *Ar.* Dinin güzelliği

Cemi *Ar.* Toplanmış.

Cemil *Ar.* **1.** Güzel. **2.** Tanrı'nın adlarından biri. **3.** Mekteplerde verilen mükâfat.

Cemşah *Ar.* Hükümdar.

Cemşir *Ar.* Hükümdar.

Cemşit *Far.* Mitoloji'de İran şahı.

Cenani *Ar.* Yürekten, gönülden.

Cenap *Ar.* Şeref, onur.

Cengâver *Far.* Savaşçı, bahadır, cesur ve yiğit kimse.

Cengel *Far.* Orman.

Cengiz **1.** Güçlü ve korkusuz kimse. **2.** Asıl adı Temuçin olan, Büyük Moğol İmparatorluğu'nun kurucusu. (1155-1227) **3.** Yenilmez. (Ordu, Tokat)

Cengizhan Moğol İmparatorluğu'nu kuran Türk hükümdarı.

Cenk *Far.* **1.** Savaş. 2. Tek avucun aldığı kadar şey.

Cenker Savaşçı, iyi savaşan kimse.

Cenup *Ar.* Güney.

Ceran **1.** Sevimli, uzun boylu, güzel gözlü insan. **2.** Kırmızı renkli bir çeşit çiçek.

Cerit *Ar.* Bekâr.

Cesaret *Ar.* Yiğitlik, mertlik, atılım.

Cesim *Ar.* İri, büyük.

Cesur *Ar.* Yürekli, korkusuz.

Cetik *Ar.* Olgun.

Cevahir *Ar.* Mücevherler, süs taşları.

Cevat *Ar.* Cömert.

Cevdet *Ar.* **1.** İyilik, zarafet. **2.** Mükemmelliyet, olgunluk.

Cevheri *Ar.* Bir şeyin özü ile ilgili olan.

Cevri *Ar.* **1.** Güçlü, kuvvetli. **2.** Anlayan, kavrayan.

Cevval *Ar.* Hareketli, yerinde duramayan. Sürekli olarak hareket halinde olan.

Ceyhun **1.** Tevrat'a göre cennetin dört nehrinden biri.**2.** Su gibi akan ve çevresini mutlu eden, iyilik, güzellik, temizlik.

Cezair *Ar.* Adalar.

Cezlan *Ar.* Mutluluk içinde olan.

Cezmi *Ar.* **1.** Kesin kararlı. **2.** Bildiğim, bildik.

Cezri *Ar.* Köktenlikle ilgili.

Cibar Bebek, süt çocuğu.

Cidal *Ar.* Kavga, savaş, dövüş.

Cihan *Far.* Dünya, âlem.

Cihanbay *Far.* Dünyanın en saygın kişisi.

Cihanbey *Far.* Tüm dünyanın saygı duyduğu kimse.

Cihandar *Far.* Dünyayı zaptetmek isteyen.

Cihaner *Far.* Dünyayı koruyan.

Cihanerk *Far.* Tüm dünyanın en kudretlisi, en güçlüsü.

Cihangir *Far.* Dünyayı zaptetmek isteyen kimse.

Cihanhan *Far.* Bütün dünyanın hükümdarı.

Cihanmert *Far.* Dünyanın en dürüst, sözüne en çok güvenilir insanı.

Cihanşah *Far.* Dünyanın hükümdarı.

Cihanşan *Far.* Dünyaya şan salmış ve bununla belirli bir üne kavuşmuş olan kimse.

Cihantürk *Far.* Dünya ve aleme şan, şöhret salmış olan Türk.

Cihar Vücut ağrılarını geçirmekte kullanılan, beze sürülmüş kara sakız.

Cihat *Ar.* **1.** Din uğruna yapılan savaş. **2.** Yön, taraf.

Cingöz **1.** Bilgili, kültürlü. (Eskişehir) **2.** İnce, zayıf. (Sivas) **3.** Küçük gözlü. (Ordu)

Civan Sulama işinde kullanılan suyun devamlı ve düzenli akmasını sağlayan su yollarını idare eden memur.

Civanşir *Far.* Genç aslan.

Coşan **1.** Coşku duyan, coşkulu, heyecanlı. **2.** İçi, içine sığmayan.

Coşar Her zaman için coşkuyu içinde taşıyan.

Coşkun **1.** Coşan, coşkulu, heyecanlı. **2.** İçi içine sığmayan, çok duyarlı, aşırı heyecanlanan, duyguları ateşli ve hızlı olan.

Coşkunay Coşkun mizaçlı, kıvrak duygulu, çabuk coşmaya meyilli kimse.

Coşkuner Çok duyarlı ve çok heyecanlı erkek.

Cömert *Far.* Eli açık, verimli.

Cudi *Ar.* **1.** Cömert, eli açık. **2.** Doğu'da bir dağ. **Cuma** *Ar.* **1.** Müslümanlar da kutsal gün.**2.** Haftanın 6. günü.

Cumali *Ar.* En kutsal gün.

Cumhur *Ar.* **1.** Topluluk, kalabalık, halk. Topluluk içinde bulunma hali. **2.** Başıboş kalabalık.

Cüneyt Küçük asker, askercik.

Ç

Çağ **1.** Saz. **2.** Yaprakları hayvanlara yedirilen bitki. **3.** Şıra süzmeye yarayan tahta tekne. **4.** Kümes hayvanlarının erkeklik uzvu.

Çağan Bayram, şenlik.

Çağatay **1.** Altı ayını doldurmamış, küçük tay. **2.** Cengiz Han'ın yasalarına bağlılığıyla ün yapan, Cengiz Han'ın oğlu.

Çağda Yaşadığımız zamanda, bu süreçte.

Çağın Yıldırım, şimşek.

Çağır Şarap, şıra, dar yol, çakır.

Çağkan Canlı, dinamik, çalışkan.

Çağlan Delta, çatalağız.

Çağlar Çağlayan, çoşkulu, canlı.

Çağlasın Çağlayan su gibi aksın.

Çağlayan Köpüre köpüre akan, küçük şelale.

Çağlı **1.** Güçlü, kuvvetli. **2.** Namusuna düşkün.

Çağman Çağın insanı.

Çağrı **1.** Davet. **2.** Doğan kuşu, çakır kuşu. **3.** Ünvan.

Çağrıbey Selçuklu Devleti'nin kurucularından olan.

Çaka Parıltı, ışık, kıvılcım.

Çakan Parıldayan, ışık veren.

Çakar **1.** Kıvılcım. **2.** Deneyim sahibi kimse.

Çakıl **1.** Küçük ve orta boy taş parçası. **2.** Taze fasulye. (Sakarya) **3.** Pide. (İncirli, Gölpazarı) **4.** Çamursuz ve harçsız örülmüş taş duvar. (Dikili, Çanakkale)

Çakım/Çakın **1.** Şimşek. **2.** Kıvılcım, şerare.

Çakır **1.** Yeni olgunlaşmaya başlamış meyve. **2.** Gönül, iç, can. **3.** Isırgan otu. **4.** Bir çeşit kup. **5.** Pürüz, sertlik. **6.** Karışık içki, şarap.

Çakırbey Mavi gözlü ve saygın kimse.

Çakırca **1.** Çakıra benzeyen. **2.** Pamuk kozasının açılmak üzere olan durumu.

Çakırer Çakır gözlü erkek.

Çakmak **1.** Kıvılcım çıkaran çelik. **2.** Ateş çıkaran taş.

Çakman **1.** Amacına erişyen. **2.** Süt mavisi.

Çakmur **1.** Yarı uykulu bakış. **2.** Sert taş.

Çalap **1.** Tanrı. **2.** Ateş.

Çalapkulu Tanrı kulu.

Çalgan Taşlık ve meyilli su yatağı.

Çalıkbey Çabuk, hızlı ve zengin kimse.

Çalım Gösterişli tavır, ilgi, vuruş.

Çalış **1.** Emek harcama. **2.** Cenk, çarpışma.

Çalışkan Çok çalışan, emek harcayan.

Çalkan **1.** Su birikintisi. **2.** Suyun hızla akan yeri. (Erzurum)

Çaltı Küçük ve dikenli orman.

Çambel Çamlık yöre, yer.

Çamer Çam kokulu ve yiğit kimse.

Çandar **1.** Osmanlı İmparatorluğu'nda büyük bir ailenin adı. **2.** Yarı kurumuş, nemli. (Artvin) **3.** Yağsız et. **4.** Karaman ile dağlıçın birleşmesinden meydana gelen bir koyun cinsi.

Çandır **1.** Melez. **2.** Dikbaşlı, kavgacı. **3.** Keçe. **4.** Yarım, bitmemiş. **5.**

Gök yüzlü. **6.** Boz renkli bir cins kuş.

Çapan **1.** Tehlikeli. **2.** Alkışlama. **3.** Düğün yemeği yapan aşçı. **4.** Engelli, ehlikeli. **5.** Yaş ağaçtan eğilerek yapılan çiftte zincir işini yapan aygıt. **6.** Ceket. **7.** Kaput bezi.

Çapar **1.** Huysuz, ters adam. **2.** Cesur, yürekli. **3.** Sarışın, mavi veya yeşil gözlü, çilli insan. **4.** Benekli, alacalı hayvan. **5.** Çiçek bozuğu yüz. **6.** Sırnaşık.

Çapın Saldırı, hücum.

Çapkan **1.** Saldırı amacıyla hücum eden. **2.** Hızlı koşan.

Çarman Neşeli.

Çavdar **1.** Buğdaygillerden çok türü bulunan bir un bitkisi. **2.** Arabanın ön ve arka tekerleklerinin bağlandığı uzun ağaç.

Çavlan Şelale.

Çavlı **1.** Ünü, şöhreti olan. **2.** Şahin kuşu.

Çavsar Yiğit, kahraman, yılmaz.

Çayan **1.** Mavi gözlü kimse. **2.** Kızak. **3.** Arpa başağı.

Çaylan Çay ve ırmağın geçit yeri.

Çebi Bir yaşındaki keçi yavrusu. Meyve vermiş bağ.

Çelebi Görgülü, terbiyeli, olgun kimse.

Çelem Yiğit, şalgam.

Çelet Şımarık, haylaz, atılgan, haylaz çocuk.

Çelik **1.** Su katılarak sağlamlaştırılmış demir. **2.** Güçlü irade. **3.** Kısa kesilmiş dal. **4.** Köklenmesi için yere dikilen dal.

Çelikbaş Güçlü ve saygın kimse.

Çelikel Çelik gibi güçlü el.

Çeliker Güçlü ve kuvvetli olan kimse.

Çelikhan Güçlü, kuvvetli hükümdar.

Çelikkan Güçlü ve kuvvetli bir soydan gelen, geçmişi güçlü olan kimse.

Çelikkanat Her yanından güç ve kuvvet fışkıran kimse.

Çelikkaya Çelik gibi kuvvetli ve kaya gibi sert olan.

Çelikkol Kolları çelik gibi kuvvetli olan.

Çeliköz Yüreği çelik gibi güçlü olan.

Çeliksoy Güçlü ve kuvvetli bir soydan gelen.

Çeliktaş Çelik gibi güçlü ve taş gibi sert olan.

Çelikten Çelik gibi sağlam olan.

Çeliktürk Çelik gibi kuvvetli ve sağlam olan.

Çelikyay Güçlü ve esnek olan.

Çelikyürek Güçlü bir yüreğe sahip olan kimse.

Çelim **1.** Gösterişli. **2.** Kuvvet, güç.

Çerçi Köy, Pazar ve benzeri yerlerde dolaşarak ufak, tefek, tuhafiye eşyası satan gezginci esnaf.

Çerkez Kafkas halklarından birinin adı.

Çerme Çay kıyılarında sulu ve yeşil yer.

Çetin **1.** Sert, inatçı, engelli. **2.** Ökse otu. (Niğde)

Çetinalp Yenilmez gücü, ezilmez iradesi ile savaşan zorlu kahraman.

Çetinay İnatçı, ama ay kadar zarif kimse.

Çetinel Sert ve inatçı kimse.

Çetiner Sert, inatçı, er ve yiğit kimse.

Çetinkaya Kaya gibi sert ve inatçı kemse.

Çetinok Hızlı ve sert kimse.

Çetinöz Özünde sert ve inatçı olan kimse.

Çevik **1.** Kıvrak, hareketli ve atik davranan kimse. **2.** Palamut. (İçel)

Çevikbir Çeviklikte üstüne olmayan kimse.

Çevikel Kıvrak ve hareketli kimse.

Çeviker Kıvrak, hareketli ve yiğit kimse.

Çeviköz Her işinde atik olan.

Çeviksoy Atikliği ve hareketliliği soyundan gelme olan.

Çeviktürk Atik ve hareketli Türk.

Çevikyiğit Korkusuz ve atılgan kimse.

Çevren Gökyüzünün yerle birleşmiş gibi olduğu yer, ufuk.

Çıdal Sabır.

Çıdam **1.** Sabır, dayanıklılık, tahammül gösterme. **2.** Sabırlı kimse.

Çıdamlı Sabırlı kimse.

Çığ **1.** Dağ tepelerinden kopan ve yuvarlandıkça büyüyen kar yığını. **2.** Süt kazanlarının üzerini kapatmak için kamıştan yapılan örtü. **3.** Ucu dikenli bir çeşit kamış. **4.** Tavan arası. **5.** Çığlık, haykırış.

Çığıl İnsan kalabalığı.

Çınar **1.** Geniş yapraklı, kalın gövdeli, uzun boylu bir ağaç. **2.** Kendisinden güç alınan kimse.

Çınay Billûr gibi, parlak, şeffaf, kristal gibi ışık saçan ay.

Çıray Yüz güzelliği ve çehre.

Çiltay Çilli tay.

Çiner Doğru, dürüst insan.

Çintan Tan zamanı.

Çiray Yüz, sima.

Çizmen Yol açan, yol gösteren, kılavuz, önder.

Çoban Davar, koyun, keçi, manda, sığır sürülerini güden, otlatan kimse.

Çoğan Çöven, kökü ve dalları köpüren bitki.

Çoğaş Güneş.

Çokan Dağ zirvesi ya da zirveye ulaşan.

Çokar Güçlü, büyük ve soylu kimse.

Çokay **1.** Çok olan, çokluk. **2.** Birden fazla ayın güzelliği, aydınlığı.

Çoker Yiğitliği ve erliği fazla olan, çok fazla kahraman.

Çokman Gürz.

Çokmert Herkese karşı dürüst ve mert olan.

Çolak Sakatlığı olan kimse.

Çölaşan Zorlukların üstesinden kolaylıkla gelebilen.

Çölbey Çöl ağası.

Çölbeyi Çöl ağası.

Çölgeçen Zorlukların üstesinden kolaylıkla gelebilen.

D

Dadal Ahmak, saf, bön, şaşkın, sersem. (Niğde, Konya)

Dadaloğlu XIX. yy.'da Anadolu'da yaşamış ünlü bir halk ozanı.

Dadaş 1. Erkek kardeş. **2.** Delikanlı, yiğit kimse. **3.** Doğu illerinde seslenme sözü olarak da kullanılır. **4.** Baba. (Revan ve köyleri, Azerbaycan) **5.** Mert, cesur. (Erzurum) **6.** Arkadaş, dost. (Osmancık, Konya) **7.** İkiz. **8.** Aynı yaşta olan küçük çocuklar.

Dağaşan Zor işlerin üstesinden gelmeyi başaran.

Dağdelen Dağları delecek denli azim sahibi olan kimse.

Dağhan 1. Oğuz Tanrıları'ndan biri. **2.** Dağlar hükümdarı.

Dağtek Tek dağ.

Dağtekin Issız, bozkır dağ.

Dahi *Ar.* Olağanüstü zeki ve yetenekli.

Daim *Ar.* Sürekli, sonsuz.

Dalan 1. Dal gibi ince. **2.** Atılgan.

Dalay Deniz.

Dalayer Deniz eri.

Dalca Dal gibi ince, uzun ve narin kimse.

Daldal Kahraman, cesur kimse.

Dalkılıç Kılıcı elinde, hazır bekleyen.

Dalokay Çok beğenilen, sevilen.

Dalyan 1. Deniz, göl ve ırmaklarda, kıyılara yakın yerlerde ağ ve kazıklarla oluşturulan, büyük balık avlama yeri. **2.** Cüsseli ve sağlıklı kimse.

Damar 1. Canlıların kan akışını sağlayan sistem. **2.** Madenin bol bulunduğu kanal. **3.** İnsandaki inatçı karakter.

Danış Bilgisi nedeniyle kendisine sürekli fikir sorulan kimse.

Danışman Belli konularda bilgisine başvurulan kimse.

Danışment Başvurulan kimse.

Daniş *Far.* Bilgi, biliş.

Danyal *İbr.* Kutsal kitapta adı geçen İsrail peygamberi.

Darcan Sabırsız, aceleci.

Davas *Far.* İlaç, umar.

Davaz Katık.

Daver *Ar.* Doğru ve adil yöneten kimse.

Davran Harekete geç, atak yap.

Davud *Ar.* **1.** Sevgili. **2.** Sesi güzel. 3. İsrailoğullarının bir hükümdarı ve peygamberi.

Dayanç Dayanma gücü.

Dayanışma Yardımlaşma, destekte bulunma.

Dayar Hazır, tamamlanmış olan.

Dayende Bağışlayan.

Dayı 1. Birini kollayıp, gözeten kimse. **2.** Annenin erkek kardeşi.**3.** Külhanbeyi.

Dede 1. Ata.**2.** Bazı dervişlere verilen ad. **3.** Annenin ya da babanın babası. **4.** Kalıp, yürek. (Afyon, Isparta, Burdur, Denizli) **5.** Genç baba. (Kerkük) **6.** Tespihlerin baş tarafına geçirilen uzunca parça, imame. (Burdur) **7.** Ocağın iki yanıda kibrit, sacayak vb. şeyleri koymaya yarayan oyuk yer. (Denizli)

Değer 1. Bir şey için biçilen kıymet. **2.** Bir şeyin ya da kimsenin taşıdığı yüksek ve yararlı nitelikler. **3.** Bir şeyin yerinde olması, aykırı görülmemesi.

Değmer Seçkin, nitelikli ve kabul gören.

Deha *Ar.* **1.** İnsan zekâsının ulaşabildiği en yüksek nokta. 2. Binek ve koşum hayvanlarını yürütme ünlemi. (Yeşilova, Burdur, Denizli, Çivril)

Dehri *Ar.* **1.** Zaman ve dünyaya ait olan, zaman ve dünya ile ilgili olan. **2.** Çok bilgili kimse.

Delice 1. Davranışları aşırı, deli gibi olan.**2.** Buğdaygillerden genellikle buğday tarlalarında yetişen , tohumu zehirli yabani bir bitki.

Delibaş 1. Yiğit, cesur. (Mersin) **2.** Delice hareketler yapan çocuk. (Lüleburgaz ve çevresi)

Delikan 1. Coşkulu, yerinde duramayan. **2.** Çocukluk çağından erişkinliğe geçen kimse.

Demir 1. Dayanıklı, dövülgen ve birkaç işlemden geçirildikten sonra elde edilen sert ve sağlam bir tür maden. **2.** Bir tenekelik ölçek. (Afyon) **3.** Odun ve çıra parçalamakta kullanılan, ağız kısmı çelik, diğer kısımları demirden yapılan kesici aygıt, tahra. (Ankara) **4.** Çoban köpeklerinin boynuna takılan tasma. (Çankırı)

Demirağ 1. Demirden yapılmış ağ. **2.** Demiryolları.

Demiralp Demir gibi sağlam, dayanıklı, güçlü, yiğit kişi.

Demiray Demir gibi sağlam ve ay gibi parıldayan.

Demirbağ 1. İlişkilerinde demir gibi sert olan. **2.** Maddi ve manevi bakımdan demir gibi sağlam bağ.

Demirbaş 1. Her zaman varolan. **2.** Bir yerde kullanılan, bir yere kayıtlı olan, bir görevliden öbürüne teslim edilen eşya.

Demirbilek Bileği demir gibi güçlü olan.

Demirbüken Demir gibi güçlü ve sağlam bir yapıya sahip olan.

Demircan Demir gibi sağlam ve içten olan.

Demirdelen Demiri delecek bir kuvvete sahip olan.

Demirdöven Demirci, demiri işleyen.

Demirel Demirden eli olan, güçlü ve kuvvetli olan.

Demirer Demir gibi sağlam olan ve yiğitliği ile bilinen.

Demirezen Demiri ezebilecek kadar güçlü bir yapıya sahip olan.

Demirgüç Demir kadar güçlü, sert ve sağlam olan.

Demirhan Güçlü ve sağlam hükümdar.

Demiriz Ulu ve güçlü kişinin çizdiği doğru yol.

Demirkan 1. Özü, aslı demir gibi olan. **2.** Aslı Timurkan'dır. Timur'un kanını taşıyan yiğit kişi.

Demirkaya Demir gibi sağlam ve kaya gibi sert olan.

Demirkıran Demiri kırabilecek kadar güçlü olan.

Demirkol Demir gibi güçlü kolları olan.

Demirkök Kökleri sağlam olan.

Demirok Ok kadar hızlı ve demir gibi güçlü ve sağlam olan.

Demirol Demir gibi sağlam olan.

Demiröz Özünde demir gibi sağlam olan.

Demirpençe Elleri demir gibi sert olan.

Demirsoy Soyu güçlü olan kişi.

Demirsu Demir gibi sağlam ve su gibi berrak olan.

Demirşah Demir gibi sağlam hükümdar.

Demirtaş **1.** Demir gibi sağlam ve taş gibi sert olan. **2.** Hereke Kalesi'ni fetheden Kara Ali'nin oğlu. Rumeli Muharebeleri'nde Lala Şahin Paşa'nın maiyetine katıldı. Yenice ve Yanbolu'yu aldıktan sonra Rumeli Beylerbeyi oldu. Yıldırım'ın Timur'la yaptığı Ankara Savaşı'ndan sonra İsa Çelebi'nin safında yer aldı. İsa Çelebi'nin yenilgisinden sonra kaçarken kölesi tarafından öldürüldü. Osmanlı bayrağının rengini ve şeklini Demirtaş paşa tespit etmiştir.

Demirtekin Sağlam ve uğurlu olan.

Demirtürk Demir gibi sağlam Türk.

Demiryürek Yüreği demir gibi sağlam olan.

Demren Ok ve kargı gib ilkel silahların ucundaki sivri ve delici demir.

Dengiz **1.** Deniz. Yeryüzünün büyük bölümünü aplayan geniş ve tuzlu su kütlesi. **2.** Bu su kütlesinin belli bir parçası.

Dengizer Deniz eri.

Denizalp Cesur ve bahadır denizci.

Denizel Eli deniz gib bolluk getiren kimse.

Denizer Denizci, deniz yiğidi.

Denizhan **1.** Oğuz destanına göre Oğuz Han'ın altı oğlunun en küçüğü, Oğuz Han batı illerinin yönetimini Deniz Han'a verdi. **2.** Oğuz mitolojisine göre Deniz Han tabiat tanrılarından sayılır. Sembolü Çakır Kuşu'dur. **3.** Denizler hükümdarı.

Denizmen Denizi seven adam.

Deniztekin Uğur getiren deniz.

Denk **1.** Uygun. **2.** Değer, biçim, ölçüt olarak eşit.

Denkel Eşitlik, uygunluk, eşit insanlar.

Denker Ölçülü, uyumlu kişi.

Denktaş Eşitliği, adaleti seven.

Denli **1.** Kadar anlamında üstünlük derecesi belirtir. **2.** Sözlerinde ve davranışlarında her zaman uygunluk arayan, ölçülü, ince düşünceli. **3.** Terbiyeli ve saygılı.

Denlisoy Terbiyeli ve saygılı soydan gelen.

Denlitürk Terbiyeli ve saygılı Türk.

Deprem Zelzele. Yer sarsıntısı.

Derinkök Kökü çok eskilere dayanan.

Derinöz Özü çok derin ve sağlam olan.

Derinsoy Soyu, geçmişi çok eskilere dayanan.

Derlen Düzenli ol, hazırlan.

Derviş *Far.* **1.** Eskiden bir tarikata girerek yaşayışını onun yasa ve törelerine uydurmuş kimse. **2.** Alçak gönüllü ve her şeyi hoş gören kimse. **3.** Fakir ve ihtiyaçlı kimse.

Derya 1. Araba ve kağnılarda buğday sapı, ot taşınırken düşmemesi için arabanın yan kanatlarına çakılan dikine ağaçlar. (Sivas, Eskişehir) **2.** *Ar.* Deniz.

Destan *Far.* **1.** Hikâye, kıssa. **2.** Hile, mekr, tezvîr. **3.** Rüstem'in babasının lâkabı

Devin 1. Hareket, dönüşüm. **2.** Emek harcama, çaba gösterme. **3.** Çırpınmak, kıvranmak, tepinmek. (Bayındır, Konya. **4.** Yanıp yakılmak, dert yanmak. (Anamur) **5.** Alsüts olmak. (Berik ve Gavurdağı Yörükleri) 6. Kaşınmak. (Adana, İçel)

Deviner Emek harcayan yiğit.

Devlet *Ar.* **1.** Toprak bütünlüğüne bağlı kalarak siyasi açıdan örgütlenmiş bir ulusun ya da uluslar topluluğunun oluşturduğu tüzel varlık. **2.** Mutluluk, talih. **3.** Dahi, kut. **4.** Büyük rütbe, mevki.

Devran *Ar.* Dünya, felek, zaman, talih, kaer, devir.

Devrimer 1. Devrimin askeri, devrimci. **2.** Kısa zaman içinde gerçekleştirilen ve olumlu yönde önemli değişmlere neden olan hareketin neferi.

Dıraz 1. Uzak. **2.** Derin. **3.** Delikanlı. (Bozhöyük) **4.** İnsanı gücendirecek söz.

Dızman 1. Uzun boylu, iri yapılı. **2.** Cahil. **3.** Kart teke. **4.** Taşınması güç olan eşya.

Dikbaş 1. İnatçı, bildiğinden dönmeyen, büyüklerinin sözünü dinlemeyen, boyun eğmeyen. **2.** Kurumlu.

Dikdal Dik duran dal.

Diken Bazı bitkilerin dal, yaprak, meyve kabuğu gibi bölümlerinde bazı hayvanların derisinde bulunan sert, ucu sivri ve batan çıkıntılardan her biri.

Diker Başı dik duran erkek.

Dikmen 1. Dağların en yüksek yeri. (Bursa göçmenleri) **2.** Yayla. (Kaşköprü) **3.** Dikilerek meydana gelen ağaçlık.

Diksoy Baş eğmeyen bir gelenekten gelen.

Diktaş Kırılmayan, taş gibi olan.

Dilaver *Far.* Yiğit ve cesur kimse.

Diler Bir şeyin gerçekleşmesi için dilekte bulunan kimse, birşeyi yürekten isteyen kimse.

Dilercan Gönülden ve içten isteyen, dileyen.

Dilmen Güzel konuşan, dil ustası, birçok dil bilen.

Dilşad/Dilşat *Far.* Gönlü hoş, sevinmiş.

Dimrah İnsafsız.

Dincel Eli güçlü ve sağlıklı, sağlam kişi.

Dinç Güçlü ve sağlıklı.

Dinçalp Cesur ve sağlıklı kimse.

Dinçay Güçlü, sağlıklı ve aynı zamanda ay kadar güzel olan.

Dinçel Sağlam güçlü ve sağlıklı kimse.

Dinçer Güçlü, sağlıklı ve yiğit erkek.

Dinçerk 1. İktidarda olan güç. **2.** Sağlam kimse.

Dinçgil Sağlam ve sağlıklı bir aileden gelen.

Dinçkal Her zaman için sağlıklı olması dilenen kimse.

Dinçkaya Sağlıklı ve kaya gibi sert ve sağlam olan.

Dinçkol Sağlıklı ve güçlü kol.

Dinçkök Kökü çok ve sağlam olan.

Dinçmen Sağlam, güçlü ve sağlıklı olan.

Dinçol Sağlam, güçlü ve sağlıklı ol.

Dinçöz Özü sağlam.

Dinçsan Sağlıklı oluşuyla anılan kimse.

Dinçsay Saygın ve sağlıklı kimse.

Dinçsel Dinçliğe dayalı, dinçlikten ötürü, kaynağı dinçlik olan, dinçliğin verdiği güç, dinçliğin kazandırdığı başarı.

Dinçsoy Güçlü ve sağlıklı bir soydan gelen, ırsi bir hastalığı olmayan.

Dinçtaş Sağlıklı ve taş gibi olan.

Dinçtürk Türk gibi sağlıklı olan.

Dindar *Ar.* Dini vecibelerini yerine getiren kimse.

Direnç Dayanma, karşı koyma gücü.

Diribaş Kurnaz.

Dirican Sağlıklı ve güçlü kimse.

Dirik Diri ve canlı kimse.

Diriker Diri ve canlı erkek.

Diril Canlan, doğrul, neşelen anlamında bir dilek.

Dirim Hayat, yaşam. Yaşama ve yaşayış.

Dirimtekin Uğur getiren hayat, mutlu yaşam.

Dirisoy Soyu canlı olan.

Dirlik **1.** Düzen. Mutluluk ve refah. **2.** Huzura kavuşma.

Doğan **1.** Yırtıcı bir kuş. **2.** Oluşma, dünyaya gelme.

Doğanalp Doğan gibi yırtıcı ve yiğit olan.

Doğanay Ay'ın ilk doğuş zamanı.

Doğanbey **1.** Doğan gibi yırtıcı ve bey gibi zengin kimse.**2.** Haçlılar Niğbolu önlerine geldikleri zaman bu kalenin dizdarı olan Osmanlı komutanı

Doğancan **1.** Doğan kuşu gibi bir karaktere sahip olan. **2.** Yırtıcı ve sert aynı zamanda içten ve samimi olan.

Doğaner Doğan gibi yiğit kimse.

Doğangün **1.** Yeni gün. **2.** İnsana neşe ve mutluluk getiren yeni gün, gündoğumu.

Doğanhan Yırtıcı doğan kuşunu anımsatan hükümdar.

Doğansoy Doğan kuşu gibi yırtıcı bir soydan gelen.

Doğantan **1.** Tan zamanı doğan. **2.** Ağaran gün.

Doğruer Yalanı olmayan, dürüst.

Doğrul Doğru ol.

Doğruol Yalansız, dürüst ol.

Doğruöz Yalansız benlik.

Doğu **1.** Güneşin doğduğu yönde kalan bölge. **2.** Kulaksız koyun ya da keçi. (Saraybahçe) **3.** Küçük kulaklı davar. (Kaçar aşireti) **4.** Kağnıyı durdurmaya yarayan kazık.

Doğudan Doğu yönünden.

Doğuer Doğulu erkek.

Doğuhan Doğunun hükümdarı.

Doğukan Doğu halkından olan. Soyu doğudan gelen.

Doğuş Doğmak eylemi ya da biçimi.

Doğuştan Doğumla birlikte gelen, doğumsal.

Dolay **1.** Çevre. Bir yeri kuşatan yakın yerlerin tümü. **2.** Tepelerin derelere doğru uzanan girintili çıkıntılı yerleri. **3.** Sınır. **4.** Bir yanı dağ olan yol ve suyun kıyısında bir şerit gibi uzanan kara parçası. **5.** Uzak akrabalık. **6.** Herhagi bir varlığın belden aşağı kısmı. (Rize ve çevresi)

Donaray Ocak ayı. (Ünye, Ordu)

Donat **1.** Hazırla, süsle. **2.** Donma salgını. (Bağyaka, Finike, Antalya)

Dora **1.** Zirve, şahika. **2.** Raf.

Doran **1.** Boylu poslu adam. (Gümüşhane, Yozgat. **2.** Yiğit. **3.** Mısır çiçeği.

Doru Gövdesi kızıl, bacaklarıyla yelesi kara olan at.

Doruk **1.** Dağ ve ağaç gibi yüksek şeylerin en yüksek noktası. **2.** Tomruk. (Kelkit) **3.** Büyümemiş ağaç. (Sivas) **4.** Kibirli. (Merzifon) **5.** Akıl. (Afyon) **6.** Mide. (Kars)

Dorukhan Hükümdarların en büyüğü.

Dorukan En soylu kanı taşıyan.

Doruktekin En büyük uğur, şans, talih.

Dost **1.** Güvenilir, sevilen, yakın arkadaş. **2.** İyi geçinen, aralarında iyi ilişkiler bulunan. **3.** Bir şeye düşkün olan.

Dölek **1.** Düz, engebesiz arazi. **2.** Tarlanın verimsiz kısmı. **3.** Uslu, terbiyeli, ağırbaşlı. (Afyon, Muğla, Antalya) **4.** Uyanık, dikkatli. **5.** Dürüst, ciddi, mert. **6.** Yaşı kırkı geçen kimse. (Ankara) **7.** Güzel, iyi. (Niksar, Konya) **8.** Doğru, düzgün. (Bursa, İzmit, Ankara, Niğde) **9.** Boyu bosu güzel olan. **10.** Yedek (yiyecek). **11.** Topraktan yapılmış tencere. **12.** Yağmur sularının düz bir yerde birikerek yaptığı göl. (Ankara)

Dölen Dertsiz, huzurlu insan.

Dönmez Verdiği sözden, tuttuğu yoldan, inancından dönmeyen.

Dönmezer Sözünde duran yiğit.

Duman Yanma sonucunda oluşan sis, gaz.

Dumlu Tek namlu ve fişekli tüfek.

Dumrul Dede Korkut Hikâyeleri'nde adı geçen bir kahraman. Deli Dumrul.

Dura Bırakın kalsın, yapılmasın.

Durak **1.** Taşıtların durmak zorunda olduğu veya durabileceği yer. **2.** Cümle sonundaki nokta ölçüsüyle yazılmış şiirlerde ölçü kalıpları içinde durma yerleri.

Dural **1.** Değişmeden klan, sakin. **2.** Sakin olması temenni edilen.

Duran **1.** Varlığını sürdüren. **2.** Yerinde kalan.

Duraner Bekleyen kişi.

Durcan Bekleyen, samimi ve candan kimse.

Durgun **1.** Dingin, sakin. Kımıldamayan.**2.** Neşesiz, keyifsiz, sessiz, canlı olmayan. **3.** Sönük, hareketsiz.

Durguner **1.** Dingin, sakin, kımıldamayan kimse. **2.** Neşesiz, keyifsiz, sakin, canlı olmayan kimse.

Durhan İktidarda kalmayı başaran , hüküm sürmeye devam eden kimse.

Durkaya Eski ve yaşlı kaya.

Durmuş Kalan, yaşayan.

Dursun **1.** Kalsın. **2.** Yaşasın, varolsun.

Dursuncan En içten ve yürekten dost.

Durualp İçten, yürekten ve cesur kimse.

Durucan İçten, sevecen, temiz kişi.

Duruhan Kendi gücünden emin olan.

Duruiz İçten, sevecen iz.

Duruk **1.** Hareketli olmayan, belirli bir süre değişmeyen. **2.** Berraklaşmış, arınmış ve saf. **3.** Boy atmamış, gelişmemiş. (Giresun) **4.** Yutulamayan, boğazda kalan yiyecek. (Şebinkarahisar) **5.** Yoğurt konulan taştan oyma kap. (Pınarbaşı)

Durukal Temiz ve saf kal.

Durukan Temiz ve saf kan. Temiz bir soydan gelen.

Durul Berraklaşma, saflaşma, arınma.

Duruöz Özünden içten, sevecen ve temiz olan insan.

Durusan Sanına ve şöhretine rağmen mütevaziliğini sürdüren.

Durusel Temiz ve berrak akan sel.

Durusoy Temiz ve duru bir soydan gelen.

Durusu Saf, temiz ve berrak su.

Duruşah Kendi gücünden emin olan.

Duruşan Şanına ve şöhretine rağmen, mütevaziliğini sürdüren kimse.

Durutan Tan vaktinin derin sessizliği.

Durutekin Saf ve temiz olan uğur.

Durutürk Temiz Türk.

Duyal Hassas, duygulu ve çabuk duygulanan.

Duysal Duygu ile ilgili, duygusal.

Dülge Deste.

Dülger Yapıların kaba ağaç işlerini yapan usta.

Dündar **1.** Arkayı gözeten, artçı asker. **2.** Erkete.

Düşün Duyularla değil, zihni olarak tasarlanan, biçim verilen, canlandırılan nesne veya olay.

Düzel Düzgün ve doğru olması temenni edilen.

Düzen **1.** Ev, bark. **2.** Ufak tefek öte beri. (Karamürsel) **3.** Elbise. (Pazarcık) **4.** Süs. (Haymana) **5.** Dalyanlarda kullanılan sırma tel. **6.** Küllü su. **7.** Taştan duvar örülürken düzgün olması için en üst sıraya konulan çok yassı taşlar.

Düzenç Düzenlilik, sistemlilik.

Düzey **1.** Bir nesnenin veya kimsenin başka nesnelere veya kimselere göre olan değer ve yücelik derecesi, seviye. **2.** Düzlük yer.

Düzgün **1.** Doğru, pürüzsüz, muntazam. **2.** Eksiksiz ve yerli yerinde, kusursuz.

E

Ebcel *Ar.* İri yapılı adam.

Ebed *Ar.* Sonsuzluk, sonrasızlık. Ebediyet.

Ebu-Bekir *Ar.* İlk halife.

Ecebay Saygın ve yüce kimse.

Ecebey Saygın ve yüce olan kimse.

Ecehan Ulu hükümdar, ulu hakan.

Ecekan Geçmişinde ve soyunda yücelik ve saygınlık barındıran.

Ecemiş Çok bilmiş, ukâla.

Ecer Güzel ve yeni olan.

Ecevit **1.** Çalışkan, açık fikirli, açıkgöz, çevik. (Saray) **2.** Yaramaz. (Gönen) **3.** Kurnaz.**4.** Asabi. (Kozağaç) **5.** Fitne. (Yozgat)

Ecmel *Ar.* Çok güzel ve yakışıklı kimse.

Ecvet *Ar.* **1.** Mükemmel. **2.** Eli açık olan.

Edayi *Ar.* Dua eden kişi.

Edgü İyi, güzel olan.

Edgüalpİyi, güzel, cesur kimse.

Edgüer İyi, güzel ve yiğit kimse.

Edip *Ar.* **1.** Saygılı, terbiyeli kimse. **2.** Edebiyatla ilgilenen, yazar kimse.

Edis Değeri yüksek, kıymetli ve diğerlerinden nitelik bakımından daha üstün olan.

Efdal **1.** *Ar.* Daha erdemli, daha üstün kimse. **2.** En âlâ, en üstün olan. **3.** Ucuz. (Mudurnu) **4.** Kolay. (Bolu) **5.** *Ar.* İhsanlar, meziyetler, lûtuflar, iyilikler.

Efe **1.** Ağabey. **2.** Batı Anadolu'da köy yiğidi, zeybek. **3.** Kabadayı. **4.** Gelinin kayınbiraderini çağırmak için kullandığı sözcük. (Fethiye) **5.** Evsiz, barksız, işsiz güçsüz. (Tokat)

Efekan Yıkan, yıkıcı.

Efendi **1.** Saygıdeğer, ince, çelebi kimse. **2.** Sözü geçen. **3.** Eğitim görmüş kimseler için özel adlardan sonra kullanılan unvan. **4.** Bey unvanından sonra kullanılan ikinci derecede bir unvan. **5.** Koca.

Efgan *Far.* Iztırap ile haykırma, bağırıp çağırma, inleme, bağrışma.

Efgen *Far.* **1.** Düşüren, yıkan, bozan kimse. **2.** Atıcı, yıkıcı, düşürücü.

Efkan Çığlıklar, inlemeler.

Efkâr *Ar.* **1.** Tasa, kaygı, üzüntü. **2.** Düşünceler, fikirler. **3.** Fakir ve muhtaç.

Eflatun *Ar.* **1.** Açık mor. **2.** Meşhur Yunan filozofu.

Efran *Ar.* Sevinçli, neşeli kimse.

Ege **1.** Kendinden yaşça büyük olanlara denir. (Konya) **2.** Hey, ulan anlamında seslenme ünlemi. (Arpaçay) **3.** Türkiye'nin yedi bölgesinden biri.

Egealp Egeli yiğit.

Egebay Saygın ve egeli kimse.

Egebey Saygın egeli.

Egecan İçten ve sevecenlikle sahip çıkan kimse.

Egehan Engin, denizlerin hükümdarı.

Egemen **1.** Bağımlı olmayan, hükümran, hakîm. **2.** Sözünü geçiren, üstünlük sağlayan.

Egesal Egeli olmasıyla ün kazanmış olan kimse.

Egesan Egeli olmasıyla anılan.

Egesay Egeli saygın kimse.

Egetay Genç egeli, kimse.

Egetürk Engin görüşlü, Egeli Türk.

Egezade Egeli oğlu.

Eğilmez Başeğmeyen, her türlü zorluğun üstesinden gelebilen kimse.

Eğin Boy pos, endam. (Çorum)

Ejder *Far.* **1.** Korkunç bir masal canavarı, ejderha, dragon. **2.** Korkunç ve acımasız kimse.

Ejderhan *Far.* Acımasız hükümdar.

Ekber *Ar.* En büyük.

Eke 1. Tecrübeli, bilgili, usta. (Merzifon) **2.** Kurnaz, uyanık. (Çorum, Çankırı) **3.** Çok bilgili, zeki. (İzmit) 4. Dahi. (Ankara) **5.** Görgülü. **6.** Yaşı küçük olduğu halde sözleri ve işleri büyük olan. (Narlıdere) **7.** Küçük kardeş. 8. Baş çoban.

Ekemen 1. Olgun ve kibar kimse. **2.** Nazlı ve ukâla.

Eken Toprağı ekip biçmekle uğraşan kimse.

Ekenel Elleriyle toprağı eken kimse.

Ekener Toprak insanı.

Ekinci Toprağı ekip biçen kimse.

Ekinel Tarımla uğraşan kimse.

Ekiner 1. Kültürlü ve yiğit kimse. **2.** Tarımla ilgilenen.

Ekmel *Ar.* Mükemmel.

Ekrem *Ar.* **1.** Fazlasıyla cömert. **2.** Gururuna çok düşkün kimse. **3.** Kerim. **4.** Şeref sahibi.

Elal Kestane ile kırmızı arası renkte olan.

Elbek Anadolu Selçuklu Devleti'nde görevli ve yetkili seçkin kişi adı.

Elbir 1. Birlik olma, idare etme, bir elden yönetme. **2.** Dargın olan iki kişinin arasını bulan. (Gaziantep) **3.** Casus. (Antakya) **4.** İki sevgilinin arasını bulan. (Tokat, Eskişehir)

Elçi 1. Sefir, bir devleti bir başka devlet nezdinde temsil eden kimse. **2.** Bir uzlaşma ya da bir işi sona erdirmek amacıyla birinin yanına gönderilen kimse. **3.** Yalvaç, peygamber, resul.

Elçialp Yiğit, cesur temsilci.

Elçibey Temsilci.

Eldem 1. Ehli, uzman. **2.** Cana yakın kimse.

Eldemir Demir gibi güçlü kimse.

Elgün Elalem, başkaları.

Elhan *Ar.* Nağmeler, ezgiler.

Elibol Cömert ve eli açık kimse.

Elitez Eli çabuk, üstlendiği işi çabucak bitiren kimse.

Elöver Çalışkan ve öven el.

Elver Yardımcı olmak, bir işe el atmak.

Elverdi Yardım eden, yardımcı. Bir işe verdiği destek ile yardım eden kimse.

Elveren Yardımcı olan.

Emanet *Ar.* **1.** Korunmak ya da saklanmak amacıyla birine ya da bir yere bırakılan eşya veya kimse. **2.** Bir kimse ile birine gönderilen şey. **3.** Eşyanın emanet olarak b rakıldığı yer. **4.** Can.

Emcet *Ar.* Onurlu, haysiyetl li.

Emeç Amaç, gaye, ülkü.

Emek **1.** Bir işin yapılması için harcanan beden ve kafa gücü. **2.** Uzun ve zahmetli, yorucu çalışma.

Emet *Ar.* **1.** Mesafe, uzaklık. **2.** Nihayet, son.

Emetullah *Ar.* Allah'ın bereketi.

Emin *Ar.* **1.** Güvenilir, inanılır kimse. **2.** Sakıncasız, emniyetli, tehlikesiz. **3.** Şüphesi olmayan. **4.** Osmanlı İmparatorluğu'nda bazı devlet görevlerindeki sorumlu kimse.

Eminel *Ar.* Güvenilir kimse.

Emir *Ar.* **1.** Buyruk, komut, **2.** Müslüman ülkelerin bazılarında bir kavim, şehir ya da ülkenin başı olan kimse. **3.** Gökkuşağı. (Isparta) **4.** Araba ya da kağnı tekerinin ortasından geçen silindir şeklindeki demir parçası. (Afyon, Burdur) **5.** Siyahımtırak yeşil, nefti. (Niğde) **6.** Siyah haşhaş.

Emirali Kışa kadar saklanabilen, sarı renkli bir çeşit üzüm.

Emirbey *Ar.* Yöneten kimse.

Emirhan Buyuran hükümdar.

Emirkan Buyuran hükümdar kanından olan, bu soydan gelen kimse.

Emirsoy Buyuran, yöneten, hükümran bir soydan gelen.

Emrah *Ar.* Saz çalıp oynayan.

... Hayvan derisi ya da kür-

... . Arkadaş,

... Allahlık.

... ozan kimse.

... n.

Emri *Ar.* Emirle ilgili.

Emsal/Emsali *Ar.* **1.** Kıssalar hikâyeler, destanlar. **2.** Numuneler, örnekler. **3.** Eşler, benzerleri. **4.** Katsayı, kaç misli alınacağını bildiren sayı.

Ender *Ar.* Nadir, seyrek ve az bulunan.

Endi Evvelki. (Bolu, Safranbolu, Ereğli)

Eneç **1.** Dağlardaki karın erimesiyle oluşan ve yaz gelmesiyle de kuruyan su yatağı. **2.** İki yükselti arasındaki düzlük.

Enek Kapital.

Ener Korkusuz, cesur, kahraman.

Eneren Çok ermiş, ermişlerin ileri geleni.

Enes Secereli Arap atı.

Engin **1.** Değer ve fiyatı düşük olan şey (için). **2.** Alçak yer. (Burdur, Denizli, Balıkesir, Çorum, Merzifon) **3.** Geniş alan. (Nazilli, Dallıca) **4.** Diş nezlesi. (Eğridir, Denizli, Isparta) **5.** Genellikle çene altının ve yüzün şişmesiyle beliren hastalık. **6.** Bulutlu hava. **7.** İyi, güzel,temiz, sağlam (Gölpazarı, Kurşunlu, Çankırı) **8.** Yatık kumaş. (Denizli, Vakfıkebir)

Enginalp Bütün güzellikleri kendinde taşıyan yiğit.

Enginay Uçsuz ve bucaksız ay.

Enginel İyi yetiştirilmiş derin bilgi sahibi kimse.

Enginer Engin yürekli ve yiğit kimse.

Enginsoy Engin insanların soyundan gelen.

Enginsu Uçsuz bucaksız deniz.

Engintürk **1.** Her yanı sarmış olan Türk. **2.** Derin bilgiye sahip olan Türk.

Engiz Sık ağaçlıkların oluşturduğu karanlık.

Engün Bkz. Engin.

Engür Çok gür, çok verimli.

Enis *Ar.* Dost, arkadaş, yar, sevgili.

Ensar *Ar.* **1.** Koruyup, gözeten, yardımcı eden. **2.** Yardımcı olan.

Ensari *Ar.* Ensar kişilerden biri.

Enver *Ar.* **1.** Üzerinde nur ışığı varmış gibi parıldayan. **2.** Çok güzel.

Eracar Yetenekli ve pratik kimse.

Erakalın Korkusuz ve yetenekli kimse.

Erakıncı Cesur ve yiğit akıncı kimse.

Eral Cesur yiğit.

Eralan Her anlamda yiğitliğini gösteren, cesur kimse.

Eralkan Cesur, yiğit ve korkusuz bir soydan, kandan gelen kimse.

Eralp Yiğit ve korkusuz kimse.

Eraltay Altaylar'ın soyundan gelen cesur kimse.

Eran Yiğit ve korkusuz kimse.

Erandaç Yiğitliğiyle nam salmış oğul.

Eranıl Yiğitliği dilden dile dolaşan, cesur ve korkusuz kimse.

Eraslan Aslan gibi korkusuz ve güçlü kimse.

Eray Er gibi aydınlık kimse.

Eraydın Yiğit ve aydın kimse.

Erbaşat Benzerleri arasında güç ve önem bakımından önde gelen kimse.

Erbatur Korkusuz ve kahraman kimse.

Erbay Saygın ve cesur kimse.

Erben Yiğit ve cesur benlik, kişilik.

Erberk Cesur, korkusuz ve hızlı kimse.

Erbey Saygın ve korkusuz kimse.

Erbil Yiğitliği ile bilinen.

Erbilek Yiğit ve güçlü kimse.

Erbilen Yiğitlerin yanında olan, onlara yardım eden, destek veren kimse.

Erboğa Boğa gibi bir güce sahip olan kimse.

Erboy Yiğit, boylu poslu ve endamlı kimse.

Ercan Yüreğinde korku hissetmeyen, cesaret sahibi kimse.

Ercihan Korkusuzluğuyla, yiğitliğiyle dünyaya nam salmış kimse.

Ercivan Yiğit ve yakışıklı kimse.

Erciyes Kayseri'de bir dağ adı.

Ercümend *Far.* **1.** Çevresinde saygı gören, itibarı olan kimse. **2.** Muhterem, haysiyetli, seçkin.

Erçelik Çelik gibi güçlü erkek.

Erçetin Gözü pek ve hiçbir şeyden yılmayan kimse.

Erçevik Korkusuzluğu ve atikliğiyle ünlü olan.

Erdağ Yeşermiş, çayır, çimenli dağ

Erdal **1.** Yeni yeni filizlenmeye başlamış dal. **2.** Dal gibi yiğit.

Erdemalp Erdemliğe erişmiş yiğit.

Erdemer Erdemlilik yeteneğine sahip olan.

Erdemir Demir kadar güçlü olan.

Erdemli Ahlaki açıdan her alanla yeterliliğe sahip olan, fazilet sahibi kimse.

Erden 1. İnsan eli değmemiş, bakir. **2.** Masal. (İzmir) **3.** Sahur zamanı. (İznabol, Ermenek)

Erdenalp Dürüst, doğru ve iyiliksever yiğit.

Erdenay Ay kadar güzel ve aynı zamanda erdem sahibi kimse.

Erdener Dürüst ve iyiliksever.

Erdeniz Denizlerin korkusuz yiğidi.

Erdi 1. Başakları olgunlaşmış ekin. **2.** Olgunlaşma. **3.** Kavuşma.

Erdibey Ermişliğiyle itibar gören.

Erdik Ermiş ve saygınlık kazanmış.

Erdil Yiğit ve sözüne güvenilir.

Erdilek Dileklerine kavuşmuş kimse.

Erdim Ermiş ve saygınlık kazanmış.

Erdin 1. İsteklerini elde etmiş. **2.** Yetkinliğe erişmiş kimse.

Erdinç Dinç ve sağlıklı kimse.

Erdiner Amacına ulaşan yiğit kimse.

Erdoğ Yiğit doğan.

Erdoğan Doğuştan yiğit gibi doğan.

Erdoğdu Yiğit ve kahraman doğan.

Erdönmez Yiğit ve sözünden dönmeyen kimse.

Erdur Yiğitliğiyle gereksiz yere övünmeyen kimse.

Erduran 1. Durgun ve sakin yiğit. Yiğitçe ve erkekçe duran. **2.** Yaşayan, hayatta olan.

Erduru Saf, duru ve temiz olan, göründüğü gibi olan.

Erek Amaç, gaye, maksat, erek.

Ereken Çabuk eken.

Erel Erkek eli, güçlü el.

Erem Bir işi yürekten isteyen, ele aldığı işi yürekten yapan kimse.

Eren 1. Amaç, erek. (Urla, İzmir) **2.** Dirlik, erinç. (Denizli) **3.** Dost. (Navlu, Yeşilova) **4.** Ölü çıkan eve komşuları tarafından götürülen yemek. (Uşak, Manisa) **5.** Hayırlı çocuk. (Kayseri)

Erenalp Ermişliği ve yiğitliği benliğinde barındıran.

Erenay Ermiş ve er gibi aydınlık.

Erencan Can dost. Dini inançları bakımından olgunlaşmış, kemale ermiş, can kimse.

Erençer Huzur veren.

Erendiz En büyük gezegen, Jüpiter.

Erenel Her tarafa erişmeye, yardıma yetişmeye, gücü yeten, olgun kimse.

Erener Tanrısal gizleri kavrama aşamasına varmış, yiğit kimse.

Erengüç Tanrı'yla dolup onunla yakınlık kurmuş olduğuna inanılan güçlü kimse.

Erenler 1. Olağanüstü sezgileriyle bazı gerçekleri gördüğüne inanılan kimse. **2.** Kendini tüm benliğiyle Tanrı'ya adamış olan.

Erenöz Kökü ermiş olan.

Erensoy Ermiş soyundan gelen kimse.

Erensü Nefsini yenerek olgunlaşmış, ermiş asker.

Erentürk Her şeyi bilen, Tanrı'ya yönelmiş, ermiş Türk.

Erer Amaçlarına erişen, isteklerini elde eden.

Ereren Benliğinden ayrılmış, kendini Tanrı'ya adamış olan.

Erez Acıbadem ağacı.

Ergalip Gücüyle üstün gelen kimse.

Ergazi Yiğit, kahraman, savaşçı.

Ergen 1. Buluğ çağına erişmiş olan. **2.** Henüz evlenmemiş olan, bekar kimse. **3.** Kızılcık. (Afyon, Bucak, İzmir, Ödemiş, Bursa, Antalya, Ilgın)

Ergenç Genç erkek.

Ergene 1. Çadır kapısı. **2.** Dağ kapısı.

Ergenekon 1. Dağın zirvesi. **2.** Göktürkler'in meydana gelişini anlatan destan. Düşmanları tarafından yenilen Hunlar'ın bir bölümü olan Aşine boyundan on yaşında bir çocuk sağ kalır. Bu çocuğun da kolunu ve ayağını keserek bir kamışlığa bırakırlar Dişi bir kurt bu çocuğu alarak Altay dağlarının çevrelediği bu bölgeye gelir. Onu besleyip, büyütür. On çocuğu olur. Çocuklar büyüyüp evlenirler. Her birinden bir boy türer. Bunlardan Aşine boyu Asen-çe adlı bir kahramanın önderliğinde dağlık bölgenin dışına çıkarak yayılır.

Ergener Genç ve evlenmemiş erkek.

Ergi 1. Güzelliği yakalama. **2.** İyi bir şeye erişme durumu, mazhariyet.

Ergican 1. Güzelliği yakalamış içten ve candan kimse. **2.** İyi bir duruma gelmiş, içten ve samimi dost kimse.

Ergiden Yiğit erkek.

Ergi İyi bir şeye erişme hali, mazhariyet.

Ergil 1. Kendisine itimat edilen, inanılan kimse. **2.** Muşmula. (Dersim)

Ergim Erişilen amaç, gaye, hedef, kavuşulan iyi ve güzel şey.

Ergimer İyi ve güzel şeye kavuşan.

Ergin 1. Olmuş, yetişmiş, kemale ermiş kimse. **2.** Haklarını kullanabilecek yaşa gelmiş olan. **3.** Çürümeye yüz tutmuş meyve. (Ermenek, Mut) **4.** Havı dökülmüş, erimiş, akmış kumaş. (Konya)

Erginal Yiğit ve delikanlı.

Erginalp Yiğit delikanlı.

Erginay Ay gibi parıldayan delikanlı.

Erginbay Kendisine saygı duyulan delikanlı.

Ergincan İçten ve sevecen delikanlı.

Erginer Haklarını kendi kullanabilecek yaş ve olgunluğa erişmiş kimse.

Erginsoy Bilgili, görgülü, olgun kişiler yetiştiren bir soydan gelenler.

Ergintuğ Rütbe ve makam sahibi, olgun kimseler yetiştiren bir soydan gelen kimse.

Ergök Mavi gök.

Ergökmen Mavi gözlü ve sarışın erkek.

Ergönül Yiğit ve cesur, candan, gönülden kimse.

Ergör Gönülden ve dürüst kimse.

Ergun *Far.* **1.** Hızla giden oynak at. **2.** Yumuşak huylu insan. **3.** İlhanlı Devleti'nin hükümdarlarından.

Ergüç **1.** Güç simgesi er, kuvvet ve kudret sahibi kimse. **2.** Yayık kolu. (Samsun)

Ergüden Bir düşünce, bir duygu ya da bir amacın peşine düşerek onu gerçekleştirmeye çalışan yiğit kimse.

Ergüder Bir amacı gerçekleştirmeye çalışan yiğit kimse.

Ergül Erler içinde seçkinleşen, erlerin gülü olan kimse.

Ergüleç Güler yüzlü ve sempatik kimse.

Ergülen Güler yüzlü, sempatik ve içten kimse.

Ergümen İstediklerini elde etmiş olan.

Ergün **1.** Mütevazi ve sessiz kimse. **2.** Sulu kar. **3.** Günün erken zamanı. **4.** Yumuşak. (Adapazarı) **5.** Sulu kar, sulu sepken. (Amasya)

Ergünay Ay gibi sessiz olan.

Ergüner Mütevazi ve sessiz kimse.

Ergüneş Erkenden doğan güneş.

ErgüneyHer ilişkisinde mütevazi olan.

Ergüven Kendine güvenen, kendisiyle barışık olan.

Ergüvenç Kendisine güven duyulan itibar sahibi kimse.

Erhan *Ar.* **1.** Korkusuz hükümdar. **2.** Çok merhametli ve acıma duygusu çok olan.

Erhun Korkusuz ve savaşçı kimse.

Erışık Kültürlü ve aydın kimse.

Erışın İçindeki cevheri paylaşan.

Eriker Yetenekli ve korkusuz kimse.

Eril Erkek, er ve yiğit kimse.

Erimer **1.** Erişmiş ve amacına ulaşmış yiğit kimse. **2.** İyi haber, müjde ve sevinç getiren er kimse.

Erin **1.** Ergin hale gelen. **2.** Bir yere ulaşan, vasıl olan. **3.** Son mertebeye ulaşan.

Erinç Çevresine ışık saçan kimse.

Erinçer Çevresine ışık saçan, mutlu veşen kimse.

Erip *Ar.* Bilgisi ve yeteneğiyle zeki ve akıllı olduğunu gösteren kimse.

Erişen Yetkinliğe erişmiş, gelişmiş kimse.

Erişkin Olgunlaşmış ve gerekli yeterliliğe ulaşmış kimse.

Eriz İz bırakan yiğit kimse.

Erizgi Yaptıklarıyla herkesi etkileyen ve iyi bir iz bırakan kimse.

Erk **1.** Kudret. **2.** Kişiliği ya da konumuyla yaptırım gücü bulunan kimse. **3.** Samimiyet. **4.** Sevgi.

Erkal Her zaman için yiğitliğini koruyan ve yaptıklarından taviz vermeyen kimse.

Erkan **1.** Yiğitliği geçmişinden gelen kimse. **2.** *Ar.* Esaslar, destekler, sütunlar. **3.** Reisler.

Erkaya Kaya gibi güçlü olan.

Erke **1.** Güç. **2.** *Ar.* Misvâk ağacı. **3.** Reisler.

Erkel Gücü ve kudreti yerinde olan el.

Erker Güçlü, kudretli ve iktidar sahibi olan el.

Erkılıç Kılıç gibi kudretli kimse.

Erkınay Ay gibi güzel ve temiz olan kimse.

Erkış Kış gibi set olan yiğit.

Erkin 1. Hiçbir şarta bağlı olmayan, istediği gibi davranabilen, serbest. **2.** Her koşulda özgürlük yanlısı olan.

Erkinel Özgürlüğü seven ve özgürlüğüne düşkün olan kimse.

Erkiner Bağımsız, özgür ve yiğit kimse.

Erkmen Güçlü, etkili olan ve sözü geçen kimse.

Erkoç Koç gibi azameti ve gücü olan kimse.

Erkoçak Azamet sahibi, güçlü ve yiğit kimse.

Erkol Güçlü kollara sahip olan kimse.

Erkon Ağır ağır, yata kalka. (Trabzon)

Erksal Gücü ve kudretiyle nam salmış olan kimse.

Erksan erkek gibi olan, gücü ve kudretiyle nam salmış kimse.

Erksoy Güçlü ve kudretli bir soydan gelen, yiğit kimse.

Erksun Gücüyle çevresine yardımcı olan, güç ve kuvvet sahibi kimse.

Erktin Hem maddi ve hem de manevi anlamda güç ve kudret sahibi olan namlı kimse.

Erkul Erkek kimse.

Erkunt Zorluklara göğüs gerebilen kimse.

Erkurt Güçlü ve kudretli kimse.

Erkurtaran Hayvanların sancılarını geçirmekte kullanılan birçiçek. (Kayışlı)

Erkut Kutsanmış kimse.

Erkutay Kutsanmış, ay gibi beyaz ve temiz kimse.

Erkutlu Uğurlu, mübarek, yiğit ve sözüne güvenilir kimse.

Erlaçin Yiğit ve sözüne güvenilir kimse.

Erman 1. Yiğitliğiyle ün salarak kahraman olmuş kimse. **2.** Arzu istek. **3.** *Far.* Yerinme, pişman olma.

Ermin *Ar.* Keykubat'ın dördüncü oğlu.

Ermiş 1. İstediğine kavuşmuş. **2.** Dini inançlara göre kendisinde olağanüstü manevi güç bulunan kişi, evliya, veli.

Ermutlu Mutlu ve huzurlu kimse.

Ernoyan Cesur, korkusuz komutan.

Eroğan Tanrı'nın eri, Tanrı'nın yiğidi olan kimse.

Eroğlu Yiğit ve kahraman kişinin oğlu.

Eroğul Yiğit ve cesur oğul.

Eroğuz Temiz yaratılmış, iyi, arkadaş, güçlü ve doğru yiğit kimse.

Erokay Elit, beğenilen kendisine saygı duyulan kimse.

Erol Yiğit olan ve dürüstlükten ayrılmayan.

Erolan Yiğit olan, sözünde duran kimse.

Erozan Yiğitlerin ozanı.

Eröz Özünden yiğit olan kimse.

Ersal Yiğitliğiyle etrafa nam salan, cesur kimse.

Ersan Yiğitliğiyle nam salmış kimse.

Ersat Mutluluk içinde olan kimse.

Ersav Yiğit ve cesur kimse.

Ersavaş Yiğit bir şekilde savaşan.

Ersay Er olarak sayılan, yiğit olarak sayılan ve kendisine saygı gösteren kimse.

Ersayın Yiğit ve saygıdeğer kimse.

Erseç Yiğit ve seçilen kimse.

Ersel Yiğit ve taşkın kimse.

Ersen **1.** Mutlu ve neşeli erkek. **2.** Kolay. (Burdur) **3.** Far. Meclis, kurultay, kongre.

Ersev Yiğit ve sevilen kimse.

Erseven Yiğit ve seven kimse.

Ersever Yiğit sever kimse.

Ersevin Yiğitliği ve kahramanlığı ile sevinen.

Ersezer Kavrayış yetisi güçlü olan.

Ersin **1.** Ateş küreği. (Kuzguncuk, Amasya, Pötürge) **2.** Tekneye yapışmış hamuru kazımaya yarayan demir araç. **3.** Bir çeşit güzel kokulu bitki. **4.** Küçük çocukların yatırıldığı toprağı ısıtmak için toprağın konulduğu kürek biçiminde araç.

Ersoy Yiğit ve kahraman bir soydan gelen.

Ersöz Sözleri yiğitçe olan, saygıdeğer kimse.

Ersun Yiğitliği ve kahramanlığı ile etrafına yardım eden kimse. (Ayrıca bkz. Ersin.)

Ersungur Yiğitliği ile çevresinde saygı uyandıran kimse.

Ersü Yiğit ve kahraman asker.

Erşan Yiğitliğiyle nam salmış olan kimse.

Erşen Yiğit ve şen kişi.

Erşet Dürüstlük ve doğruluktan hiç ayrılmayan, güvenilir kimse.

Ertaç Yiğit kral ya da hükümdar.

Ertan Gündoğuşu, güneşin doğma zamanına yakın olan zaman.

Ertana Gündoğuşuna yakın olan zaman.

Ertaş **1.** Taş gibi sağlam olan. **2.** Selçuklu prensi.

Ertay Genç tay.

Ertaylan Sırım gibi yakışıklı ve yiğit olan kimse.

Erte Günün doğuşuna yakın olan zaman.

Ertek Tek ve yiğit kimse.

Ertekin Uğur getiren, uğur getirdiğine inanılan yiğit kimse.

Ertem **1.** Ahlaki açıdan her anlamda yeterlilik sahibi olan kimse. **2.** Söz ve harekette herkesin beğendiği bir tavır ve davranışı sergileyen, yiğit kimse.

Erten Erkek gibi bir vücuda ve endama sahip olan.

Ertingü Ruhsal ve yüce olan.

Ertok Gözü yükseklerde olmayan, gözü tok ve yiğit kimse.

Ertop Yiğit ve cesur kişi.

Ertöre Törelerine ve geleneklerine bağlı olan yiğit.

Ertöz Er ve özüne bağlı kimse.

Ertuğ Yiğit başlığı.

Ertugay Yiğitler topluluğu.

Ertuğrul **1.** Temiz yürekli; niyeti ve davranışı dürüst ve doğru insan. **2.** Osmanlı İmparatorluğu'nun kurucusu, Osman Gazi'nin babası olan kimse.

Ertuna **1.** Türk tarihinde önemli bir yeri olan Tuna nehrinin yöresinden olan veya Tuna'ya gönül vermiş yiğit kimse. **2.** Delişmen yiğit kimse.

Ertunca Tunca Irmağı yöresinden olan yiğit kişi.

Ertuncay Yiğit ve ay kadar güzel olan kimse.

Ertunç Tunç gibi sağlam ve dayanıklı yiğit kimse.

Ertunga **1.** Bahadır ve yiğit hakan. **2.** İ. S. VII. yy.'da yaşayan, İran ordularını yendikten sonra İranlılar tarafından öldürülen Saka Hükümdarı.

Erturan Er ve Turanların başı olan, yaşayan yiğit.

Ertün Yiğit ve kahraman kişi.

Ertüre Yiğitler arasında farklı bir yiğit.

Ertürk Yiğit Türk.

Ertüze Adaletli, yiğit kimse.

Ertüzün Mütevazi ve yiğit kimse.

Erülgen Yüksek rütbeli, güçlü, iyi kalpli, hayır sahibi kimse.

Erün Ün salmak, nam kazanmak için yaratılmış yetenekli ve cesur kimse.

Erünal Yiğitliğiyle ün kazanmış kimse.

Erüstün Yiğitlik ve kahramanlığıyla ün kazanmış, emsallerinden üstün olan yiğit.

Eryalçın **1.** Sert ve yaman. **2.** Başı dik olan yiğit kimse. **3.** Erişilmez, yetişilmez yiğit kimse.

Eryaman **1.** Her işin üstesinden gelebilen yiğit kimse. **2.** Şaşırtıcı beceri, yetenek ve cesareti olan er kişi.

Eryavuz **1.** Çok sert, çok yetenekli ve cesur er. **2.** Her işin üstesinden gelebilen yiğit kimse.

Eryetiş Çabuk gel, çabuk gelen kimse.

Eryılmaz Hiçbir şeyden yılmayan, cesur er.

Eryiğit Kahraman, yiğit ve er kişi. Erbatur.

Erzade Yiğit oğlu.

Erzan *Far.* **1.** Olabilir. **2.** Gerçekleşme ihtimali fazla olan. **3.** Ucuz, bol, uygun, yerinde

Erzen Darı.

Esat *Ar.* Çok vefakâr.

Esen **1.** Veda. **2.** Parasız verilen, bolca, hoyrat. (Bayburt) **3.** Elbet. (Bursa)

Esenalp Sağlıklı ve yiğit kimse.

Esenbay Sağlıklı ve saygın kimse.

Esenbey Sağlıklı ve efendi kimse.

Esendal Sağlıklı, huzurlu kimse.

Esendemir Sağlıklı, güçlü, kuvvetli kimse.

Esenel **1.** Sağlıklı, sağlam el. **2.** Güzel, sağlıklı, mutlu diyar.

Esener Sağlıklı ve huzurlu olan.

Esenhan Sağlıklı hükümdar kimse.

Esengür Rüzgâr gibi gürleyen.

Esenkal Sağlıklı ve huzurlu.

Esenkul Sağlıklı ve huzurlu insan.

Esentan Tan vaktinde esen rüzgâr.

Esentaş Sağlıklı ve taş gibi olan.

Esentürk Sağlıklı ve güçlü Türk.

Eser 1. Rüzgâr, sert esen rüzgâr. (Dinar, Tefenni, Denizli, Bayramiç, Nazilli, Rize) **2.** Soğuk. **3.** Büyük demir çivi. (Yeşilova, Kaş, Elmalı) **4.** Arının iğnesi. **5.** Delilik. **6.** Evlerde kireit altlarına konulan tahta. **7.** *Ar.* Serçe kuşu. **8.** *Ar.* Basılmış kitap. **9.** *Ar.* Tesir. **10.** *Ar.* Nişan, iz, alâmet.

Eseralp Yiğitliği dilden dile, rüzgâr gibi dolaşan.

Eserbay Saygın ve yakışıklı kimse.

Eserbey Yakışıklı ve beyefendi kimse.

Eserhan Arkasında büyük eserler bırakan hükümdar.

Eserkaya Heykel gibi güzel olan.

Esersoy Eserleriyle anılan bir soydan gelen.

Esertaş Sert ve taş gibi sağlam olan.

Esertürk Büyük eserler bırakmış Türk.

Esinalp Yiğitliği insanlara örnek olan.

Esinbay Saygıdeğer ve örnek kimse.

Esiner Rüzgâr gibi esen yiğit.

Eskin 1. Rüzgâr. **2.** Fırtına.

Eskinalp Rüzgâr gibi ve bahadır yiğit.

Eslek 1. Çalışkan **2.** Girişken.

Esmen Sağlıklı insan.

Eşfak *Ar.* İçten ve çok şefkatli kimse.

Eşit Niteliği ve görüntüsü aynı olan.

Eşkin Atın hızlı yürüyüşü.

Eşmen Eş, dost, arkadaş, akran.

Eşref *Ar.* En, daha, pek şerefli ve çok aziz olan.

Ethem *Ar.* Karayağız at.

Evgin 1. Acele olarak yapılması gereken. **2.** Gecikmemesi gereken, ivedi.

Evliya *Ar.* **1.** Olağanüstü yetenek ve kerametlere sahip olduğu kabul edilen kimse, ermiş. **2.** Koruyup, gözetenler. **3.** Allah'a yakın olan kimse. **4.** Yatır.

Evran 1. Fazlasıyla uzayıp yükselen ağaç yada büyüyen insan. **2.** Kasırga, hortum. **3.** Kâinat. **4.** Talih, alınyazısı, mukadderat. **5.** Şiddetli yağmurdan sonra derelerin bulanık akması. (Antalya) **6.** Büyük yılan, canavar.

Evre Dönem, safha.

Evren 1. Var olan şeylerin tümü. **2.** Dünyada insanların oturduğu bütün yerler. **3.** Zaman, felek, cihan. **4.** Madde, fikir ve duygu alanı. **5.** Kişinin içinde yaşadığı, ilişkide bulunduğu ortam. **6.** Boylu boslu, iri yarı, yakışıklı. (Eşme ve köyleri, Burdur, Muğla) **7.** Kahraman, yiğit. (Kapıdağı, Isparta) **8.** Bey, ağa, lider. (İzmir) **9.** Zaman, (Isparta) **10.** Büyük, yüksek. (Ayrıca bkz. Evren)

Eyüp *Ar.* Sabırlı insan, peygamber.

Ezgütekin 1. Bütünüyle dinledildiği zaman akıl ve duyguyu tatmin edecek şekilde, aralarında bağlantıları olan, çeşitli sesler dizisi. Uğur getirdiğine inanılan sesler. **2.** Uğurlu yol, şans getiren yöntem.

F

Fadıl *Ar.* **1.** Fazilet sahibi. **2.** Erdemli, diğerlerinden daha üstün olan kimse. **3.** Çok konuşan. (Konya)

Fahim *Ar.* **1.** Ulu, yüce, büyük ve onurlu kimse. **2.** İtibarı yüksek olan.

Fahir *Ar.* **1.** Saygınlığı ile övünen. **2.** Parlak, gösterişli, güzel ve değerli olan kimse. **3.** Şanlı, şerefli, onurlu kimse.

Fahmi *Ar.* Yüce, ulu.

Fahrettin *Ar.* Bütün dinler arasında en saygın olan din.

Fahri *Ar.* **1.** Saygı ifadesi olarak verilen ya da övünç olarak kabul edilen, onursal. **2.** Herkese yardım etmeye çalışan. **3.** Şeref, onur için parasız, maaşsız, aylıksız, ücretsiz görülen iş.

Faik *Ar.* **1.** Yüksek, üstün. **2.** Ruhsal açıdan üstün ve başarılı olan.

Fakih *Ar.* **1.** Fıkıh bilgini. **2.** Anlayışlı ve zeki kişi.

Fakir *Ar.* **1.** Zavallı, yoksul. **2.** Geçimine yetecek ölçüde bir gelire sahip olmayan.**3.** Hindistan'da yoksulluğa ve eziyete kendini alıştırmış olan derviş.

Fakri *Ar.* Yoksulluğun getirdiği gariplik, tuhaflık.

Fani *Ar.* **1.** Ölümlü, gelip geçici. **2.** İnsan gözünün algılayabildiği ışık yeğinliği.

Farabi *Ar.* 870-950 yılları arasında yaşamış ünlü İslam düşünürü.

Farik *Ar.* Benzerlerinden daha farklı olan.

Faruk *Ar.* **1.** Haklıdan ve adaletten yana olan kimse. **2.** Keskin. **3.** Hz. Ömer'in lâkabı.

Fasih *Ar.* Hitabet yeteneği olan.

Fatih *Ar.* **1.** Fetheden, zafer kazanan. **2.** İslam devletlerinde bir ülkeyi ya da bir şehri savaşarak alan hükümdar ve komutanlara verilen unvan. **3.** II. Mehmet'e verilen lakâp.

Fatin *Ar.* Zekâsı ile her şeyi çabuk ve hızlı bir şekilde kavrayan kimse.

Faysal *Ar.* **1.** Hakim. **2.** Keskin kılıç. **3.** Kesin hüküm, karar.

Fazıl *Ar.* Fazilet sahibi. Erdemli, faik, üstün.

Fazlı *Ar.* Erdemli, üstün.

Fazullah *Ar.* Allah'ın fazileti.

Fecri *Ar.* Tan kızıllığı

Fedai *Ar.* Bir ülkü uğruna tehlikeli işlere girişerek canını esirgemeyen, korkusuz kimse.

Fedakâr *Ar., Far.* Özveri sahibi insan.

Fehamettin *Ar.* **1.** Büyük, ulu ve yüce kimse. **2.** İtibar, kıymet, değer, fehamet.

Fehim *Ar.* Yüksek bir zekâ kapasitesine sahip olan ve her şeyi çabuk kavrayan kimse.

Fehmi *Ar.* Zeki, anlayışlı, akıllı kimse.

Felek *Ar.* **1.** Gökyüzü, sema. **2.** Dünya, alem. **3.** Kaderi çizdiğine inanılan güç, talih, baht.

Feramuz *Far.* Kale muhafızı, koruyucu.

Ferdal *Far.* Dal tomurcuğu.

Ferdari *Far.* Bilgi veren.

Ferdi *Ar.* **1.** Bireysel, kişisel. **2.** Tek şey.

Ferhan *Ar.* **1.** Sevinçli, neşeli. **2.** Şen, memnun.

Ferhat *Ar.* **1.** Zor olanı başarıp, elde eden. **2.** Sevinç, mutluluk. **3.** İyi haber getiren kişiye verilen hediye. **4.** Ferhat ile Şirin'de dağları delen, erkek kahraman.

Feridun *Far.* **1.** Tek, eşsiz. **2.** Pişdâdîlerin altıncı padişahı olup cemşîd sülalesinden demirci Gâve'nin yardımıyla Dahhâk-i Mâri'yi öldüren. **3.** Sekizinci gök.

Ferih *Ar.* Mutlu, sevinçli.

Ferit *Ar.* Eşsiz, tek.

Ferkan Saygın bir soydan gelen.

Ferman *Far.* **1.** Buyruk, emir. **2.** Tanrı buyruğu. **3.** Osmanlı'da padişahların verdiği, uyulması gereken hükümleri taşıyan yazılı buyruk.

Ferruh *Far.* **1.** Uğurlu, şanslı. **2.** Aydınlık bir yüze sahip olan.

Fersan *Far.* **1.** Bir tür sansar. **2.** Gücü, zindeliği ve aydınlık veren parlaklığı ile ün salmış kimse.

Fersoy Güçlü, aydınlık ve parlak bir soydan gelen.

Ferzane **1.** Bilim ve hikmet sahibi kimse. **2.** Tasavvufta nefsani bağlarından sıyrılmış, artık tamamen kendi özüne dönmüş olan kimse.

Fesih *Ar.* Açık, berrak, ferah.

Fethi *Ar.* Fethetmek.

Fethullah *Ar.* Tanrı'nın fethi.

Fetih *Ar.* Bir yeri savaşarak alma.

Fettah *Ar.* Zafer kazanmış, feth etmiş.

Fevza *Ar.* Kargaşa, düzensizlik.

Fevzi *Ar.* Fetheden kişi. Zaferle, kurtuluşla ilgili.

Fevzullah *Ar.* Tanrı'nın üstünlüğü.

Feyiz *Ar.* **1.** Verimlilik. **2.** Bilim, bilgelik.

Feyyaz *Ar.* **1.** Verimlilik, üretkenlik. 2. Tanrı'nın adlarından biri.

Feyzettin *Ar.* Dinin verimliliği.

Feyzi *Ar.* **1.** Verimlilikle ilgili olan. **2.** Bilgiyle ilgili olan, bilgiye değer veren.

Feyzullah *Ar.* Allah'ın bereketi.

Feza *Ar.* **1.** Korkma, bağırıp çağırma. **2.** Dayanamama. **3.** Ümitsizlik. **4.** Ucu, bucağı olmayan boşluk.

Fezahan *Far.* Tüm evrenin ve kâinatın hükümdarı.

Fezai *Ar.* Uzayla ilgli.

Fırat Geçit veren, Asu. Mezopotamya'da bulunan bir nehir.

Fikrettin *Ar.* Dini düşünce.

Fikri *Ar.* Düşüncenin ürünü olan.

Filinta **1.** Uzun boylu, yakışıklı ve çevik kimse. **2.** Namlusu kısa kurşun atan tüfek. (Alm.)

Firuz *Far.* **1.** Sevinçli, mutlu ve uğurlu kimse. **2.** İnce, uzun boylu kimse.

Fuat *Ar.* Gönül, kalp.

Fuzuli *Ar.* Boşuna, gereksiz, haksız.

G

Gaddar *Ar.* **1.** Çok gadreden, zulmeden, hain, merhametsiz, kıyıcı. **2.** Çok pahalı mal satan, soyucu tüccar.

Gaffâr *Ar.* **1.** Bağışlayan, affeden. **2.** Tanrı'nın sıfatlarından biri.

Gaffur/Gafur *Ar.* Bağışlayan, acıyan, esirgeyen, affeden.

Gafir *Ar.* Bağışlayan, affeden. Bağışlaması çok olan yüce Rab.

Galip *Ar.* Yenen, üstün gelen. Birine karşı zafer kazanan.

Gani *Ar.* **1.** Çok zengin, varlıklı. **2.** Bol.

Garip *Ar.* **1.** Kimsesi olmayan, zavallı. **2.** Yabancı, gurbette yaşayan. **3.** Yadırganan, anlaşılmamış, gizli yönleri olan, yabansı, tuhaf. **4.** Dokunaklı, hüzün veren.

Gazanfer *Ar.* **1.** Kuvvetli ve cesur adam. **2.** İri aslan. **3.** Yüreği ve bileği sağlam olan.

Gazi **1.** Savaşta yaralanmış kişi. **2.** Şehirlere ya da komutanlara göstermiş oldukları üstün başarılarından ötürü verilen unvan. **3.** Savaştan sağ ya da zafer kazanarak dönen kimse. **4.** Türkiye Cumhuriyeti'nin kurucusu Mustafa Kemal Paşa'ya, Sakarya Meydan Savaşı'ndan sonra TBMM tarafından verilen ünvan.

Geçtan **1.** Güneş batma zamanı, akşam. (Konya) **2.** Doğu. (Ilgın, Konya)

Gediz **1.** Su birikintisi, gölcük. **2.** Ege'de bir akarsu.

Gencal Genç, taze, yeni.

Gencalp Genç kahraman, genç yiğit.

Gencaslan Genç ve aslan gibi kuvvetli.

Gencay **1.** Genç ve ay kadar güzel olan. **2.** Yeni doğan ay.

Gencel Gençleşen, canlanan.

Gencer **1.** Delikanlı, yiğit ve bahadır kimse. **2.** Dini bayramlarda ve belli günlerde yapılan eğlence. (Çivril, Denizli, Manisa) **3.** Havuz. **4.** Güreş.

Genco Genç isminden türetilmiş olan.

Genç **1.** Yaşı ilerlememiş olan. **2.** Gençlikteki özelliklerini koruyan ve dinç olan.

Gençalp Genç yiğit.

Gençay Genç ve ay kadar duru olan.

Gençer Genç ve yiğit erkek.

Gençkal Her zaman için genç kalan.

Gençsoy Genç bir soydan gelen insan.

Gençtan Genç ve erken gelen aydınlık.

Gençtürk Genç Türk.

Geray Açık maviye yakın, gök rengi.

Gevher Maddenin özü, aslı, esası.

Gevheri **1.** Özlü, değerli. **2.** Kuyumcu.

Gezginer Gezmeyi ya da dolaşmayı seven.

Gıyas *Ar.* Yardım, yardımcı.

Gıyaseddin *Ar.* Dinin yayılmasına yardımcı olan.

Giray Uygun, laik.

Girayalp Halk tarafından sevilen, yaptıklarıyla halkın gözünde kahraman olan.

Girdar İş, eylem, davranış.

Girgin İnsanlarla kolayca yakınlık kuran.

Girginalp İnsanlarla kolayca yakınlık kuran yiğit ve kahraman kişi.

Gizay Sır ve ay kadar güzel olan kişi.

Gizer Destansı yiğit.

Gizmen Sırları olan kişi.

Göçer Göçebe bir yaşam süren.

Göçmen Kendi ülkesinin dışında yaşayan.

Gökalp **1.** Gözleri mavi renkte olan, yiğit kahraman. **2.** Namı ve şöhreti göklere yükselen kahraman.

Gökay Gökteki ay, mavi ay.

Gökbaran Gökyüzünün gücü ve kudretine sahip olan.

Gökbay Saygın ve gök gibi mavi.

Gökberk **1.** Gök yaprak, mavi yaprak. **2.** Mavi yıldırım. **3.** Mavi gözlü sert bakışlı.

Gökbey Mavi gözlü.

Gökcan Mavi gözlü, samimi ve candan kimse.

Gökçe **1.** Bir çeşit armut. (Bursa) **2.** Gri renkli öküz. (Mudurnu) **3.** Melek. (Lapseki) **4.** Azrail. (Konya) **5.** Kuş gözü gibi ve üzüm şeklinde camlarda biten birçeşit hayvan yemi. **6.** Göğe ilişin...

Gökçebalamir Sevimli bey çocuğu, şehzade.

Gökçel Mavi geçit.

Gökçener Sarışın, mavi gözlü, yiğit kişi.

Gökçer Mavi gözlü yiğit kişi.

Gökçesu Mavi su, yiğit su.

Gökçin Gök rengine çalan, mavi ile yeşil arası bir renk.

Gökçül Gökyüzü ile ilgili.

Gökçün Gökyüzü ile ilgili.

Gökdağ Göğe ermiş dağ.

Gökdal Doruklarıyla göğe doğru yükselen dağ.

Gökdemir Demir gibi gökyüzü.

Gökdeniz Masmavi deniz.

Gökdoğan Gökyüzünün doğuşu.

Gökduman Dumanlı gökyüzü.

Gökel Mavi el.

Göker Mavi gözlü erkek, mavi gözlü kimse.

Gökhan **1.** Gök Tanrısı. **2.** İnanışa göre gökyüzünün hakimi. Gökçe'nin doğururup yeryüzüne gönderdiği güçlü büyük han.

Gökhun Mavi gözlü savaşçı.

Gökmen **1.** Mavi gözlü, sarışın. (Sivas, Konya, Bodrum ve çevresi) **2.** Sarışın (kimse). (Kütahya **3.** Kül renkli. (Samsun)

Göknel Mavi gökyüzü.

Göksal Mavi gözlerinin güzelliğiyle tanınan.

Göksan Adı, sanı göklere yükselmiş, yüceliği nam salmış kişi.

Göksay Mavi gözleriyle tanınan.

Göksenin Gökyüzünün sahibi olan kimse.

Gökser Gökle ilgili.

Göksever Gökyüzüne hayran olan.

Göksoy Gökyüzünden gelen kimse.

Göksu Suları mavi renkte akan ırmak.

Göksun Taze, yeni eser, yapıt.

Göktan Tan vakti, şafak zamanı, mavi şafak.

Göktaş **1.** Mavi taş, göktaşı. **2.** Göz, deri ve bitki hastalıklarında bağcılıkta kullanılan, mavi renkte, zehirli kimyasal bir tuz, göz taşı. (Burdur)

Göktay Mavi gözlü çocuk.

Göktekin Mavi gözlü, uğurlu ve biricik kişi.

Gökten Gökyüzünden gelen.

Göktuğ Mavi tuğ.

Göktuna Mavi Tuna.

Göktunç Tunç renkli gökyüzü.

Göktürk 552.745 yılları arasında Orta Asya'da hüküm süren Türk Devleti ve bu devletin halkından olan kimse.

Gökyay Gökte zodyak üzerinde yer alan on iki takım yıldızından akrep ile oğlak arasında bulunan burç, yay burcu.

Gönder Bayrağın çekildiği direk.

Gönen **1.** Mutlu ol, sevin, neşelen. **2.** Bolluk, bereket. **3.** Bağış, ihsan. **4.** Toprağın nemi.

Gönenç Varlık ve bolluğun verdiği rahatlık.

Gönüldaş Birbirleriyle uyum içinde olanlar.

Gören Beğenen, bir şeyi görüp seven.

Görener Gören yiğit.

Görez **1.** Rüzgâr. **2.** Şık ve zarif giyinen kimse.

Görgü **1.** Toplumun saygı kuralları. **2.** Çok görüp geçirme, görmüş geçirmiş olma hali.

Görgün Etrafına karşı saygılı kimse.

Görkay Güzel ay.

Görkel Heybetli el.

Görker Heybetli ve ihtişamlı yiğit kimse.

Görkmen Temiz ve saygıdeğer kimse.

Göymen Gözleyen, araştıran.

Gözaydın Mutlu ve neşeli bir haberden sonra, neşeli ol, sevin anlamında bir dilek.

Gözdetürk Yiğit ve gözde olan Türk.

Göze Hücre, su kaynağı, kaynak.

Gözen Cazibeli, çekici, pınar.

Gücal Kuvvet al.

Gücüm Güç, dirayet, erk.

Gücümer Güçlü, dirayetli yiğit kimse.

Güç **1.** Erk, bir şeyi yapabilme yetisi ya da bir şeyi yapabilmek için gereken çaba, ağır ve yorucu emekler bütünü. **2.** Kolay olmayan, zor şey. **3.** Fiziksel, düşünsel ya da ahlaksal bir etki yapabilme ya da bir etkiye direnebilme yeteneği. **4.** Etkileme yeteneği. **5.** Saat. (Balıkesir) **6.** Gönül, yürek. (Denizli, Bursa, Gebze, Samsun)

Güçalp Güçlüklerin, zorlukların üstesinden gelen yiğit.

Güçel Güçlü el.

Güçer Çetin ve zorlu yiğit.

Güçeren Güçlü ermiş.

Güçhan Güçlü hakan.

Güçkan Güçlü ve zorlukların üstesinden gelebilen bir soydan gelen.

Güçlü Dayanıklı, zorlu, sözü geçen.

Güçlüer Güçlü, kuvvetli.

Güçlühan Kuvvetli hükümdar.

Güçlütürk Kuvvetli Türk.

Güçmen Kuvvetli kişi, gücü elinde bulunduran kimse.

Güçsal Güç ve kuvvetiyle nam salan kimse.

Güçsan Gücü ve kuvvetiyle nam salmış olan.

Güçyeter Gücü her şeye yeten kimse.

Güder Amacının peşinde koşan, amacına ulaşmak için elinden geleni yapan kimse.

Gülan Ortadoğu takvimine göre bahar ayı.

Gülbay Gül gibi zarif ve saygın kimse.

Gülbey Gül gibi zarif ve saygınlık uyandıran kimse.

Güldoğan Gül ağacının çiçeğinin doğuşu.

Güleç Güler yüzlü ve neşeli kimse.

Güleçer Güleryüzlü, sevimli aynı zamanda yiğit kimse.

Gülek **1.** Küçük göl, gölcük. **2.** Ağaçtan yapılmış kap. **3.** Kinaye amacıyla tersine söylenen söz.

Gülener Sempatik ve yiğit kimse.

Gülertan Işıl ışıl, pırıl pırıl gülümseyen bir sabahın başlangıcı.

Gülesin "Sıkıntı çekmeyesin, mutlu olasın, yüzün gülsün" temennisi.

Gülkan Güler yüzlü ve içten bir soydan gelen kimse.

Gülmen Güler yüzlü insan, güleç.

Gültekin Uğurlu gül.

Günaç Günün doğması gibi doğan anlamında.

Günak Ak gün, temiz günler.

Günal Kırmızı güneş.

Günalan Güneş gören alan.

Günalp Güneş gibi yiğit.

Günaltan Kızıl sabah güneşi.

Günaltay Kızıl güneş.

Günbay Günün adamı, günün kişisi.

Günberk Gün gibi ışıltılı ve kaya gibi sert ve kahraman yiğit.

Günbey Gün gibi aydınlık ve bey kadar saygın olan.

Günçağ Güneşin çağı, günün aydınlık zamanı.

Gündal Gün gibi aydınlık ve dal kadar ince olan.

Gündaş Aynı günde doğan kimseler.

Gündemir Güneş gibi sıcak ve demir gibi soğuk olan.

Gündeniz Gün ve deniz gibi olan.

Gündeş Aynı günde doğanların her biri.

Gündoğan Doğan güneş, doğan gün.

Gündoğar Güneşin doğuşu.

Gündoğdu **1.** Güneş doğdu, gün başladı. **2.** Doğu. (Afşar aşireti)

Gündüz **1.** Bir günün başlangıcından akşama kadar olan zaman. **2.** Gelinin gideceği sabah yapılan oyunlu eğlenti. (İskilip)

Gündüzalp Osmanlı Devleti'nin kuruluş yıllarında, Anadolu'da başarıları ve yararlılıkları ile tanınmış bir Türk kahramanı.

Gündüzbey Kendisine saygı duyulan kimse.

Gündüzhan Gündüz hükümdarı.

Güneç Aydınlık, günlük, güneşlik olan.

Günel Güneş, gündüz ve aydınlık.

Güner 1. Gündüz eri. **2.** Tan vakti. (Erzincan)

Güneralp Şafak gibi doğan kahraman.

Güneren Gündüz eren,

Güneri O günün sevilen kişisi.

Güneşhan Güneşin hakanı olan.

Günhan Güneş hükümdarı.

Günışık Güne ışık saçan, hayat veren.

Günkan Güne can veren, hayat veren kimse.

Günkaya Güneş gibi sıcak ve taş gibi sert olan.

Günkut Uğurlu, talihli, kutlu gün ya da kimse.

Günol Aydınlık, mutlu ve huzurlu olasın.

Günşiray Aydınlık yüzlü kimse.

Güntan Tan vakti ağaran gün.

Güntekin Güneş gibi parıldayan, etrafına ışık saçan ve uğur getirdiğine inanılan kimse.

Güntimur Uğurlu ve hayırlı gün.

Güntürk Aydınlık ve güleryüzlü Türk.

Günver Bereketli ve ışıklı olan.

Günyol Aydınlık yol.

Gür 1. Bol ve güçlü olan. **2.** Bol, verimli.

Gürak Sıkça olan akın.

Güral 1. Bolca ve çokça alan. Nasibini ve hakkını bol al, çok al, güç al temennisi. **2.** Kırmızısı çok olan.

Gürakın Bolca ve çokça yapılan akın.

Güral Sıkça gelip al.

Güralp Güçlü yiğit kimse.

Güran Güçlü an.

Gürata Güçlü ve ulu büyükler.

Güray Ürünlerin, bereketin bol olduğu zaman, parlak.

Gürbay Güçlü ve saygın kimse.

Gürbüz Sağlıklı, canlı, güçlü ve iyi gelişmiş.

Gürçay Bol ve hızlı akan su.

Gürdağ Ağacı bol olan dağ.

Gürdal Yaprağı, çiçeği ve meyvesi bol olan dal.

Gürdoğan Güçlü ve coşkun doğan.

Gürel 1. Canlı, hareketli. **2.** Zorlu bir güce sahip olan.

Gürer Gürbüz yiğit.

Gürerk Güç sahibi olan.

Güreralp Güçlü ve kahraman yiğit, bahadır kimse.

Güresin İlhamı, yaratıcı gücü fazla olan.

Gürgen Karadeniz'de yetişen bir ağaç türü.

Gürgenç Güçlü ve genç olan.

Gürgüç Gücü, kuvveti yerinde olan.

Gürgüner Gürbüz, aydınlık yiğit.

Gürhan Güçlü ve gürbüz hükümdar.

Gürışık Güçlü ve göz kamaştırıcı, her yeri aydınlatan ışık.

Güriz Güçlü ve etkili olan iz.

Gürkal Güçlü kal.

Gürkan Bol ve güçlü kan, fışkıran kan.

Gürkaya Güçlü ve kaya gibi sert olan ışık.

Gürkök Kökleri güçlü olan.

Gürkut Bol uğur, başarı ve mutluluk getiren.

Gürler Gürül gürül haykıran kalın ses.

Gürman Gücü kuvveti yerinde olan kimse.

Gürmen **1.** Gücü kuvveti olan, gürbüz kimse. **2.** Yaşam boyu her şeyi bol, çok ve bereketli olan kimse.

Gürmeriç Suyu bol ve gür akan Meriç nehri.

Gürol Yaşam boyu her şeyinin bol ve gür olmasını dilemek.

Gürpınar Gürül gürül akan pınar.

Gürsal Her tarafa nam salmış olan.

Gürsan Namıyla ve sanıyla anılan.

Gürsavaş Akının çok olduğu savaş.

Gürsay Güçlü ve saygın kimse.

Gürsel Güçlü sel, dağları ve taşları sarsan sel.

Gürsen Kaynayan, fışkıran, güçlü ve kuvvetli olan kişi.

Gürses Bütün sesleri bastıran, sesi gür çıkan.

Gürsoy Ailesi, soyu ve seceresi çok kalabalık, çok geniş olan.

Gürsu Bol ve gürül gürül akan su.

Gürtan Bol ışıklı, geniş ve sonsuz tan yeri.

Gürtaş Güçlü taş.

Gürtay Güçlü doğan tay.

Gürtekin **1.** Uğurlu ve çok şanslı kişi. **2.** Uğuru, güvenirliği, iyiliği bol ölçüde olan, tekinliği gür olan emin kimse.

Gürtuğ **1.** Bereketli tuğ. **2.** Padişah tarafından kendisine verilen vezirlik, paşalık tuğu çoğalmaya ve daha gür olmaya yetenekli kişi. Rütbece daha da yükselmeye değer kimse.

Gürtuna **1.** Gürül gürül akan Tuna. **2.** Bol suları ile çevresine bereket, bolluk getiren nehirler.

Gürtunca Gürül gürül akan Tunca.

Gürtunç Sağlam ve güçlü tunç.

Gürtürk Güçlü Türk.

Güven **1.** İtimat, emniyet. **2.** Korku, çekinme ve kuşku duymadan inanma ve bağlanma duygusu. **3.** Yüreklilik ve cesaret. **4.** Yabani vişne. (Ankara) **5.** Sevinç, mutluluk. (Çorum)

Güvenalp Kendisine güvenilen yiğit kimse.

Güvenç **1.** Emniyet, asayiş, dirlik ve düzen. **2.** Sevinçli. (Afyon, Burdur, Samsun) **3.** Dayanak, arka, yardım. (Sarıyer-İstanbul, Antalya, Fethiye)

Güvenel Cesaret alan, cesaretlenen.

Güvener Güvenli, kendisine güvenilen, sözüne inanılan yiğit kimse.

Güventürk Güvenilir Türk.

Güzcan Sonbaharda doğan.

Güzelbey Yakışıklı ve saygın erkek.

Habil *Ar.* **1.** Adem ile Havva'nın ikinci oğlu. Annesiyle babasının cennetten yeryüzüne kovulmasından sonra doğan oğul. **2.** Tuzak. **3.** Yiğit. **4.** Büyücü.

Habip *Ar.* Sevilen kimse, dost, yaren.

Hacı *Ar.* **1.** Kâbeyi ziyaret eden kimse, müslüman. **2.** Hac görevini yerine getiren kimse.

Hacip *Ar.* Osmanlı'da devlet büyüklerine verilen san.

Hadi *Ar.* **1.** İnsanı doğru yola sevk eden. **2.** Kılavuz, rehber. **3.** Önde giden kimse. **4.** Mızrak ucu.

Hadim *Ar.* Birisine yol gösteren.

Hadin *Ar.* Dost, yoldaş.

Hafız *Ar.* **1.** Kur'an'ı baştan sona ezbere bilen ve okuyabilen kimse. **2.** Gözeten, esirgeyen, koruyan kimse.

Hafi *Ar.* **1.** Sempatik, güleryüzlü, ikramda kusur etmeyen kimse. **2.** Başkalarından gizlenmiş olan, saklı, bilinmeyen.

Hafit *Ar.* Torun.

Hafiz Esirgeyen, gözeten.

Hakan *Far.* **1.** Eski Türk ve Moğol İmparatorlarına verilen ünvan. **2.** Osmanlı padişahları için kullanılan bir ünvan.

Haki *Far.* **1.** Yeşile çalan koyu renk. **2.** Hikâye anlatan.

Hâkim *Ar.* **1.** Bilge, filozof. **2.** Tanrı. **3.** Egemenliğini yürüten, buyruğunu yürüten, sözünü geçiren, egemen. **4.** Başta gelen, başta olan, baskın çıkan. **5.** Duygu ve davranışlarını iradesiyle kontrol altına alabilen kimse. **6.** Benzerleri arasında güç ve önem bakımından başta gelen.

Hakkı *Ar.* Doğruluk ve adaletten ayrılmayan.

Haktan *Ar.* Tanrı'dan gelen anlamında.

Haktanır Her anlamda haktan yana olan.

Hakverdi Tanrı'dan gelen hak anlamında.

Halas Kurtuluş, özgürlüğe kavuşmak.

Haldun *Ar.* Ölümsüz olanlar, ebediyen yaşayanlar.

Halef *Ar.* Birinin ardından gelip, onun yerine geçen kimse.

Halet *Ar.* Hal, durum.

Halik *Ar.* Yaratan, yoktan var edebilme yetisine sahip olan.

Halil *Ar.* **1.** Sadık, samimi, dost. **2.** Koca, zevc.

Halim *Ar.* Yumuşak huylu bir mizaca sahip olan, sert olmayan.

Halis *Ar.* Karışık olmayan, saf ve pürüzsüz.

Halit *Ar.* Sürekli ve sonsuz olan.

Haluk *Ar.* Ahlaklı, iyi bir karaktere sahip olan.

Hamdi *Ar.* Allah'a şükreden.

Hamdullah *Ar.* Tanrı övgüsü.

Hami *Ar.* Koruyan, gözeten, himaye eden kimse.

Hamil *Ar.* **1.** Sahip olan. **2.** Destek veren.

Hamis Beşinci. *Ar.*

Hamit *Ar.* Övülmeye değer, yetenekli kimse.

Hamza *Ar.* Arslan.

Han **1.** Eski Türk hakanına bağlı, hükümdar.**2.** Osmanlı padişahlarının adlarının sonlarına getirilen ünvan. **3.** Konaklamak amacıyla yapılan yapı.

Hanalp Yiğit, korkusuz, kahraman hakan.

Hanbey Hana bağlı beylik.

Hanedan *Far.* **1.** Hükümdar ya da devlet büyüğü gibi bir kişiye dayanan soy, aile. **2.** Belli ve büyük bir soydan gelen aile. **3.** Eli açık, konuksever.

Hanifi *Ar.* **1.** İslam dinine sıkı sıkıya bağlı olan. **2.** Hanefi mezhebinden olan kimse.

Hankan Han soyundan gelen kimse.

Hansoy Sülaleden gelme han soyu bulunan kimse, ailesinden han soyundan gelen kişiler bulunan.

Harabi *Ar.* Bekçi, gözcü.

Haris *Ar.* **1.** İstekli, aç gözlü, bir şeyi çok fazla isteyen, hırslı kimse. **2.** Pinti, cimri, parayı çok seven. **3.** Gözcü, kollayıcı. **4.** Tarım işleriyle uğraşan çiftçi.

Harun *Ar.* **1.** İnat edip duran, huysuz at. **2.** İnatçı insan. **3.** Duran, yürümeyen.

Has **1.** Belli bir şeye mahsus, özgü. **2.** Katışıksız, saf ve iyi olan. **3.** Eskiden hükümdarlara ait olan.

Hasan *Ar.* Güzellik, iyilik, iyilik etmek.

Hasbi *Ar.* Karşılık beklemeden, yürekten yapılan iyilik.

Hascan Güzel dost.

Hasefe *Ar.* İyi efe.

Hasip *Ar.* Değerli ve saygın.

Haskan İyi kan, iyi bir soydan gelen.

Haspolat Saf ve temiz kimse.

Haşim *Ar.* **1.** Kırıcı ve sert olan kimse. **2.** Gösterişli, haşmetli. **3.** Ekmek doğrayan. **4.** Kıran, ezen, parçalayan.

Haşmet *Ar.* **1.** Görkem, büyüklük, debdebe, ihtişam. **2.** Nezaket, kibarlık, alçak gönüllülük.

Haşmettin *Ar.* Dinin görkemliliği.

Hatem *Ar.* **1.** Mühür, mühürlü yüzük. **2.** Cömert ve eli açık kimse. **3.** Son, en son, sonuncu.

Hatemi *Ar.* Cömert kişi.

Hatif *Ar.* **1.** Sesi işitilen fakat görünmeyen kişi. **2.** Gaipten seslenir gibi haber veren melek.

Hatim *Ar.* Sona erdirme, bitirme.

Hatip *Ar.* Güzel ve etkili konuşan.

Hattat *Ar.* El yazıları çok güzel olan.

Haver *Ar.* Güneşin doğduğu taraf.

Havi *Ar.* Boş çöl, ıssız, tenha yer.

Hayati *Ar.* **1.** Hayatla ilgili. **2.** Büyük önem taşıyan.

Haydar *Ar.* Cesut, yiğit.

Hayret *Ar.* Şaşma, şaşkınlık.

Hayrettin *Ar.* İnancın hayırlısı.

Hayri *Ar.* **1.** Uğurlu ve kutlu. **2.** Hayır, iyilik.

Hayrullah*Ar.* Allah'ın hayırlı kıldığı şey.

Hazerfen *Far., Ar.* Çok bilen, yetenekli.

Hazım *Ar.* Akıllı, gözü açık, kurnaz kişi.

Heper Her zaman yiğit.

Heybet *Ar.* **1.** İnsanlarda korku ile birlikte saygı uyandıran görünüş. **2.** Büyüklük, ululuk, görkem.

Hıdır *Ar.* **1.** Perde. **2.** Mani. **3.** Hızır adının bir başka şekli.

Hıfzı *Ar.* **1.** Saklama. **2.** Ezberleme, akılda tutma.

Hıncal Öcünü al, öcünü bırakma.

Hızır İnanışa göre ölümsüzlüğe kavuşmuş olduğuna inanılan, insanın başı sıkıştığı zaman imdadına yetişmekle ünlenmiş olan kutsal şahsiyet. **2.** Çabuk davranan kimse.

Hızlan Hızını arttır, hız kazan.

Hicabi *Ar.* Utanma, utanç.

Hicap *Ar.* **1.** Acı ve üzüntü duyma. **2.** Utangaç, mahçup. **3.** Zar, tül, perde ile ilgili.

Hikmettin *Ar.* Müslümanlığın gösterdiği doğru yol.

Hikmetullah *Ar.* Allah'ın hikmeti.

Hilkat *Ar.* Yaradılış.

Hilmi *Ar.* Mülayim, zarif insan.

Himmet *Ar.* **1.** Yardım, kayırma. **2.** Çalışma, emek, gayret.

Hitit Anadolu'da bir uygarlık, Eti.

Hoşgör Anlayışlı, görgülü ol.

Hudayi *Far.* Tanrı ile ilgili, Tanrı'nın yarattığı.

Hulki Yaradılışa ait olan.

Hulâgu Moğol hükümdarı. İran'da Moğol hanedanının kurucusu.

Hulusi *Far.* **1.** İyiliksever insan. **2.** Gönlü temiz, samimi, candan.

Hunalp Yiğit hükümdar.

Hurşit *Far.* Güneş.

Hüdai "Hüdayi" isminin bir başka söyleniş biçimi.

Hüdavendigar *Far.* Hükümdar.

Hüdavent *Far.* **1.** Allah. **2.** Hükümdar. **3.** Sahip olan, efendi.

Hüdaverdi Doğru yolu gösteren.

Hüdayi *Far.* Allah'ın yarattığı.

Hükümdar *Far., Ar.* Kral, padişah, taht sahibi.

Hünkar *Far.* Padişah, kral, sultan.

Hür *Ar.* Bağımsız, özgür.

Hürbay Özgürlüğüne düşkün olan saygın kişi.

Hürbey Bağımsız bey.

Hürel Özgür ülke.

Hürer Özgürlüğüne düşkün yiğit kişi.

Hürgün Özgür gün.

Hürkal Özgür kal.

Hürkan Özgürlüğüne düşkün bir soydan gelen.

Hürol Özgür ol.

Hürtan Özgürlüğüne düşkün ve romantizmden hoşlanan.

Hüsam/Hüssam *Ar.* **1.** Keskin kılıç. **2.** "Hüsamettin" isminin kısaltılarak söyleniş biçimi.

Hüsamettin *Ar.* Dinin keskin kılıcı.

Hüseyin *Ar.* Güzel, hayırlı, iyi şey, hayırlı iş.

Hüsmen "Hüsamettin" adının Anadolu halkınca söyleniş biçimi.

Hüsnü *Ar.* Güzellik, güzelliğe özgü.

Hüsrev *Ar.* Hükümdar, padişah.

Hüşenk *Ar.* Akıl ve düşünce.

I

Ildır 1. Parıltı, ışıltı. Çok uzaklardan görünen ışık parıldaması. **2.** Alacakaranlık.

Ildız 1. Yıldız. **2.** Gün dönümünden on gün önceki zaman.

Ilgar 1. Dizginleri bırakılmış atın dört nala koşması. **2.** Atla ansızın düşman topraklarına yapılan saldırı. **3.** Eski Türkler'de at yarışları.

Ilıcan Ilımlı bir yaradılışa sahip olan kimse.

Irak *Ar.* Uzak.

Irız Cesur, yiğit.

Irkıl Kehanette bulunan.

Işıkalp Aydın yiğit.

Işıker Aydın ve yiğit kimse.

Işılar Parlaklık, ay ışığı, ışıltılı.

Işıltan Günün ilk ışıkları, tan vaktinin ışığı.

Işıman Aydın yüzlü insan.

Işınbay Işık saçan saygın kişi.

Işınbey Aydın ve saygıdeğer kimse.

Işıner Işık saçan er.

Işınkan Aydın soydan gelen.

Işınsoy Aydınlık bir soydan gelen.

Işıt Aydınlat, aydınlatan, parlatan, görünür kılan.

Işıtan Aydınlatan.

Işkın Filiz, sürgün.

Itri *Ar.* **1.** Kokulu, güzel koku. **2.** Bir yere sarılarak büyüyen çiçek. **3.** Büyük Türk bestecisi. (1640-1712)

İ

İbiş Soytarı, palyaço.

İbo "İbrahim" adının kısaltılmışı.

İbrahim *Ar.* **1.** Kuran'da ve İncil'de adı geçen, kurban kesme geleneğinin yaratıcısı olan peygamber. **2.** Hakların babası.

İde 1. Fikir, düşünce.**2.** Değişmez öz, şeylerin ilk örneği, uzayın ve zamanın ötesinde öznenin dışında, kendiliğinden varolan, duyularla değil, ruhsal olarak anımsama yoluyla kavranabilen, duyularla yalnızca görüngüleri algılanabilen asıl gerçeklik.

İdemen Fikir adamı.

İdi Güç, kuvvet.

İdris *Ar.* **1.** Hoş kokulu, kerestesi iyi bir kiraz türü, mahlep. **2.** Kur'an'da adı geçen peygamberlerdendir. İlk defa elbise dikip giyenin ve kalem kullananın İdris olduğuna inanıldığından terzilerin ve yazarların piri sayılır.

İğdemir Marangozlukta ağaç delmek için kullanılan araç, araç delici.

İhsan *Ar.* **1.** İyilik etme, iyi davranma. **2.** Bağışlama, bağışta bulunma. **3.** Bağışlanan şey, inayet. **4.** Karşılık beklemeden yapılan yardım, iyilik.

İhvan *Ar.* **1.** Yakın dostlar, arkadaşlar. **2.** Aynı okul veya tarikattan olan kimseler.

İhya *Ar.* **1.** Canlandırma, diriltme. **2.** Umut verme, güçlendirme. **3.** Çok iyi duruma getirme, geliştirme, güçlendirme.

İkrami *Ar.* Misafirperver.

İlaydın Aydınlık, mutlu, demokratik ülke.

İlbars **1.** İlin en cesur kahramanı. **2.** 1515'te Hive ve Maveraünnehir'i işgal ederek Harizm veya Özbek Hanlığı adı ile anılan devleti kuran han.

İlbaş Bir ülkenin yöneticisi, hükümdar.

İlbay Bir yerin saygın kişisi, sözü geçen.

İlbey Bir yerin saygın kişisi, sözü geçen.

İlcan Yurttaş, vatandaş.

İldem Pişmanlık duyan.

İldemir **1.** Ülkeye ait. **2.** Demir gibi ülke.

İldeş Hemşehri.

İleri **1.** Henüz gelmemiş zaman, gelecek sonraki. **2.** Herhangi bir şeye göre daha ötede olan. **3.** Önde bulunan. **4.** Amaca doğru durmadan yürü anlamında.

İlgin Gurbette yaşayan, garip.

İlginç İlgi uyandıran, ilgi ve dikkat çeken.

İlgü Engel.

İlgün Halk, ulus, ahali.

İlhan *Far.* Eskiden Moğol hükümdarlarına verilen ad.

İlham *Ar.* Gönülden gelen esin.

İlhami *Ar.* İçe, gönüle gelen.

İlhan Hükümdar, imparator, yönetici.

İlkan Bir Türk hükümdarı.

İlkcan İlk çocuk.

İlkehan Temel düşünce ya da prensiplerine sıkı sıkıya bağlı olan.

İlker İlk doğan erkek çocuk.

İlkgün Bir edimin ilk defa olduğu gün.

İlki İlk evlet, ilk çocuk.

İlkizİlk doğan çocuklara verilen bir ad.

İlköz Kişinin ilk olan, asıl olan benliği.

İlksoy **1.** Önde gelen soy. **2.** İlk ata.

İlktürk İlk Türk.

İlkut Kutlu, mutlu ülke.

İlsev Vatanını sev.

İlseven Ülkesini seven.

İlsever Ülkesini sever.

İltan Yurdundaki tan vakti gibi anlamında.

İltaş Yurdundaki taş gibi.

İltay İlin, ülkenin genç kuşakları.

İltekin Uğurlu, rahat, sakin ülke.

İltemiz Temiz vatan.

İlter Yurdunu seven, yurduyla övünen.

İlteriş İlini, vatanını koruyan ve seven kimse.

İlyas *İbr.* İsrail peygamberi.

İmam *Ar.* **1.** Müslümanlıkta mezhep kuran kimse. **2.** En önde bulunan. **3.** Cemaate namaz kıldıran kimse. **4.** Hz. Muhammed'den sonra vekillik görevini üzerine alan halifelere verilen ünvan. **5.** Bazı küçük İslam devletlerinde devlet başkanı.

İman *Ar.* **1.** Dinin ortaya koyduğu dogmalara inanma, din inancı, kutsal inanç. **2.** Güçlü inanç, inan. **3.** İslam dinine inanma.

İmat *Ar.* Sütun.

İmdat *Ar.* Yardım isteme çağrısı.

İmre 1. Büyük erkek kardeş. **2.** Âşık, dost.

İnal 1. Kendisine inanılan, sır verilen, güvenilen kimse. **2.** Han, şehzade.

İnalkut Kendisine inanılan, uğur getirdiği düşünülen kimse.

İnaltekin İnanılır, güvenilir.

İnan 1. İnanmak işi, inanma, kanaat, güven. **2.** Bir kimse veya bir şeyin doğruluğuna, büyüklüğüne ve gücüne sarsılmaz bir duygu ile inanma.

İnanç 1. Bir düşünceye bağlı olma. **2.** Tanrı'ya, bir dine inanma. **3.** Birine duyulan güven, itimat ve inanma duygusu. **4.** İnanılan şey, görüş, öğreti.

İnanır İnanan, inançlı.

İncebey 1. Üstlendiği her şeyi büyük bir hassasiyetle yerine getiren. **2.** Duygu, davranış ve kavrayış ve zevk bakımından titiz ve ayrıntılara önem veren.

İncesu İnce akan su.

İnkilâp *Ar.* **1.** Evrim, dönüşüm. **2.** Devrim.

İnönü T. C.'nin **2.** Cumhurbaşkanı, İnönü savaşlarının büyük komutanı ve dünyaca tanınmış devlet adamı.

İnsel İnsani, insana yakışan tavır ve davranış.

İrfan *Ar.* **1.** Bilme, anlama, kültür. **2.** Gerçeğe ulaştırıcı güçlü seziş.

İrkut İlahi huzura kavuşup, gönlü rahatlamış insan.

İrsal *Ar.* Gönderme, yollama.

İrşat *Ar.* Gerçeği söyleme, uyarma.

İsa *İbr.* Doğumu miladi takvim başlangıcı sayılan peygamber.

İsfendiyar *Far.* İran mitolojisinde adı geçen hükümdar.

İshak Kutsal kitaplarda adı geçen peygamber.

İskender *Ar.* Yunanistan, İran, Anadolu, Suriye ve Hindistan'ı İ. Ö. 300'lerde ele geçiren makedonya Kralı ve tarihin en önemli komutanlarından.

İskit İ. Ö. VIII ve VII. yy.'larda Orta Asya'dan Güney Rusya'ya göç ederek burada imparatorluk kuran bozkır kavmi.

İslam *Ar.* **1.** Hz. Muhammed'in yaydığı din, müslümanlık. **2.** Hz. Muhammed'in yaydığı dinden olan kimse, Müslüman.

İsmail *Ar.* Kutsal kitaplarda adı geçen, İbrani peygamberi. Bir diğer adı da "Allah'ın Kurbanı" anlamında zebihatullah'tır. Kur'an'daki bir kıssaya göre babası İbrahim peygamber, Allah'ın emriyle İsmail'i kurban etmek istemiştir.

İsmet *Ar.* **1.** Masumluk, temizlik, namus. **2.** Ahlak kurallarına bağlılık.

İsrafil *Ar.* **1.** İslam'a göre kıyametin kopacağını bildirecek olan melek. **2.** Tevrat'ta ve Hıristiyan ilahiyatında birinci melek mertebesinde göksel ruh.

İstemihan Göktürk devletinin kurucusunun kardeşi olan hakan.

İstikbal *Ar.* **1.** Gelecek zaman. **2.** Karşı çıkma, karşılama.

İstiklal *Ar.* Bağımsızlık.

İsvan Saç ekmeğini tutmak için kullanılan maşa.

İşcan Çalışkan, becerikli, iş bilen.

İşcen İş sever.

İşeri İşçi, emekçi.

İşgüder İş yapan, çalışkan.

İşmen Çalışkan.

İşseven Çalışmaktan hiçbir zaman yılmayan.

İşsever Yaptığı işi seven.

İvecen Aceleci.

İyibay Efendiliği ve saygınlığıyla anılan.

İyibey Efendiliği ve saygınlığıyla anılan, tanınan.

İyikan Efendi ve iyi bir soydan gelen.

İyisoy Temiz ve iyi tanınan soy.

İyitürk İyi bir Türk olmanın tüm özelliklerini karakterinde taşıyan.

İzbatur İyi anılar bırakan kahraman.

İzhan Hükümdar izinden giden.

İzzet *Ar.* Büyüklük, yücelik, ululuk.

İzzettin *Ar.* **1.** Dinin yüceliği, ululuğu. **2.** Kuvvet, kudret, güç. **3.** Saygı, onur, itibar, değer.

J

Jefi *Far.* Güçlü, deneyimli, tecrübeli.

Jek *Far.* Sabır, zorluklara karşı dayanma gücü.

Jekfer *Far.* Sabırlı, dayanıklı.

Jeyan *Far.* Kükreyen, kızmış.

K

Kaan **1.** Hükümdar, hakan. **2.** Çin ve Moğol hükümdarlarına verilen ad.

Kabil *Ar.* **1.** Olabilir, mümkün. **2.** Tür, cin.**3.** Kardeşi Habil'i öldüren Adem ile Havva'nın ilk oğlu.

Kadem *Ar.* **1.** Adım, ölçü. **2.** Uğur.

Kadim *Ar.* **1.** Eski. **2.** Başlangıcı olmayan, öncesi bilinmeyen, eski, ezeli. **3.** Bir yere ayak basan, varan, ulaşan.

Kadir *Ar.* **1.** Değer, kıymet. **2.** Güçlü, gücü yeten, kudretli. **3.** "Her şeye gücü yeter" anlamında Tanrı'nın sıfatlarından biri.

Kadri *Ar.* **1.** Değer, kıymet. **2.** Onur, şeref, saygınlık.

Kadrihan Değerli, kıymetli ve güçlü hükümdar.

Kafar *Ar.* Batırıcı, kahreden.

Kağan Hanların bağlı olduğu devlet başkanı, imparator.

Kahir *Ar.* Kahredici, yok eden, ezici kuvvet.

Kahraman *Ar.* **1.** Yiğit. **2.** Bir olayın başlıca kişisi.

Kalafat **1.** Gösteriş, irilik, büyüklük. **2.** Kılık, giyim. **3.** Sapan. **4.** Perçinlerin üzerini düzeltmeye yarayan araç. **5.** Basit, kaba, gelişigüzel.

Kalender *Far.* **1.** Gösterişsiz, sade yaşamaktan yana olan, alçak gönüllü, bulduğuyla yetinen. **2.** Kalenderiye tarikatından olan.

Kalgay İzci başı.

Kalkan Koruyucu.

Kaman *Far.* Dağların zirvesine yakın olan.

Kamber/Kanber *Ar.* **1.** Halife Ali'nin yanından hiç ayrılmayan kölesi. **2.** Sadık hizmetkâr. **3.** Büyük boynuzlu öküz. (Ordu) **4.** Kılavuz. (İstanbul) **5.** Arık, cılız. **6.** Simidin gevrek yerleri. (Urfa)

Kamet *Ar.* Endam.

Kâmil *Ar.* **1.** Olgun, kültürlü. **2.** Tam, mükemmel, kusursuz. **3.** Yaşını başını almış, tecrübeli. **4.** Çok bilgili kimse.

Kamrân *Far.* Mutlu, muzaffer, isteğine kavuşmuş olan.

Kâmuran İsteğine kavuşmuş olan, mutlu.

Kandemir Sağlam kan, güçlü kan.

Kaner Yiğit soydan gelen.

Kanık **1.** Elindekinden hoşnut olan, azla yetinmesini bilen, kanaatkâr. **2.** Tok gözlü.

Kani *Ar.* Kanmış, inanmış.

Kâni *Ar.* Sitemkâr, söz söyleyen.

Kanka **1.** Kan kardeş. **2.** Can ciğer arkadaş.

Kansu Göktürkler'in Çin Türkistan'ında ve Moğolistan'da yerleştikleri bölgenin adı.

Kantemir Güçlü ve sağlam bir soydan gelen kimse.

Kantürk Türk soyundan olan.

Kanun *Ar.* Kaide, kural, yasa.

Kaplan Kedigillerden yırtıcı bir hayvan.

Kaptan **1.** Gemideki en yüksek görevli. **2.** Takım başı.

Kara 1. En koyu renk, siyah. **2.** Esmer.

Karaalp Esmer yiğit.

Karabaş 1. Hiç evlenmemiş erkek. **2.** Çitlenbik kuşu. (Rize, Antalya) **3.** İçi boş, çürük. (Trabzon) **4.** Kışa dayanıklı sert buğday.

Karabay Esmer ve saygın kişi.

Karabey Esmer bey.

Karabulut Yağmur yüklü bulut.

Karaca 1. Esmer. **2.** Geyikgillerden, boynuzları küçük bir av hayvanı. **3.** Koldaki kas kitlesi. (Isparta, Çankırı, Ankara) **4.** Kol. (Lapseki) **5.** Devenin dizinin iç tarafı. (Adana) **6.** Soğan tohumu. (Afyon, Aydın, İzmir) **7.** Mürekkep. **8.** Boşuna, nedensiz. (Niğde) **9.** Jandarma. (Milas)

Karacabey Kahramanlığıyla ün salmış bir Türk beyi.

Karacael Karayağız el.

Karacan Gözüpek dost, can arkadaş.

Karaçelik Çelik gibi güçlü esmer delikanlı.

Karademir Demir gibi sert, esmer delikanlı.

Karadeniz Türkiye'nin kuzeyindeki deniz.

Karadoğan Bir kuş türü.

Karaer Esmer yiğit.

Karagöz 1. Gözleri siyah olan. **2.** Hoş sohbet insan. **3.** Işık verilerek yansıtma yoluyla oynatılan oyun. **4.** Ebegümeci. (Yalova) **5.** Bir çeşit çiçek. (Denizli) **6.** Su yolunda çıkan patlak.

Karağan Dikensiz bir bitki.

Karahan 1. Tarihte sonradan han olanalara verilen unvan. **2.** Karahanlılar devletinin kurucusu, ünlü Oğuz Han'ın babası.

Karakaş Kara kaşları olan.

Karakuş 1. Kartal. **2.** Çaylak.

Karakaya Siyah kaya.

Karakoç Siyah koç.

Karakurt Siyah kurt.

Karakuş Siyah kuş.

Karaman Esmer, karayağız insan.

Karamuk Böğürtlen.

Karan Kahraman, korkusuz.

Karanalp Yiğit ve bahadır kimse.

Karaoğlan Esmer delikanlı.

Karasın Esmer kimse.

Karasu Ağır akan su, esmer su, acı su.

Karatan Alacakaranlık.

Karataş Siyah taş.

Karatay 1. Anadolu Selçuklular'ının ünlü devlet adamı. **2.** Siyah at yavrusu.

Karatekin Uğurlu esmer.

Karayağız Yağız delikanlı.

Karayel Kuzeybatıdan esen yel, soğuk rüzgar.

Kardeş 1. Aynı ana babadan doğmuş veya ana babalarından biri aynı olan çocukların birbirine göre adı. **2.** Yaşça küçük olan kardeş. **3.** Aralarında çok değer verilen, ortak bir bağ bulunanlardan her biri.

Kardeşcan Çok yakın arkadaş, dost.

Karer Kar renkli, ak yiğit.

Karhan Karların hükümdarı anlamında.

Karındaş Kardeş.

Karlık Kar kuyusu.

Kartal Çok güçlü, iri ve yırtıcı bir kuş.

Kartay Kar gibi beyaz tay.

Kartekin Kar gibi beyaz ve uğurlu kişi.

Kasar Hatır.

Kasım **1.** Bölen, taksim eden. **2.** Yılın onbirinci ayı.

Kasırga **1.** Şiddetli fırtına. **2.** Duyguların patlak verişi.

Kâşif *Ar.* **1.** Bilinmeyen bir yeri ya da bir şeyi keşfeden. **2.** Hakkında bir şey bilinmeyen, bir ülkeyi dolaşarak o ülkenin durumu hakkında bilgi veren. **3.** Bir şeyi örten esrar perdesini kaldıran, bir şeyi açığa çıkaran.

Kâtip *Ar.* Yazman.

Kava Çayırın bol olduğu.

Kavas *Ar.* Koruyan, koruyucu.

Kavruk Kara sevdalı, âşık.

Kaya **1.** Büyük ve sert taş. **2.** Muhtar. (Ankara)

Kayaalp Kaya gibi sert yiğit.

Kayacan Kaya gibi güçlü dost.

Kayaer Kaya gibi güçlü yiğit.

Kayagün Kaya gibi sert gün.

Kayahan Güçlü hükümdar, hükmeden.

Kayan **1.** Dağdan inen sel. **2.** Kayarak yer değiştiren.

Kayansel Gürül gürül gelen sel.

Kayar Gurur.

Kayasoy Güçlü soydan gelen.

Kayaş Sülale, akraba.

Kayatekin Uğurlu kaya.

Kayatürk Kaya gibi sert ve sağlam Türk.

Kaygısız Endişesiz, hiçbir şeye aldırış etmeyen.

Kayhan Güçlü hükümdar.

Kayı Fırtına, yağmur.

Kayıhan Güçlü kuvvetli hükümdar.

Kaymaz Dağ eteği.

Kaynak **1.** Bir suyun çıktığı yer. **2.** Sevinç, neşe.

Kayra Saygın bir kimseden gelen iyilik.

Kayraalp Yardımsever ve kahraman kimse.

Kayrabay Yardımsever, saygın kişi.

Kayrebey İyilik yapmasını seven ve yapan saygın kişi.

Kayrahan Yardımsever hükümdar.

Kayrak **1.** Ekime elverişli olmayan toprak. **2.** Yassı, düz taş.

Kayral Gözetilen, esirgenen.

Kayran Orman içindeki ağaçsız çıplak alan.

Kayrasoy Himaye edilmiş, korunmuş soydan gelen kişi anlamında.

Kazan Su çevrisi, girdap.

Kazgan Kazan.

Kâzım Öfkesine gem vurabilen kimse.

Kebir *Ar.* Ulu, yüce.

Kekeç **1.** Kekeme, peltek. **2.** Kuru, katı. (Zonguldak) **3.** Mısır koçanı. **4.** Ters.

Kelami *Ar.* Sözle ilgili.

Kelemêr *Ar.* Kuvvetli karakteri olan adam.

Keleş **1.** Güzel, yakışıklı. **2.** Yiğit, cesur, bahadır.

Kemâl *Ar.* **1.** Bilgi ve erdem bakımından olgunluk, yetkinlik, eksiksizlik. **2.** En yüksek değer.

Kemalettin *Ar.* Dinin eksiksizliği.

Kemali "Kemal" isminin bir başka söyleniş biçimi.

Kenan *Ar.* Vaat edilmiş ülke, cennet Filistin.

Kent Şehir.

Kenter Şehirli, kentli.

Kerami *Ar.* Mert, cesur, soylu kişi.

Kerem *Ar.* **1.** Soyluluk, ululuk. **2.** Bağış olarak verme, iyilik, ihsan.

Kerhat **1.** Taşlı yer. (Sivas) **2.** Kesmez duruma gelmiş, körleşmiş bıçak. (Bitlis)

Kerim *Ar.* **1.** Soylu asil. **2.** Eli açık, cömert.

Kerimhan Soylu ve cömert hükümdar.

Kerman Bkz. Kervan.

Kervan Uzak yerlere yolcu ve ticaret eşyası taşıyan yük hayvanı katarı.

Keskin **1.** Etkili, sert. **2.** Görevini iyi yapan.

Keskinay Parıltıyla ışıldayan ay.

Keskinel Elleri sert olan.

Keskiner Sert ve yiğit.

Keskinsoy Sert bir soydan gelen.

Keyhan *Far.* Dünya.

Kezer Kahraman.

Kılıç **1.** Kın içinde iki ucu sivri bele takılan çelik silah. **2.** Saban ökçesini oka bağlayan ağaç parçası. **3.** Dokumacılıkta kullanılan, cetvele benzer araç. (Ordu) **4.** İskambil kâğıdı ile oynanan bir çeşit oyun. **5.** Kendir liflerini dövmek üzere kullanılan çatal ağaç. **6.** Başağın sivri ucu. (Adana)

Kılıçali 1500-1578 yılları arasında yaşamış olan Türk denizcisi.

Kılıçalp Kılıcı ve yiğitliğiyle nam salmış olan.

Kılıçaslan Selçuklu şehzadesinin adı.

Kılıçbay Kılıcıyla ve savaşlarda gösterdiği yararlılıklarla saygınlık kazanmış olan.

Kılıçbey Kılıcıyla saygınlık kazanmış olan.

Kılıçer Kılıç gibi keskin yiğit.

Kılıçhan Kılıcıyla ün salmış hükümdar.

Kılıçsoy Kılıcıyla ün salmış bir soydan gelen.

Kılıçtürk Kılıç gibi keskin Türk.

Kınay Çok çalışkan, etkin, faal kimse.

Kınaytürk Çok çalışkan Türk.

Kıncal İnce, zayıf.

Kıraç Verimsiz toprak.

Kıralp Saçları beyazlaşmış yiğit.

Kıran **1.** Çevre, kıyı, kenar. **2.** Dağ sırtı, tepe, bayır.

Kırat **1.** Değer, düzey. **2.** Kır renkli at.

Kıray Genç, delikanlı.

Kırbay **1.** Saygın genç. **2.** Yol kesen asi.

Kırbey Saygın ve itibar sahibi genç.

Kırca **1.** Yarı kırlaşmış saçları olan. **2.** Hamura ıspanak karıştırılarak yapılan bir çeşit yemek.

Kırdar İtidalli olan.

Kırgız Kırgızistan'da yaşayan Türk soyundan gelme halk.

Kırhan Saygın hükümdar.

Kırman Saçları kırlaşmış kişi.

Kırtay Genç yaşta saçları kırlaşmış olan.

Kıvanç Övünme, övünç duyma, memnunluk.

Kıyas *Ar.* İki ayrı şeyi karşılaştırıp değerlendirme.

Kızan **1.** Erkek çocuk. **2.** Delikanlı; silahlı köy delikanlısı.

Kızıl **1.** Parlak, kırmızı renk. **2.** Altın.

Kızılalp Kızıl yiğit.

Kızılateş Alevli, harlı ateş.

Kızılcan Kızıl soydan gelen.

Kızıldemir Kor halindeki demir.

Kızıler Kızıl asker.

Kızılgün Gökyüzünün kızıllığı.

Kızılkurt Kızıl renkli kurt.

Kızıltan Şafak vaktinde gökyüzünde görülen kızıllık.

Kızıltaş Kırmızı taş.

Kızıltuğ Kızıl renkli tuğ.

Kızıltunç Kırmızı tunç.

Kinyas Geniş yüzlü kişi.

Kiper İradeli, dayanıklı, yiğit.

Kiram *Ar.* Soylu, cömert.

Kirman *Far.* Hisar, kale.

Kiyan **1.** Dağdan hızla inen sel. **2.** Dede Korkut kahramanı.

Kocabay Yüce ve saygın kişi.

Kocaalp Büyüklüğü ve vücudunun iriliğiyle nam salmış kahraman kimse.

Kocabey Yüce bey.

Kocademir Büyük demir.

Kocaer Büyük, ulu, yiğit.

Kocataş Büyük taş.

Kocatay Genç irisi.

Kocatürk Büyük Türk.

Koç Sağlıklı, gürbüz genç erkek.

Koçak **1.** Cömert, eli açık. **2.** Yürekli, yiğit, kabadayı.

Koçakalp Yiğit, kabadayı.

Koçar Döğüş için yetiştirilmiş iri boynuzlu koç.

Koçaş **1.** Yol gösteren, kılavuzluk eden. **2.** Yağmur bulutu.

Koçay Koç gibi güçlü, ay gibi parıltılı.

Koçer Koç gibi güçlü ve yiğit kişi.

Koçhan Koç gibi gösterişli hükümdar.

Koçkan Yiğit, yürekli kan bağından gelen.

Koçsoy Kahramanlık soyundan gelen.

Koçtürk Koç gibi gösterişli ve güçlü Türk.

Koçu **1.** Çukur, oyuk yer, hendek. (Gaziantep ve çevresi) **2.** El havlusu. (Bursa) **3.** Gelin arabası. (Selanik göçmenleri)

Koçubey Koç gibi gösterişli ve saygın kişi.

Koçyiğit Yiğitler yiğidi.

Kolçak **1.** Ceket, gömlek ya da elbise kollarının kirlenmesine engel olmak için bilekten dirseğe kadar geçirilen eğreti kolluk. **2.** Subaylarda rütbeyi göstermek üzere ya da süs olarak elbisenin omuzlarına takılan işaretli parça, apolet. **3.** Eldiven. (Balıkeir, Bursa, Edirne) **4.** Kol ve dirseğe vurulan yama. **5.** İnce çubuktan örülmüş, yandan kulplu büyük sepet. **6.** Yiğit, mert, yürekli. (Bolu)

Koldaş İş arkadaşı.

Koman Umut.

Konan Misafir.

Kongar/Kongur Kestane rengi.

Konur Açık kestane renginde olan.

Konuralp Kahraman yiğit.

Konurata Kahraman, yiğit ata.

Kopan Muzaffer.

Kopuz Ozanların çaldığı telli Türk sazı.

Kor 1. Kırmızı. **2.** İyice yanıp ateş haline gelmiş, kömür ve odun parçası.

Koral 1. Sınır muhafızı. **2.** Kaynağı din ezgisi olan orkestra parçası.

Koralp Ateş gibi yakıcı, kahraman.

Koraltan Kızıl tan.

Koraslan Ateş gibi yakıcı, aslan gibi yırtıcı.

Koray Kor renkli ay.

Korcan İçi içine sığmayan.

Korçak 1. Mermer ya da madenden yapılmış, zafer simgesi olan heykel ya da anıt. **2.** Anadolu'da ilkel kukla oyunlarına verilen ad. Özellikle Doğu Anadolu'da "bebek, kukla" anlamında kullanılır. (Azerbaycan göçmenleri)

Korçan Çağlayan, yüksekten akan su. (Kemaliye)

Korday Kuğu kuşu.

Kordil Etkili bir dille konuşan, sözleri kor gibi yürekleri yakan.

Korel Kızgın kor gibi yakıcı, etkili, göz alıcı ve sıcak kalpli kimse.

Korer Ateş gibi yiğit.

Korgan Kale, burç.

Korhan Eski Türkler'de kurultayca seçim yolu ile ordunun başına getirilen komutan, başkomutan.

Korkmaz Hiçbir şeyden korkmayan.

Korkut 1. Korkusuzluğuyla başkalarına korku salan yiğit kişi. **2.** Büyük dolu tanesi. **3.** Dede Korkut hikâyelerinin anlatıcısı en eski Türk halk ozanı. 4. Büyük dolu tanesi. (Artvin) **5.** Cin, şeytan gibi hayali yaratıklar.

Korkutalp Korkusuzluğuyla başkalarına korku salan yiğit kişi.

Korman Kor gibi kızgın ve hareketli insan.

Kortan 1. Görünümüyle kor renginde olan şafak vakti. **2.** Yalçın ve diklemesine kesik kayalar. **3.** Pelikan kuşu. (Ahlat)

Kortaş 1. Aile ocağı, asker ocağı. **2.** Taşlardan yapılmış büyük ocak.

Kortay Yerinde duramayan, hareketli.

Koryak Kıpkırmızı.

Koryiğit Ateşli yiğit.

Koryürek. Ateş gibi sıcak yüreği olan.

Kostak 1. Çalımlı, iyi giyinmiş yakışıklı. **2.** Yiğit, kabadayı, yürekli.

Koşa Çift, eş, ikiz.

Koşak 1. Taş yığını. **2.** Çok güzel.

Koşal Çok güzel çift.

Koyak Vadi, dere, dağlar arasındaki doğal, çukurlar, etkili, dokunaklı.

Koyaş Güneş.

Koygun Dokunaklı, etkili, acıklı.

Koytak Rüzgar almayan çukur yer.

Koytan Yalçın, kesik kaya.

Kökcan Asıl dost.

Kökel Sağlıklı el.

Köken **1.** Bir şeyin çıktığı, dayandığı temel neden. **2.** Soy, asıl.

Köker Köklü soydan gelen.

Köksal Bulunulan yerde veya işte yerleşme, gelişme, etrafına bağlanma temennisi.

Köksan Köküyle tanınmış kimse.

Köksoy Tanınmış bir soydan gelen, köklü bir soydan gelen.

Köksu Derinden çıkan su.

Köksur Soyunun devam etmesini sağla.

Köktan Kökleri çok eskiye dayanan.

Köktaş Toprakta kalıcı taş.

Köktay Sağlam, genç.

Kökten **1.** Çok eskiden gelen. **2.** Soylu.

Köktürk Nam salmış Türk.

Köroğlu **1.** Kocanın karısı için kullandığı sözcük. **2.** Türk halk hikâyesinin kahramanı.

Kösten Ilıca.

Köymen Köylü.

Köz Küçük kor parçası.

Közcan Ateş gibi dost.

Közer Ateş gibi yiğit.

Kral **1.** En yüksek devlet otoritesini, bütün devlet başkanlığı yetkilerini, katılım veya soylularca seçilme yöntemiyle elinde bulunduran kimse. **2.** Başkalarından üstün olan kimse. **3.** Çok başarılı zengin iş adamı.

Kubat **1.** Kaba, biçimsiz. **2.** Davranışları kaba olan.

Kubilay Moğol İmparatorluğu'nun ünlü hükümdarı.

Kucur **1.** Kısa boylu. (Tokat) **2.** Alışılmamış, yabancı. (İstanbul, Ankara, Kırım göçmenleri)

Kuddus *Ar.* **1.** Temiz. **2.** Tanrı'nın adlarından biri. **3.** Kutsal niteliklerine ulaşmış olan.

Kuddusi Kutsal kişi.

Kudsi Kutsal kişi.

Kula Sarışın, mavi gözlü.

Kulan Muzaffer olan.

Kulubey Uğurlu bey.

Kunaylı **1.** Soylu, zengin aile. **2.** Etkin, faal.

Kunduz **1.** Postu değerli bir kemirgen. **2.** Su künklerinin içinde gelişen ve suyun akmasına engel olan bitki kökleri. (Amasya, Konya, Giresun)

Kunt **1.** Sağlam ve iri yapılı, dayanıklı. **2.** Dayanıklı, kalın, sert şey. **3.** Tepelikli, gagasının üstü güllü, ayakları çakşırlı büyük bir çeşit güvercin. (İzmir) **4.** Beyaz, sık taneli bir çeşit üzüm.

Kuntay İri yapılı genç.

Kunter İri yapılı yiğit.

Kuntman İri yapılı, dayanıklı insan.

Kuntyiğit İri yapılı yiğit.

Kuray Ay gibi güzel.

Kurcan Çabala, uğraş.

Kurçak Heykel.

Kurman Üstün ve yetenekli kişi.

Kurtalp Kurnaz ve yiğit kişi.

Kurtar Zor durumda olana yardım et, tehlikeli ya da güç durumda olanları koru.

Kurtaran Kurtulmasını sağlayan.

Kurtbay Kurnaz ve saygın kişi.

Kurtbey Kurnaz ve saygıdeğer kişi.

Kurtcebe Zırhlı kale burcu.

Kurtdemir Kurnaz ve sert.

Kurtdoğan Kurnaz ve yırtıcı.

Kurtel Yırtıcı el.

Kurter Çevik, atak, yiğit.

Kurthan Kurnaz hükümdar.

Kurtul Zor bir durumdan kendini kurtar.

Kurtuluş Kötü bir durumdan kurtulma.

Kuruç **1.** Cesur. **2.** Çelik. **3.** Toprak içinde bulunan büyük taş.

Kuşay Uzaklaşmak.

Kut **1.** Uğur, talih, baht. **2.** Mutluluk.

Kutal Mutlu ol, mutlu yaşa.

Kutaldı Mutlu oldu.

Kutalmış Mutlu olmuş.

Kutalp Bahtı açık ve mutlu yiğit.

Kutan **1.** Dua etme. **2.** Saka kuşu.

Kutat Mutlu olmuş kişi.

Kutay Uğurlu ay.

Kutbay Mutlu, uğurlu ve saygın kişi.

Kutberk Uğurlu ve sağlam yapılı.

Kutcan Kutlu ve uğurlu can.

Kutel Uğurlu el.

Kuter Kutlu, uğurlu kişi.

Kuterdem Mutlu ve faziletli kişi.

Kuterden Mutlu ve yiğit kişi.

Kutgün Uğurlu gün, mutlu gün.

Kuthan Kutlu hükümdar.

Kutkan Saygın, kutlu soydan gelen.

Kutlan Kutlu, mutlu ol.

Kutlar Mutluluklar.

Kutlubey Uğurlu bey.

Kutluad Uğurlu isim.

Kutlualp Uğurlu yiğit.

Kutluay Uğurlu ay.

Kutluel Uğurlu, kutlu el.

Kutluer Şanslı, yiğit.

Kutluğ Mutlu, uğurlu.

Kutluhan Uğurlu hükümdar.

Kutlutay Uğurlu genç.

Kutman Kutlu, uğurlu kimse.

Kutsan Uğurlu, talihli.

Kutsay Kutluluk, yüce ve ilahi bir güce dayalı sayılganlık.

Kutsel İyi su.

Kutsoy Mutlu soydan gelenler.

Kutun Kutsal, mukaddes.

Kutunalp Kutsal, yiğit.

Kutuner Kutsal yiğit.

Küce Etkileyici.

Küçümen Çok ufak, küçük.

Küntay Güntay.

Küren Bir at rengi.

Kürhan Yiğit, yürekli han.

Kürşat **1.** Eski Türkler'de yiğit, alp. **2.** Geyiklerin, gazellerin su içip yıkandıkları ormanlar içinde akan çağlayanlı ırmak.**3.** Göktürk prensi.

L

Laçın 1. Kartal. (Kars) 2. Atmaca. (Karapapak köyleri) 3. Doğan. (Merzifon) 4. Çıkılması güç kayalık. (ayrıca bkz. Laçin)

Laçin 1. Beyaz benekleri, kırmızı ayakları olan bir tür şahin kuşu. 2. Sarp, yalçın, şiddetli, sert. 3. Bir çeşit halk oyunu.

Laman Yakışıklı. (Ermenek)

Lami *Ar.* Parlayan, ışıldayan.

Latif *Ar.* 1. Yumuşak, hoş, ince bir güzelliği olan. 2. Cisimle değil, maneviyatla ilgili.

Layık *Ar.* Yaraşır, yakışır.

Lebib *Ar.* Akıllı, zeki.

Ledün *Ar.* Tanrı katı.

Lemi *Ar.* Parlama, parıltı.

Levent *Far.* 1. Osmanlı donanmasında görevli denizci asker. 2. Boylu, poslu, yakışıklı kişi.

Levin *Ar.* Renk, boya.

Levne *Ar.* Renkler, türler.

Levniz *Ar.* 1. Renk. 2. Yüz.

Lezir *Far.* Akıllı, akla uygun.

Lider *İng.* Önder, şef. Bir örgütün ya da bir partinin en üst düzeyde yönetimiyle görevli kimse.

Liva *Ar.* Bayrak.

Lokman *Ar.* Eski kavimlerde hekim.

Lut *Ar.* Bir peygamber adı.

Lutfullah/Lütfullah *Ar.* Tanrı'nın lutfu.

Lütfü *Ar.* Hoşluk, güzellik.

Lütufkâr *Ar.* İyi davranan, hoş görülü.

M

Macit *Ar.* Onurlu, şan ve şeref sahibi kimse.

Madalı 1. Kısa boylu. (Isparta) 2. Hayır için yedirilen yemek. 3. Değerli şey.

Mağrur *Ar.* 1. Gururlu, kurumlu. Kendisini önemseyen. 2. Gurur belirtisi.

Mahfi *Ar.* Gizli, saklı.

Mahir *Ar.* Hünerli, yetenekli.

Mahmur *Ar.* 1. Sarhoşluğun verdiği sersemlik. 2. Süzgün ve dalgın bakışlı göz.

Mahmut *Ar.* Övülmeye değer.

Mahra *Ar.* Değerli kimse.

Mahser *Ar.* Huy, güzellik.

Mahsun *Ar.* Güçlendirilmiş, güçlü.

Mahsut *Ar.* Biçilmiş ekin.

Mahya *Ar.* Ramazan ayında camilere ışıkla yazılan yazı, resim.

Mahzar *Ar.* 1. Yüksek makamlı bir kimsenin yanı, huzuru. 2. Yüksek bir makama sunulmak için yazılan çok imzalı dilekçe.

Mahzun *Ar.* Üzgün, üzüntülü.

Mail *Ar.* İstekli.

Makal *Ar.* 1. Söz, kelam. 2. Söyleyiş.

Makbul *Ar.* Kabul olunmuş, beğenilen.

Maksum *Ar.* Taksim edilen, bölünmüş.

Maksur 1. Kısaltılmış. 2. Alıkonulmuş. 3. Elinde olmadan zoraki.

Maksut *Ar.* Ulaşılması istenen şey.

Makul *Ar.* Akla uygun, mantıklı.

Malik *Ar.* Hakim olan, egemen.

Malkoç Osmanlı'da akıncılar ocağının komutanı.

Manas **1.** Yaklaşık 16 bin beyitten oluşan Kırgızlar'ın milli destanı. **2.** Bu destanın kahramanı ve Kırgız bağımsızlık savaşının önderi.

Mançer Yabani kiraz ağacı.

Manço Manda yavrusu. (Gelibolu, Evreşe)

Mansur *Ar.* Tanrı'nın yardımıyla üstün gelmiş.

Manzur *Ar.* **1.** Nazar olunan, bakılan. **2.** Beğenilen, gözde olan.

Maruf *Ar.* **1.** Herkesçe bilinen, tanınmış. **2.** Şeriatın uygun gördüğü.

Masum *Ar.* **1.** Suçsuz, günahsız. **2.** Küçük çocuk.

Maşuk *Ar.* Sevilen, âşık olunan erkek.

Matuk Özgürlüğü bağışlanmış.

Mazhar *Ar.* **1.** Bir şeyin ortaya çıktığı, göründüğü yer. **2.** Erişmiş, erişen kimse.

Mazlum *Far.* **1.** Sessiz, uysal, boynu bükük. **2.** Zulüm gören.

Mebruk *Ar.* Kutlamaya değer kimse.

Mebus *Ar.* **1.** Gönderilmiş, yollanmış. **2.** Milletvekili. **3.** Öldükten sonra diriltilmiş olan.

Mecit *Ar.* **1.** Şan ve şeref sahibi. **2.** Büyüklük, ululuk.

Mecnun *Ar.* **1.** Çıldırmış, deli. **2.** Sevdadan ötürü kendini kaybetmiş. Leyla ile Mecnun öyküsünün erkek kahramanı.

Medet *Ar.* Yardım, imdat.

Medih *Ar.* Övme, övgü.

Medit *Ar.* Uzun, çok uzun süre.

Meftun *Ar.* **1.** Tutkun, gönül vermiş, vurulmuş. **2.** Bir şeyi beğenmekten ötürü şaşkına dönmüş olan.

Mehcur *Ar.* Ayrı, uzak.

Mehdi *Ar.* **1.** Doğru yolda giden, hidayete eren. **2.** Kıyametin habercisi.

Mehmet *Ar.* **1.** Pekçok kereler övülmüş, hamd ve sena edilmiş. **2.** Kutsal.

Mekin *Ar.* **1.** Temkinli. **2.** Bir yere yerleşen, nüfuz sahibi kimse.

Melen *Ar.* İşlenmemiş bakir toprak.

Melih *Ar.* Güzel, şirin, sevimli.

Melik *Ar.* **1.** Hükümdar, hakan, padişah. 2. Dokunmak iin çile, yumak yapılmış ip. (Dinar, Bor, Mersin) **3.** Sakız otunun kökündeki sakız parçaları.

Melikcan Hükmeden kişi.

Melikhan Hükümdar.

Melikşah Büyük Selçuklu İmparatoru.

Memduh *Ar.* Övülecek, övülen.

Memik "Mehmet" adının kısaltılarak söyleniş biçimi.

Memiş "Mehmet" adının kısaltılarak söylenmiş başka bir biçimi.

Memnun *Ar.* Sevinç duyan, kıvançlı, mutlu.

Memo "Mehmet" adının kısaltılarak söylenmiş bir başka biçimi.

Memun *Ar.* Cesaret sahibi, sağlam, tehlikesiz.

Menderes *Yun.* Bir akarsuyun "S" şeklindeki yatağı, bir ırmağın çizdiği düzenli dolambaç.

Mengü/Mengi Ölümsüz, sonsuz, ebedi, devamlı.

Mengüalp Ünü, sanı kalıcı, ölümsüz olan cesur kahraman kimse.

Mengüç Yaşlı, ileri yaş.

Mengüer Ölümsüz, yiğit.

Mengütay Ölümsüz genç.

Mengütekin Sonsuz olan ve uğur getirdiğine inanılan.

Mengütimur Altınordu Devleti'nin beşinci hükümdarı.

Mensur *Ar.* **1.** Saçılmış, serpilmiş. **2.** Düzyazı.

Menşur *Ar.* **1.** Yayılmış, dağıtılmış. **2.** Ferman.

Menzur *Ar.* Adanmış, adak olarak belirtilmiş.

Merdan *Far.* Erkek, yiğit, mert.

Merdi *Far.* Cesaret, mertlik, yüreklilik.

Mergen *Moğ.* Usta, nişancı.

Mergup *Ar.* **1.** İstenilen, aranan nitelikte. **2.** Beğenilen, gözde.

Mert *Far.* **1.** Yiğit. **2.** Sözünün eri, güvenilir kimse.

Mertcan Yiğit can.

Mertel Özü sözü doğru olan.

Merter *Far.* Sözünün eri.

Mertkal *Far.* Her zaman sözünün eri ol.

Mertkan *Far.* Mert soydan gelen.

Mertkol Yiğitliği her yerde konuşulan.

Mertol Her zaman sözüne ve kendine karşı dürüst ol.

Merttürk Yiğit Türk.

Merzuk *Ar.* **1.** Mutlu. **2.** Rızkı verilmiş, rızklı.

Mesih İsa peygambere verilen adlardan biri.

Mesrur *Ar.* Memnun, sevilen.

Mestan *Far.* Sarhoş, kendinden geçmiş kimse.

Mestur *Ar.* **1.** Örtülü. **2.** Gizli, saklı. **3.** Namuslu.

Mesut *Ar.* Mutlu, sevinçli, ongun.

Meşed *Ar.* Şehitlik, şahadet.

Meşhur *Ar.* Ünlü, tanınmış, herkesçe bilinen.

Meşkur *Ar.* Beğenilmiş, övgüye değer.

Meşru *Ar.* Yasaya, kurallara uygun.

Mete Otuzbeş yıl hüküm süren, Altay kavimlerini biraraya toplayarak Hun Devleti'ni bir imparatorluk haline getiren büyük Türk-Hun İmparatoru.

Metehan Büyük Hun İmparatoru.

Metin *Ar.* **1.** Sağlam, dayanıklı, güçlü. **2.** Kaynak yazısı.

Metiner Sağlam ve yiğit.

Metinkaya Kaya gibi sağlam.

Mevlana **1.** 1207-1273 yılları arasında yaşamış, Mevlevi tarikatının kurucusu. **2.** Sahibimiz, efendimiz.

Mevlevi *Ar.* Efendiliği, hazretliği hak etmiş. **2.** Mevlevilik tarikatına bağlı kimse.

Mevlüd/Mevlüt *Ar.* Doğma, dünyaya gelme.

Mevzun *Ar.* Biçimli, düzgün.

Mezit *Ar.* Arıtılmış.

Mezun *Ar.* **1.** İzinli, izin almış. **2.** Diploma sahibi kişi. **3.** Yetki verilmiş.

Mihin *Far.* Büyük, ulu.

Mihri *Far.* **1.** Güneşe ait olan. **2.** Sevgi.

Mikail *Far.* Nimetleri bölüştüren melek.

Mir *Ar.* Baş, komutan, amir, bey.

Miraç *Ar.* **1.** Göğe çıkma. **2.** Hz. Muhammed'in göğe çıktığı gece.

Miran *Far.* Beyler.

Miras **1.** Birine, ölen bir yakınından kalan mal, mülk, para veya servet. **2.** Kalıtım yoluyla geçen herhangi bir özellik. **3.** Bir neslin kendinden sonra gelen nesle bıraktığı şey.

Mirat *Far.* **1.** Ayna. **2.** Bir çeşit lale.

Miray **1.** Ay gibi parlayan. **2.** Lider.

Mirkelam *Far.* Hatiplik yeteneği olan kişi.

Mirzat *Far.* Amir, komutan.

Mithat *Ar.* Övme, methetme.

Mocan Soğukkanlı, dayanıklı, dirençen.

Molla *Ar.* **1.** Büyük kadı. **2.** Medrese öğrencisi. **3.** Büyük bilgin.

Moran Irmak, nehir, akarsu.

Moray Mor renkteki ışık.

Muaffak *Ar.* Başarılı olan, başarı kazanan.

Muallim *Ar.* Öğretmen.

Muammer *Ar.* Yaşayan, yaşamının sürdüren.

Muazzam *Ar.* **1.** Çok büyük. **2.** Saygıdeğer. **3.** Önemli.

Mucip *Ar.* **1.** Neden. **2.** İcap eden, gereken.

Mucit *Ar.* İcat eden, buluş yapan.

Muhammed *Ar.* **1.** Son peygamber ve İslam dininin kurucusu. **2.** Pek çok kere övülmüş, güzel huyları çok olan.

Muharrem *Ar.* **1.** Haram edilmiş, yasaklanmış. **2.** Hz. Muhammed'in torunu ve halife Ali'nin oğlu Hüseyin'in Kerbelâ'da şehit edildiği ay. **3.** Kerbelâ olayının yıldönümü.

Muhiddin/ Muhittin *Ar.* Dini geliştiren, canlandıran.

Muhlis *Ar.* **1.** Katıksız, saf. **2.** Samimi, dost canlısı.

Muhsin *Ar.* İhsan eden.

Munar *Ar.* Pınar, çeşme.

Mungan *Ar.* Cömert.

Munis *Ar.* **1.** Cana yakın, sevimli. **2.** Alışkın.

Murat *Ar.* **1.** İstek, arzu. **2.** Amaç, gaye, erek. **3.** Niyet.

Muratcan İstekli kişi, arzulu.

Murathan İstekli hükümdar.

Murtaza *Ar.* **1.** Beğenilmiş, seçilmiş. **2.** Hz. Ali'nin lâkabı.

Musa *Ar.* **1.** Musevi dininin kurucusu İsrail peygamberi. **2.** Kanun koyucu.**3.** Vasiyet edilmiş. **4.** Bir vasiyeti yerine getirmekle görevli kimse.

Musaddık *Ar.* Onaylayan.

Mustafa *Ar.* **1.** Seçilmiş, seçkin. **2.** Hz.Muhammed'in adlarından biri.

Muştu Müjde, sevindirici haber.

Mut Kader, talih, kısmet.

Mutahhar *Ar.* Temizlenmiş, temiz.

Mutalip/Muttalip *Ar.* Arzu eden, talep eden.

Muti Boyun eğen, itaat eden, yumuşak başlı.

Mutlu Mutluluğa ermiş olan, mesut.

Mutlualp Yiğit ve mutlu kişi.

Mutluay Mutluluğu ay parıltısı gibi yüzüne yansımış olan.

Mutlubay Mutlu ve saygın.

Mutlubey Mutlu ve saygıdeğer.

Mutluer Mutluluğa ermiş kişi.

Mutlugün Sıkıntı ve üzüntülerin olmadığı, sevgi ve neşe dolu gün.

Mutluhan Mutlu hükümdar.

Mutlukan Geçmişi mutluluklar içinde olan.

Mutlutürk Mutlu Türk.

Mutver Çevresine ve sevdiklerine mutluluk veren.

Muvaffak *Ar.* Başarılı olan, başarı kazanan.

Muvakkar *Ar.* Ağır başlı olan.

Mübarek *Ar.* **1.** Verimli, bereketli. **2.** Kutlu, aziz, saygı duyulan. **3.** Halk dilinde Tanrı.

Mübin *Ar.* **1.** İyiyi kötüyü ayırabilen. **2.** Apaçık, besbelli.

Mücahit Kutsal ülküler uğruna savaşan.

Mücap *Ar.* Duası kabul edilen.

Müderris *Ar.* Medrese öğretmeni.

Müdrik *Ar.* **1.** Anlayan, kavrayan. **2.** Yaklaşan, ulaşan. **3.** Ergin.

Müfit *Ar.* **1.** Yararlı, faydalı. **2.** Anlatan, ifade eden.

Müjdat *Far.* **1.** Müjdeleyen.**2.** Sevinçli haberler getiren.

Mükerrem *Ar.* Saygı değer, soylu.

Mükremin *Ar.* İyilik sever, konuk sever.

Mükrim *Ar.* Güler yüzlü.

Mülayim *Ar.* Yumuşak huylu, ağır başlı.

Mülazım Bir kimseye bağlı olan.

Müldür *Ar.* Berrak.

Mülhim *Ar.* İlham eden.

Mülket *Ar.* Ülke.

Mümin *Ar.* **1.** İnanmış, iman etmiş. **2.** İslam dinine inanmış.

Mümtaz *Ar.* **1.** Ayrı tutulmuş. **2.** Seçkin.

Münci *Ar.* Kurtaran, kurtarıcı.

Münib *Ar.* Tanrı'ya yönelmiş kişi.

Münif *Ar.* Yüksek, ulu.

Münim *Ar.* **1.** Nimet veren, yedirip içiren. **2.** İyiliksever, velinimet.

Münip *Ar.* **1.** Tövbe eden. **2.** Bereketli yağmur.

Münir *Ar.* Işık veren, aydınlatan.

Münür *Ar.* Yüksek, ulu, büyük.

Müren Irmak, nehir, akarsu.

Mürit *Ar.* Buyuran, emreden.

Mürsel *Ar.* **1.** Gönderilmiş, yollanmış. **2.** Peygamber.

Mürşit *Ar.* **1.** Doğru yolu gösteren, kılavuz, önder. **2.** Tarikat şeyhi. **3.** Gafletten uyaran, uyandıran.

Müslüm *Ar.* İslam dininden olan.

Müşfik *Ar.* Sevecen, şefkatli, acıyan.

Müşir *Ar.* **1.** Haber veren, bildiren, emir ve işaret eden. **2.** Mareşal.

Müştak *Ar.* Özleyen, arzu eden, bir şey için can atan.

Nabi *Ar.* **1.** Haber veren. **2.** Yerden kaynayıp fışkıran su. **3.** XVII. yy.'da yaşayan divan şairi.

Naci *Ar.* **1.** Kurtulmuş, selamete ermiş, esenliğe erişmiş. **2.** Cennetlik.

Nadi *Ar.* **1.** Haykıran, çağıran. **2.** Meclis, toplantı. **3.** Kibirli, kendini beğenmiş. (Afyon) **4.** Güzel konuşan. (Mardin)

Nadim *Ar.* Pişmanlık duyan, pişman olan.

Nadir *Ar.* Seyrek, az bulunur.

Nafi *Ar.* Faydalı, yararlı, kazançlı.

Nafih *Ar.* Genizden gelen ses.

Nafiz *Ar.* **1.** Delip geçen. **2.** İçe işleyen. **3.** Etkili olan, sözü geçen.

Nahit *Ar.* Zühre, Venüs gezegeni, çoban yıldızı.

Nail *Ar.* Muradına eren, kazanmış, ele geçirmiş.

Naim *Ar.* **1.** Bolluk, varlık içinde yaşayış. **2.** Tanrı'nın lütfu, cömertliği. **3.** Kur'an'da adı geçen sekiz cennetten dördüncüsünün adı.

Naki *Ar.* **1.** Temiz, pak. **2.** Çok, ince, güzel, zarif.

Namal Adın her yere namını salsın.

Namdar *Far.* Nam salan.

Namık *Ar.* Yazıcı, katip.

Nami *Far.* **1.** Ünlü, şanlı, şöhretli. **2.** Yerde biten.

Namzet *Ar.* Aday.

Narter Cesur, yürekli kimse.

Nas *Ar.* İnsanlar, halk, herkes.

Nasıf *Ar.* Ekmek.

Nasih *Ar.* **1.** Kopyasını çıkaran. **2.** Battal eden.

Nasip *Ar.* **1.** Hisse. **2.** Tanrı'nın kısmet ettiği, herkes için uygun gördüğüne inanılan şey, talih, kısmet. **3.** Elde edilebilen şey.

Nasir *Ar.* **1.** Yayan, saçan. **2.** Nesir yazan.

Nasrettin *Ar.* Dine yardımcı olan.

Nasri *Ar.* Tanrı yardımıyla üstünlük.

Nasrullah Allah'ın yardımcısı.

Nasuh *Ar.* **1.** Öğüt veren. **2.** Temiz, saf.

Nasuhi *Ar.* Kesin şekilde tövbe eden, tövbekâr.

Naşir *Ar.* Yayan, dağıtan, yayınlayan.

Naşit *Ar.* Şiir okuyan, şiir söyleyen

Natuk *Ar.* Düzgün konuşan, konuşmayı seven.

Nayır Dost, arkadaş, kankardeş.

Nazım *Ar.* **1.** Düzenleyen, tanzim eden. **2.** Ölçülü ve kafiyeli yazı.

Nazır **1.** Bakan, gözeten. **2.** Bir yüzü bir yöne bakan.

Nazif *Ar.* Temiz, pak.

Nazir *Ar.* Naz, eş, niyaz, taze.

Nazmi *Ar.* Düzenleyen, düzenleyici.

Nebi *Ar.* Haberci, Tanrı'nın buyruklarını insanlara ileterek onları aydınlatan, iyi ve doğru hareket etmeye yönelten kimse, kitabı olmayan peygamber.

Nebih *Ar.* Namlı, ünlü, onurlu.

Nebil *Ar.* **1.** Şerefine düşkün olan. **2.** Yüksek zekâlı. **3.** Faziletli.

Necaip *Ar.* Onurlu, soylu kişi.

Necat *Ar.* Kurtulma, kurtuluş.

Necati *Ar.* Kurtulmuş.

Necdet *Ar.* Kahramanlık, yiğitlik, kuvvetli ve gözüpek olma.

Necil *Ar.* **1.** Soylu, soyu temiz. **2.** Evlat çocuk.

Necip *Ar.* Soylu.

Necmettin *Ar.* Dinin yıldızı.

Necmi *Ar.* Yıldızlara ait.

Nedim *Ar.* **1.** Sohbet, toplantı arkadaşı. **2.** Güzel öykü anlatan kimse. **3.** Yakın dost.

Nefer *Ar.* Bir adam, tek kişi. **3.** Er, asker.

Nefî *Ar.* **1.** Çıkar ile ilgili, faydacı. **2.** Divan şairi.

Nehar *Ar.* Gündüz.

Nehip *Ar.* Korku salan.

Nehri *Ar.* Nehire ait.

Nejat *Ar.* Soy, nesil.

Nerim *Far.* Pehlivan, yiğit.

Nesim *Ar.* Hafif ve tatlı tatlı esen rüzgar.

Nesip *Ar.* Soylu, soydan.

Neşat *Ar.* **1.** Sevinç. **2.** Keyif. **3.** Gönül coşkusu.

Neşet *Ar.* **1.** Yetişme, oluşma. **2.** İleri gelme.

Neşit *Ar.* Sevinçli, neşeli.

Nevit *Far.* İyi, sevinçli haber, müjde.

Nevri *Ar.* Işıltıyla ilgili.

Nevsal *Far.* Yeni yıl.

Nevzat *Far.* Yeni doğmuş, yeni doğan.

Neyzen *Far.* Ney çalan kimse.

Nezih *Ar.* **1.** Temiz, pak. **2.** Saf ruhlu.

Nezihi *Ar.* Temizlik, saflıkla ilgili.

Nezir *Ar.* **1.** Kendini Tanrı'ya, ibadete adayan. **2.** Bir işin yapılması için korkutma, tedirgin etme.

Nida *Ar.* Bağırma, sesle çağırma, haykırma.

Nidai *Ar.* Haykırmayla ilgili, haykıran.

Nihat *Ar.* Tabiat, huy, yaradılış.

Nimetullah *Ar.* Tanrı'nın nimeti.

Niyaz *Far.* **1.** Yalvarma, yakarış. **2.** İhtiyaç hissetme. **3.** Dua etme.

Niyazi *Far.* Duayla ilgili.

Nizam *Ar.* **1.** Usul, tertip. **2.** Kural.

Nizami *Ar.* **1.** Tertipli, düzenli. **2.** Kurallara uyan.

Nizar *Far.* Zayıf.

Noyan **1.** Başkomutan. **2.** Asilzade, soylu ve aristokrat kimse.

Nuh *Ar.* İnanışa göre üçüncü peygamber.

Numan *Ar.* Kan, gelincik.

Nuralp *Ar.* Aydınlık, yiğit.

Nuratay Aydın genç, entelektüel.

Nurbay Nur saçan saygın kişi.

Nurettin *Ar.* Dinin ışığı.

Nuri *Ar.* Nurlu, ışıklı, aydınlık.

Nursal Işık saç.

Nurşah Nur saçan.

Nurullah *Ar.* Tanrı'nın ruhu.

Nurver Işık ver.

Nurzat *Ar.* Nurlu, aydınlık kişi.

Nusret *Ar.* **1.** Tanrı yardımı. **2.** Başarı, üstünlük.

Nusrettin *Ar.* Dinin başarısı.

Nuyan *Far.* Şehzade, prens.

Nüvit *Far.* Müjde, iyi haber.

O

Oben Kendisine bir başka kişiyi örnek alan kişi.

Obuz **1.** Su kaynağı. **2.** Karların erimesiyle oluşan dere.

Ocak Ev, aile.

Ocan **1.** Kendisinden bahsedilen, adı hasret ve sevgi ile anılan sevgili. **2.** İçten kişi.

Odhan Ateşli, hareketli ve etkili kişi.

Odkan Canlı, coşkulu kişi.

Odman Ateşli, canlı, coşkulu kişi.

Oflaz **1.** İyi, güzel, mükemmel, tam. (Lapseki, Gerede, Kilis, Elbistan) **2.** Gürbüz. **3.** Cömert. **4.** Yakışıklı. (Mardin) **5.** Cesur, kabadayı. **6.** Güzel giyinen, şık. **7.** Becerikli. **8.** Eflatun rengi. **9.** İşe yarar, uygun.

Oflazer İyi, güzel, eksiksiz kimse.

Ogan **1.** Tanrı. **2.** Güçlü, kuvvetli. **3.** Uzay.

Oganalp Güçlü, kuvvetli yiğit.

Oganer Güçlü, kuvvetli yiğit.

Ogansoy Güçlü ve kuvvetli bir soydan gelen.

Ogeday Akıllı, zeki.

Ogün Unutulmayan ve unutulması gereken, önemli gün.

Oğan Tanrı.

Oğanalp Güçlü ve yiğit kimse.

Oğaner İlahi gücü olan.

Oğansoy İlahi bir güce sahip soydan gelen.

Oğantürk İlahi bir güce sahip Türk.

Oğul Evlat, erkek çocuk.

Oğulbey Beyin oğlu.

Oğulcan Can dost.

Oğultan Tan vakti gibi.

Oğultay Genç.

Oğultekin Uğurlu evlat.

Oğultürk Genç Türk.

Oğur **1.** Uğur. **2.** Sıkı fıkı, dost. (Kayseri) **3.** Ense, baş, alında olan et beni.

Oğuz **1.** İyi huylu kimse. **2.** Büyük bir Türk boyu.

Oğuzalp İyi huylu yiğit kişi.

Oğuzata İyi huyluluğu atalarından, soyundan gelen.

Oğuzbay İyi huylu, saygın kimse.

Oğuzcan İyi huylu, saygın kişi.

Oğuzer İyi huylu, yiğit kişi.

Oğuzhan Hükümdar.

Oğuzkan Hükümdar soyundan gelen.

Oğuzman İyi huylu, kuvvetli kişi.

Oğuztan Ünü tan yerini, gökyüzünü kaplayan oğuz kişi.

Oğuztay İyi huylu genç kişi.

Okan **1.** Anlayışlı. **2.** İlahi, Tanrısal. **3.** Anlayışlı, ince ruhlu kimse.

Okanalp İlahi bir güce sahip olan.

Okanay Anlayışlı.

Okaner İlahi bir güce sahip olan yiğit.

Okat Ok atan, savaşçı.

Okay Beğeni, ok gibi delici, ay gibi aydınlık.

Okbay Ok gibi delici, saygın ve zengin kimse.

Okcan Tez canlı, hareketli.

Okçun Uzak, ileride, uzaklaşmış.

Oker Hızlı ve kuvvetli.

Okhan Ok gibi hızlı, delici hükümdar.

Okkan Ok gibi delici soydan gelen.

Okman Ok gibi hızlı, delici, okçu.

Oksal Okçuluğuyla tanınmış.

Oksar Okları hazırlayan.

Oksu Ok gibi delici, su gibi berrak ve temiz kişi.

Oktan Ok gibi delici, tan yeri gibi ışıklı.

Oktar Ok atan, okçu.

Oktaş Ok gibi delici, taş gibi sert.

Oktay **1.** Öfkeli, asabi. **2.** Ok gibi fırlayan, koşucu tay.

Oktuğ Ok atan, okçu.

Oktunç Tunçtan yapılmış ok.

Oktürk Hızlı Türk.

Okur Bilgilenmeyi, okumayı seven.

Okuş Akıl, zekâ, mantıklılık.

Okutan Öğreten.

Okutman Öğreten.

Okuyan Okumayı seven.

Okyan Okçular, okçuluk.

Okyar Ok gibi delici ve güzel olan.

Olcan Canlı, dinamik, hareketli ol.

Olcayhan Kısmetli hükümdar.

Olcayto Şanslı kişi.

Olcaytu Şanslı, talihli, kısmetli.

Olcaytuğ Şans getiren başlık.

Olçum Bilgiçlik taslayan.

Olçun Eli işe yatkın, becerikli, usta.

Oldağ Dağ gibi yüksek ol.

Olgun Bilgi, görgü ve hoşgörüsü gereği kadar gelişmiş, kamil.

Olgunay Dolunay.

Olgunel İyi el.

Olguner İyi yetişmiş kimse.

Olgunsoy Olgun bir soydan gelen.

Olpak Her zaman temiz, dürüst olan.

Olsan Adınla nam sal, ünlen.

Oltan Karanlıkları yırtan, güneşin doğuşunu andıran kimse.

Oltun Ünü uzaklara yayılan, gök kubbenin altında duyulan kimse.

Oltunç Tunç gibi dayanıklı ve güçlü kimse.

Oluş **1.** Varlık halini alma, meydana gelme. **2.** Bir durumdan öteki duruma geçiş.

Omaç Amaç, hedef, gaye, erek.

Omur Omurgayı oluşturan kemiklerin her biri, herhangi bir şeyin iskeletinin her bir parçası.

Omurtak Küçük kartal.

Onan **1.** Mutlu olan, dertten kurtulan, iyileşen. **2.** Tevrat'ta sözü geçen *Onan*'ın adından.

Onar İyileşen, hastalıklardan kurtulan.

Onaran **1.** Başaran. **2.** Tedavi eden. **3.** Düzelten.

Onat **1.** Özenli, düzgün, uygun. **2.** İyi yaradılışlı, namuslu. **3.** Doğru, uygun. **4.** Tatlı. (Tokat) **5.** Kalay.

Onatkan İyi, dürüst soydan gelen.

Onatkut Kutlu insan, özünde dürüst ve iyi olan.

Oner Güçlü, kuvvetli.

Ongan **1.** Verimli, eksiği olmayan. **2.** Mutlu. **3.** Uğurlu. **4.** Yarar duruma gelmiş.

Ongay Kolay, zorluğu olmayan.

Ongun 1. Verimli, eksiği olmayan. **2.** Uğurlu. **3.** Yarar duruma gelmiş. **4.** Totem. **5.** Tapılan kişi. (Adana) **6.** Bayrak. (Manisa) **7.** Kurtulmaz. **8.** Kutlu, uğurlu, beğenilen.

Ongunalp Mutlu, uğurlu, yiğit.

Onguner Gelişkin, gürbüz ve yiğit kişi.

Ongunsu Gürbüz ve su gibi duru kişi.

Ongur Kurtuluş.

Ongün Uğurlu gün.

Onkun Çok meyve veren ağaç.

Onkut Daha iyi ve şanslı yaşa.

Onuk Sevgili, hürmetli, aziz.

Onuker Herkesçe sevilen, sayılan kişi.

Onuktan Sevilen, saygı duyulan ve tan gibi ışıltılı kişi.

Onuktekin Sevilen, saygı duyulan, uğurlu.

Onul İyi ol, sağlıklı ol.

Onultan İyileştiren, sağlığa kavuşturan.

Onur 1. Kibir, çalım. (Bilecik) **2.** Gurur.

Onural Şanlı, şerefli kal.

Onuralp Şerefli ve yiğit kişi.

Onurhan Şeref sahibi hükümdar.

Onurkan Onurlu, şerefeli soydan gelen.

Onursal Saygı, şeref timsali kişi.

Onursan Dürüstlüğüyle nam salmış kişi.

Onursay Şeref sahibi saygın kişi.

Onursev Kendin gibi olanı sev.

Onurseven Onurlu insanları seven.

Onursoy Onurlu bir soydsan gelen.

Onursu Saygın, şerefli ve su gibi temzi.

Orak Hasat, ekin biçilen araç.

Orakay Temmuz.

Oral Zaptetmek, ele geçirmek.

Oralmış Zaptedilmiş yer.

Oraltan Tan vakti yapılan savaş.

Oraner Anlayışlı, hesaplı ve yiğti kişi.

Oransal Ateş gibi kızıl renkteki ay.

Oray Ateş gibi kızıl renkteki ay.

Orbay Ordu komutanı.

Orbey Ordu komutanı.

Orcan Direnen kişi.

Orcaner Direngen ve yiğit kimse.

Orçum Ardıl, halef, oğul.

Orçun Sevecen, iyi huylu.

Orgun Sır olan.

Orgunalp Sır dolu yiğit.

Orgunay Bulutların arkasında kalmış ay.

Orguner Sır dolu yiğit.

Orgunhan Sır dolu hükümdar.

Orgunkan Geçmişi sır dolu oln.

Orgunsoy Sır dolu bir soydsan gelen.

Orgün Kapalı havası olan gün.

Orhan Bir yerin hükümdarı.

Orhon Orta Asya Türkleri'nde eski yazı türü.

Orhun Hükümdar soyundan gelen.

Orkun 1. Çoban beyi. **2.** Kaleye benzeyen, kale içi gibi olan yer.

Orkut Kutsal şehir.

Ortaç 1. Mirasçı, veliaht. **2.** Yüksek yer. **3.** Fiil asıllı kelime.

Ortan Rengi kızıl tan.

Ortun Ortanca kardeş.

Ortunç Kıpkızıl tunçtan yapılmış gibi sağlam kale.

Oruç *Far.* **1.** Haz veren şeylerden sağlanan yoksunluk. **2.** Tanrı'ya ibadet amacıyla yeme, içme gibi bir çok şeylerden belli bir süre veya biçimlerde kendini alıkoyma.

Oruk Çare, yol, imkan.

Orun **1.** Özel yer. **2.** Mevki, makam. **3.** Özellik.

Orus Saadet, mutluluk, talih.

Oruz Düşünce, düşün, ide.

Oskan Zeki kişi.

Osma Bulgaristan Türkleri'nin yaşadığı yörelerden birindeki nehrin adı.

Osman **1.** Bir tür kuş. **2.** Akıllı, zeki adam. **3.** Ateş gibi adam. **4.** Osmanlı Devleti'nin kurucusu ve ilk hükümdarı.

Oşan Şanlı, şöhretli, adı duyulmuş olan.

Otacı Hekim, doktor.

Otağ/Otak Büyük, süslü çadır.

Otamış İyileştiren, düzelten.

Otaran Beğenip, arzu eden.

Otay Ateş renginde ay.

Oyal Düşünceye önem veren, görüş alan.

Oyalp Düşünceli ve yiğit.

Oyhan Düşünceli hükümdar.

Oykan Düşünce ve fikir erbabı soydan gelen.

Oykut Düşünceli ve kutlu insan.

Oyman Belli bir görüşe sahip kişi.

Oysan Düşünce, fikirleriyle tanınan.

Oytun Beğenilen, güzel yer, kutsal.

Oytunç Düşünce sahibi sağlam kişi.

Ozan **1.** Sazla şiirler söyleyen halk şairi. **2.** Şiir yazan kimse, şair. **3.** Dedikodu, dırıltı. (Muğla) **4.** Geveze. (Kilis, Bor, Konya) **5.** Sersem, aptal. (Gökçesu) **6.** Şakacı, güzel ve tatlı konuşan. (Balıkesir)

Ozanalp **1.** Güzel dilli. **2.** Şair ve yiğit kimse.

Ozanar Namuslu, şerefli, şair kişi.

Ozanay Güzel dilli ve aydın kimse.

Ozaner Güzel dilli yiğit, delikanlı, şair.

Ozansoy Şairler soyundan glen.

Öğeday **1.** Akıllı, bilgili. **2.** Cengiz Han'ın oğlu olan Moğol İmparatoru.

Öğer Bilge, akıllı, zeki kişi.

Öğet Akıllılığıyla beğenilen kişi.

Öğetürk Akıllı, bilge Türk.

Öğe **1.** Unsur. **2.** Bir sınıf ya da topluluğun her biri.

Öğmen Nitelikleriyle sevilen kişi.

Öğün Yapılan herhangi bir şeyden dolayı kendine pay çıkararak sevin.

Öğüş Methedilen, çok fazla övünen.

Ökcan Akıllı, zekâ sahibi.

Öke Bilge kişi.

Ökelik Akıllılık.

Öker Bilge, akıllı, zeki kişi.

Öklü Akıllı.

Ökmen Bilge kişi.

Ö

Ökmener Yiğit ve akıllı kimse.

Ökte Üstün zekâlı.

Öktem Haysiyet sahibi.

Öktemer Haysiyet ve cesaret sahibi.

Ökten Haysiyet ve cesaret sahibi.

Öktürk Bilge Türk.

Ölçüm Yetenekli.

Ölçün Tahmin etme.

Ömer *Ar.* **1.** Yaşam. **2.** II. halifenin adı.

Ömüral Çok yaşa, uzun ömürlü ol.

Ömürcan Yaşam boyu süren dostluk.

Ömürlü Çok uzun yaşayacak kişi.

Önad Adıyla tanınan.

Önal Her işte lider olan, önce davranan.

Önalan Liderliği benimseyen.

Önaydın **1.** Öğrenimi, bilgisi ve görgüsü olan. **2.** İleri düşünceli.

Öncel Bir görevde bir meslekte kendinden önce yerini tutmuş olan kimse.

Öncü **1.** Kılavuz, önden gidip haber ulaştıran kimse. **2.** Bir sanat ya da düşünce akımını, çağına göre bir görüşü başlatan ve kendisinden sonra gelenlere yol gösteren kimse ya da eser. **3.** Yürüyüşte kolun ilerisinde giden kıta.

Öncübay Başarılı ve saygın kişi.

Öncüer Başarılı ve cesur kişi.

Öncül **1.** Önce gelen. **2.** Rehber. **3.** İlk.

Önder Yöneltme yeteneğini gösteren kimse, lider, şef.

Öndeş Yol gösteren.

Öndünç Lider olan, önder.

Önel Bir iş için verilen süre.

Önemli Değerli.

Önen Hak, hukuk.

Öner **1.** Önde gelen, lider. **2.** Yön. (Ordu) **3.** Sıra. **4.** Tavsiye et.

Öneş Kılavuz, inat.

Öney Önde gelen, lider olan.

Öngay Jüpiter gezegeni.

Öngel Oturaklı ve olgun kişi.

Önger Ön görülü, ileri düşünerek davranan.

Öngör Göz önünde tut anlamında.

Öngören İleriyi düşünerek davranıp bunları göz önünde tutan.

Öngü Bir önceki gün, arife.

Öngüt Sızarak baskın yapan.

Önsal Aslı hidayet ve yol gösterici olan, lider gibi, rehber gibi.

Önsay Saygı gören lider.

Önsel Hiçbir denemeye dayanmayan, yalnız akıl yönüyle yapılan.

Önsoy Her zaman lider bir soydan gelen.

Öntaş Taş gibi sert lider.

Önür **1.** İlk. **2.** Liderliği yakalayan.

Ören Eski yapı, kent kalıntısı, harabe.

Örener Eskiden beri bilinen yiğit.

Örfi Törenlerle, adetlerle ilgili.

Örsal Örs gibi sağlam, oturaklı ve ağır.

Örsan Adının büyüklüğüyle anılan.

Örscan Sağlam dost.

Örsel Sağlam el.

Örskan Sağlam bir kandan gelen.

Örtan Tan vakti gibi.

Örük 1. Yüksek, yüce. **2.** Saç örgüsü.

Örüner Buğday renkli insan.

Ötnü Yalvararak isteme.

Ötüken Oğuz destanında ormanlık, kutsal bir yer.

Ötün Yalvararak isteme.

Öveç İki, üç yaşındaki erkek koyun.

Övet Tanrı'ya minnet duygusunu sunma.

Öymen Evcimen.

Özak Temelinde parıl parıl bir kişi.

Özakan Temiz ve duru akan.

Özakay Dolunay gibi parıltılı bir kişilik.

Özakın Akıncı, savaşan.

Özal Özlü, içli, yürekli kişi.

Özalp Özünde yiğitlik olan kişi.

Özalpman Özünde yiğitlik olan kişi.

Özalpaslan Yiğitler yiğidi.

Özaltan Yürekli ve tan yeri gibi ışıklı kişi.

Özaltay Altaylı, Altay yöresinin yerlisi.

Özaltın Altın gibi bir geçmişi olan.

Özan Özü düşünceli, düşünen.

Özar Özü namuslu, temiz, dürüst.

Özarda İşaretlenmiş, işaret çubuğu.

Özarı Çok çalışkan kişi.

Özark Çok dürüst kişi.

Özarkın Özünde sakin bir kişilik barındıran.

Özaslan Aslan gibi, güçlü kişi.

Özata Özü soyu bilinen, iyi olan.

Özatay Geçmişi herkesçe bilinen kişi.

Özay Özü ay gibi parıltılı olan.

Özaydın Özü temiz, aydınlık, bilge kişi.

Özbal Kişilikli, sevecen kişi.

Özbay Efendi, zengin, soylu kişi.

Özbek Cesaretini özünde taşıyan.

Özben Özü bilinen.

Özberk Güçlü, sağlıklı kişi.

Özbey Efendi, zengin, soylu kişi.

Özbil Özünü tanıtan, bilgili.

Özbilek Güçlü, kuvvetli kişi.

Özbilen Bilen, bilgili kişi.

Özbilge Okumuş, bilge kişi.

Özbilgin Özünde bilginlik olan.

Özbilir Kendini iyi tanıyan anlamında.

Özbir Yüreğiyle görünüşü bir olan.

Özcan Canın özü, bir insanın kendi öz canı.

Özçelik Çelik gibi sağlam kişi.

Özçevik Her şeye yetebilen.

Özçınar Özü çınar gibi ulu olan.

Özdağ Dağ gibi yüksek ve cüsseli.

Özdal Güçlenen, uzanan, büyüyen.

Özdamar İnatçık kişiliği olan.

Özdeğer Değerli bir kişilik anlamında.

Özdek 1. Duyularla algılanabilen, nesne, madde. **2.** Bir amaç uğruna biçim verilen veya yararlanılan doğal cisimler, nesneler.

Özdemir Demir gibi güçlü bir kişiliğe sahip olan.

Özdener Korkusuz bir kişiliğe sahip olan.

Özdeş Ayırt edilmeyecek kadar benzer olan.

Özdil Dili, sözü, özü bir kişi.

Özdilek İçten gelen bir temenni.

Özdinç Canlı, dinç, hareketli.

Özdinçer Canlı, dinç, hareketli.

Özdoğa Doğa hayranı olan.

Özdoğal Çok içten kimse.

Özdoğan Hayata gelen, doğan.

Özdoğdu Kişilikli doğdu anlamında.

Özdoğru Temiz ve dürüst bir kişiliğe sahip olan.

Özduran Özü kalan, isim bırakan.

Özduru Sakin bir kişiliğe sahip olan.

Özdurul Sakin bir kişiliğe sahip olması temenni edilen.

Özek **1.** Yürekli, sıcak, canlı, gözüpek. **2.** Merkez.

Özel Sadece bir kişiye ait olan.

Özen Birbirine yakın iki dağın arasındaki uzaklık.

Özenç **1.** İstek. **2.** İmrenme.

Özender Zor bulunan.

Özengin Geniş, derin kişiliği olan.

Özenir Çaba gösteren, en iyiyi yapan.

Özer Dürüstlük timsali olan.

Özercan Yiğit, doğru, özü doğru.

Özerdem Bütün erdemleri kişiliğinde toplayan.

Özerdinç Dinç, canlı, hareketli erkek.

Özerinç Gerçek, tam mutluluk.

Özerhan Dürüst hükümdar.

Özerk Kendi kendini idare eden, yetkin.

Özerkin Özgür kişi.

Özerman Özü yiğit kişi.

Özerol Dürüst kişi ol.

Özertan Erdemli kişi.

Özertem Erdemli kişi.

Özgebay Korkusuz kişi.

Özgeer Korkusuz, yiğit kişi.

Özgen Rahat, gamsız kişi.

Özgenalp Korkusuz, yiğit kişi.

Özgenç Kişiliği genç olan.

Özgener Gamsız, yiğit kişi.

Özger Dürüst, iyi, özgür kişi.

Özgüç Güçlü kişiliği olan kişi.

Özgürcan **1.** Özünden içtenlik fışkıran. **2.** Yürekli dost.

Özgünay Çok değişik, benzeri olmayan ay.

Özgüner Kendne özgü nitelikleri olan.

Özgüneş Özü ve iç dünyası güneş gibi aydınlık olan.

Özgürel **1.** Özgürlüğünü kollayıp gözeten. **2.** Özgürlüğüne düşkün.

Özgüven Kendine güvenme duygusu çok olan.

Özhakan Hükümdar soyundan gelen.

Özhan Gerçek hükümdar olan.

Özilhan Gerçek hükümdar olan.

Özinal İnanılan kimse.

Özinan Özünde inançlı olan.

Özkal Karakterinin her zaman için dürüst olması temenni edilen.

Özkan İyi ve dürüst bir kandan, soydan gelen.

Özkar Kar gibi bembeyaz, temiz.

Özkaya Kaya gibi sert, sağlam öz.

Özker Sağlam, temiz, yürekli er.

Özkök Geçmişi köklü bir aileye dayanan.

Özkul Tanrı'nın sevgili kulu.

Özkurt Kurt gibi korksusuz olan.

Özkutsal Kutsal bir benliği olan.

Özkutal Tüm mutluluklar benliğinde bulunsun.

Özlek Üstün güçlere sahip olan.

Özlen **1.** Özüne kavuş. **2.** Özlenen kişi.

Özler Hasretlik çeken.

Özlü **1.** Kişilik sahibi. **2.** İlişkilerinde samimi olan.

Özlüer Temiz karakterli, yiğit kişi.

Özmen Sağlam karakterli.

Özmert Paylaşımcı, yardımsever, mert ve dürüst kişi.

Özok Aceleci bir kişiliği olan.

Özol Olduğun gibi görün.

Özozan Duygusal bir kişiliği olan.

Özönder Lider özellikleri olan.

Özpala Keskin ve yırtıcı bir kişiliği olan.

Özpeker Güçlü, kişi.

Özpolat Çelik gibi karakteri bulunan.

Özsan Karakteri ile nam salmış kişi.

Özsel Öze ilişkin.

Özsoy Dürüst, temiz ve kişilikli bir soydan gelen.

Özsöz Özü soyu bir.

Özsun Özverili kişi.

Özşahin Şahin gibi yırtıcı bir kişiliğe sahip olan.

Özşan Şan yapmış, ünlü.

Özşen Neşeli kişiliği olan.

Öztan Tan yeri gibi aydınlık.

Öztanır Kişiliğiyle tanınan, dürüst kişi.

Öztaş Taş gibi sağlam.

Öztay Tay gibi atik, hızlı.

Öztaylan Kibar ve zarif bir kişiliğe sahip olan.

Öztekin Uğurlu bir kişi.

Öztimur Demir gibi sağlam.

Öztuna Tuna gibi gür olan.

Öztunç Özü tunç gibi sağlam olan.

Öztürk Türk kişiliğini özünde barındıran.

Özüak Saf ve temiz bir kişiliğe sahip olan.

Özüdoğru Doğruluk, dürüstlük timsali.

Özül Özü sözü bir olan, sözünü yerine getiren, gerçek, verimli.

Özün Şöhretli bir kişiliğe sahip olan.

Özüpek Özü sağlam olan.

Özütok **1.** Gözü gönlü tok olan. **2.** Kalender.

Özver **1.** Herkese kendi kişiliğinden bir şeyler katabilen. 2. Özverili.

Özyurt Anayurt, ana vatan.

Özyürek Güçlü, korkusuz.

Pakalın Dürüstlüğüyle tanınan, çekinecek hiçbir şeyi olmayan kişi.

Pakan *Far.* Kutsal kişiler.

Pakay Paklık ve temizlikle ilgili.

Pakbaz *Far.* **1.** Sadık. **2.** Kutsal.

Pakel İyiliksever kimse.

Paker Temiz, dürüst.

Paki *Far.* Doğruluk, dürüstlük.

Pakman Dürüst ve saygın bir kişilik.

Paksan Dürüstlüğüyle, saygınlığıyla nam salmış kişi.

Paksoy Dürüst ve saygın bir soydan gelen.

Paksu Temiz su, billur gibi arı, duru.

Pakzat Dürüst kişilik.

Pala **1.** Kısa ve geniş kılıç. **2.** Gür bıyıklı. **3.** Azametli.

Palaalp Azametli, yiğit.

Palatekin Uğurlu kılıç.

Palatürk Kılıç gibi keskin Türk.

Palay *Far.* Yedek at.

Palaz **1.** Varlığı artmak, zenginlemek. **2.** Kuş yavrularının irileşip semirmesi.

Palmiye *Fr.* Süs olarak kullanılan hurma ağacı.

Pamir *Far.* **1.** Orta Asya'da yüksekliği 7000 metreyi geçen yayla. **2.** Dünyanın çatısı.

Pamirhan Pamirlerin hükümdarı.

Parlar Hiç durmaksızın ışık saçan.

Pars *Far.* Kedigillerden yırtıcı bir etobur.

Parsbay Güçlü, çevik ve saygın kişi.

Parshan Pars gibi güçlü ve çevik hükümdar.

Parskan Kanında atılganlık ve saldırganlık taşıyan.

Pasin Eski bir Türk oymağının adı.

Pasiner Türk oymağındaki yiğitler.

Paşa **1.** Osmanlı Devleti'nde yüksek rütbeli asker. **2.** Cumhuriyet döneminde general. **3.** Uslu, ağırbaşlı.

Paşabeyim Çok saygın ve ağırbaşlı kişi

Payam *Far.* Badem.

Payan *Far.* **1.** Son, sonuç, nihayet. **2.** Uç, kenar.

Paydan *Far.* Üleştiren, paylaştıran.

Paydaş *Far.* Ortak.

Paye *Far.* Aşama, rütbe.

Payidar *Far.* Kalımlı, kalıcı, sabit.

Payzen/Payzın *Far.* **1.** Tutsak. **2.** Ayağına pranga vurulmuş kişi.

Pedük Ulu, yüce, yüksek kişi.

Pehlivan *Far.* **1.** Güreşçi. **2.** Boylu poslu ve güçlü kimse.

Pekak Sağlam, dayanıklı ve temiz kişi.

Pekal Sağlam ol.

Pekalp Sağlam ve dayanıklı kahraman.

Pekant Yeminine düşkün olan.

Pekay Çok aydınlık, Ay gibi ışıklı.

Pekbay Çok zengin.

Pekcan Çok can, çok cana yakın.

Pekçetin Yaman kişi.

Pekdemir Sert, sağlam demir gibi.

Pekel Sağlam, güçlü el.

Peker Güçlü, yiğit, çok sağlam.

Pekergin Vaktinden evvel olgunlaşmış kişi.

Pekin Doğruluğu kesinlikle bilinen.

Pekiner Kesinlikle bilinen.

Pekkan Sağlam bir soydan gelen.

Pekkoç Maşallah dedirtecek kadar sağlıklı olan.

Pekkurt Çok kurnaz kişi.

Pekol Sağlıklı ve sağlam ol temennisi.

Peköz Özü, manevi varlığı sağlam.

Peksoy Çok soylu, çok güçlü bir aileden olan.

Peksu Çok su.

Pekşen Şen şakrak, neşeli, mutlu.

Pektaş Güçlü, sert taş.

Pektay Oldukça genç.

Pektürk Sağlam ve sağlıklı Türk.

Pekün Gücü ile şöhreti sağlamış kişi.

Peküstün Nitelikleriyle çoğu kişden üstün olan.

Pelit *Ar.* Meşe ağacının meyvesi.

Penah *Far.* Sığınma.

Perek Uç, kenar.

Peren *Far.* Ülker yıldızı, pervin.

Perinçek Özverili.

Perk Güçlü.

Perkel Güçlü el.

Perkem Güçlü kimse.

Perker Güçlü ve yiğit kişi.

Perkin Gücü ve kuvveti çok üstün olan.

Persin *Far.* Sonraki, en son.

Pertav *Far.* Sıçrama.

Pertev *Far.* Işık, parlaklık, yalım.

Perver **1.** Yetiştiren, terbiye eden. **2.** Seçen, alan, seven.

Pesen Kırağı, sis, çisenti.

Peyam *Far.* **1.** Haber **2.** Başkasından alınan bilgi.

Peyami *Far.* Haberle, bilgiyle ilgili.

Peyivdar Sözcü.

Peykan *Far.* **1.** Başak. **2.** Okun ucunda bulunan sivri demir.

Peyman *Far.* Yemin, ant.

Peymane *Far.* Büyük kadeh, bardak.

Peyrev *Far.* Ardı sıra giden, arkasından giden.

Pir *Far.* **1.** İhtiyar, yaşlı.**2.** Bir tarikat ya da sanatın kurucusu. **3.** Tecrübe kazanmış kimse.

Pirali *Far.* Yaşlı ve yüce insan.

Pircan Karşılık gözetmeyen dost.

Pirhan *Far.* Yaşlı hükümdar.

Pirhane *Far.* Yaşlılara yakışır bir şekilde.

Pirhasan *Far.* Yaşlı ve iyi insan.

Piri *Far.* **1.** Yaşlılık, ihtiyarlık. **2.** Her meslek ve işin kurucusu.

Piribey Saygın ve yaşlı kişi.

Pir Sultan *Far.* Anadolu'da bir halk ozanının adı.

Piruz *Far.* Kutlu, hayırlı, uğurlu.

Piyale *Far.* Kadeh, şarap kadehi.

Polat *Far.* **1.** Çelik. **2.** Güç, kuvvet.

Polatalp Çelik gibi güçlü.

Polatbay Çelik gibi güçlü ve saygın bir kişilik.

Polathan Çelik gibi güçlü hükümdar.

Polatkan Çelik gibi güçlü soydan gelen

Poyraz *Yun.* Kuzeydoğudan esen rüzgar.

Pozan Üzüm bağı.

Pütün Olgun, deneyimli.

Rabbani *Far.* Tanrı'yla ilgili, Tanrısal.

Rabih Faydalı, kârlı.

Raci *Far.* **1.** Ait, ilişkin. **2.** Geri dönen. **3.** Rica eden, yalvarıp yakaran. **4.** Umutlu, umudu olan.

Radi *Ar.* **1.** Kabullenen rıza gösteren. **2.** Boyun eğen.

Rafet *Ar.* İyilik, çok acıma, esirgeme.

Rafettin *Ar.* **1.** Dinen acıma ve esirgeme hissi. **2.** Kollayan, gözeten.

Rafi *Ar.* **1.** Kaldıran, yükselten. **2.** Tanrı'nın sıfatlarından biri.

Rafih *Ar.* **1.** Bolluk içinde, rahat yaşayan. **2.** Huzurlu.

Ragıp *Ar.* Arzu eden, istekli, rağbet eden.

Rahi *Far.* Yol ile ilgili.

Rahim *Ar.* Acıma, acıyıp esirgeme.

Rahman *Ar.* Bütün canlılara merhamet eden.

Rahmani *Ar.* Tanrı ile ilgili, Tanrısal.

Rahmet *Ar.* **1.** Birinin suçunu bağışlama, merhamet etme. **2.** Yağmur.

Rahmetullah *Ar.* Tanrı'nın bağışlaması.

Rahmi *Ar.* Acıyan.

Raif *Ar.* Esirgeyici, merhametli.

Raik *Ar.* Sade, saf, katıksız.

Ram *Ar.* İtaat eden, boyun eğen, razı gelen.

Ramazan *Ar.* Oruç tutulan ay.

Rami *Far.* **1.** Atan, atıcı. **2.** Hükümran.

Ramis *Ar.* Gerçekleri söylemeyen.

Ramiz *Ar.* **1.** Gökyüzü ile ilgili. **2.** Çok akıllı. **3.** Çok güzel, latif.

Rasih *Ar.* **1.** Sağlam, kökten, güçlü. **2.** Din bilimlerinde çok bilgisi olan.

Rasim *Ar.* Resim yapan, ressam.

Rasin *Ar.* Sağlam, dayanıklı, güçlü.

Rasti *Ar.* Doğruluk.

Raşit *Ar.* **1.** Doğru yoldan giden, hak dinini kabul etmiş kişi. **2.** Akıllı.

Rauf *Ar.* Çok merhametli, pek esirgeyen.

Razı *Ar.* Rıza gösteren, kabul eden, gönlü olan.

Rebi *Ar.* Bahar.

Recai *Ar.* Yalvaran, rica eden.

Recep *Ar.* **1.** Heybetli, gösterişli, saygıdeğer. **2.** Üç ayların ilki.

Refettin *Ar.* Dinen acıma ve esirgeme hissi.

Refi *Ar.* Yüksek, yüce.

Refih *Ar.* Rahatlık ve huzur içinde yaşayan kişi.

Refiğ *Ar.* Rahatlık ve huzur içinde yaşayan kimse.

Refii *Ar.* Yüce kişi.

Refik *Ar.* **1.** Arkadaş, yol arkadaşı. **2.** Ortak. **3.** Koca. **4.** Ağırbaşlı.

Regaib *Ar.* Tutulan, beğenilen, rağbet olunan şeyler.

Reha *Ar.* **1.** Bolluk ve zenginlik içinde olma. *Far.* **2.** Kurtulma, kurtuluş.

Reis *Ar.* Başkan.

Remiz *Ar.* İşaret, sembol, simge.

Remzi *Ar.* **1.** Remizle ilgili. **2.** Simgesel.

Renan *Ar.* İnleyen, ağlayan.

Resul *Ar.* Haberci. **2.** Kitaplı peygamber.

Reşat *Ar.* Doğru yolda, hak yolunda yürüme, hak yolunu gözetme.

Reşid/Reşit *Ar.* **1.** Doğru yolu tutan. **2.** Olgun, yetkin.

Revan *Far.* **1.** Akan, yürüyen, giden. **2.** Ruh, can.

Rezan *Ar.* Ağırbaşlı.

Rezzak *Ar.* Tüm canlıların rızkını veren Tanrı.

Rıdvan *Ar.* Razılık, hoşnutluk. 2.Kabullenmek.

Rıfat/Rifat *Ar.* **1.** Yücelik. **2.** Yüksek rütbe.

Rıfkı *Ar.* **1.** Yumuşaklık, naziklik. 2. Zarafet.

Rıza *Ar.* **1.** Hoşnut kalma, memnun olma. **2.** Razı olma, kabullenme. **3.** Kendi isteği. **4.** Kaderine boyun eğme.

Rızkullah *Ar.* Allah'ın verdiği nimet, rızk.

Rical *Ar.* Rütbe ve makam bakımından en üst düzeyde olanlar.

Ruhan *Far.* Güzel, kokan.

Ruhi *Ar.* Ruhsal.

Ruhsal *Ar.* Ruhi, ruhla ilgili.

Ruhşan *Ar.* Şöhretli ruh.

Ruşen *Ar.* **1.** Aydınlık, parlak. **2.** Belli, ortada, açık.

Rüknettin *Ar.* Dinin temeli.

Rükni *Ar.* Saygıdeğer kişi.

Rüstem *Far.* Yiğit, kahraman.

Rüştü *Ar.* **1.** Doğru yolda olan. **2.** Doğru yoldan ayrılmayan.

S

Saadettin *Ar.* Dinsel açıdan mutlu olan.

Sabahattin *Ar.* Dinin zarifliği.

Sabit *Ar.* **1.** Yerinde durup kımıldamayan. **2.** Kanıtlanmış, saptanmış, artık değiştirilemeyen.

Sabri *Ar.* Sabra ilişkin, sabırlı kişi, sabreden.

Sacit *Ar.* Secde eden, yere yüz seren.

Seda *Ar.* **1.** Ses. **2.** Yankı.

Sadak İçine ok konulan torba veya kutu biçiminde kılıf.

Sadettin *Ar.* Dinin mutluluğu.

Sadık *Ar.* **1.** Doğru ve gerçek. **2.** Dostluğu ve bağlılığı içten olan.

Sadi *Ar.* **1.** Yürek. **2.** Başkan. **3.** Sadrazam sözünün kısaltılmışı.

Sadrettin *Ar.* Dinin lideri.

Sadri *Ar.* Yürekle, göğüsle ilgili.

Sadullah *Ar.* Allah'ın mutlu kulu.

Sadun *Ar.* Mutlu.

Safa *Ar.* **1.** Dertsizlik, rahatlık. **2.** Berraklık ve saflık.

Saffet *Ar.* Saflık, temizlik.

Safi *Ar.* Katışıksız, duru.

Safter *Ar.* Düşman saflarını yaran yiğit.

Sağcan Canlı, yaşayan, sağlıklı.

Sağdıç Düğünde gelin veya damadas kılavuzluk eden.

Sağın Doğruluk kuralına uygun olan.

Sağınç Arzu, istek, düşünce.

Sağlam **1.** Dayanıklı, yıkılmaz.

2.Sağlıklı, sıhhatli. **3.** Güvenilir. **4.** İnanılır bir temeli olan.

Sağlamer Güvenilir yiğit.

Sağlar Sağlıklı olan.

Sağlık Hasta olmama, esenlik içinde olma.

Sağman Sağlıklı.

Sağun Ağıt söyleyen, ağıtçı.

Sahip *Ar.* Koruyan, arka çıkan, gözeten.

Sahir *Ar.* **1.** Geceleri uyuyamayan, uykusuz kalan. 2. İnsanı büyüleyecek derecede güzel olan.

Saim *Ar.* Oruçlu.

Saip *Ar.* Doğru.

Sair **v**Seyreden ve yürüyen.

Sait *Ar.* **1.** Kutlu, uğurlu. **2.** Cennetlik kimse.

Sakın Tedbiri elden bırakma temennisi.

Sakıp *Ar.* **1.** Parlak ışık veren. **2.** Delip geçen. **3.** Etkili olan.

Saki *Ar.* **1.** Su veren, su dağıtan. **2.** Kadehle içki sunan. **3.** Kırağı.

Sakin *Ar.* **1.** Durgun, hareket etmeyen. **2.**Sessiz. **3.** Kimseyi rahatsız etmeyen, kızgınlık gösteremeyen. **4.** Bir yerde oturan kimse.

Salah *Ar.* **1.** İyilik, iyileşme, düzelme. **2.** Barış. **3.** Dine bağlılık.

Salahattin *Ar.* Dine bağlı kişi.

Salahi*Ar.* İyilik ve barışla ilgili.

Salar *Far.* Komutan, lider.

Salat *Ar.* Namaz.

Salcan Baş.

Saldam Ciddiyet.

Salık **1.** Bir olgu ile ilgili verilen bilgi, haber. **2.** İyi, uygun olduğunu söylemek.

Salıkbey Haberci.

Salih *Ar.* **1.** Yararlı, iyi elverişli. **2.**Yetkili. **3.** Dinin buyruklarına uyan.

Salim *Ar.* **1.** Sağlıklı, sağlam, esen. **2.** Eksiksiz. **3.** Korkusuz, kendinden emin.

Salkın Güneşsiz, serin yer.

Salman Kendi başına buyruk, özgür.

Saltan Yalnızlığı seven gezgin.

Saltı Gezgin.

Saltık Kendi başına var olan, bağımsız.

Saltuk Bağımsız.

Saltukalp Bağımsız yiğit.

Saltukbey Bağımsızlığına saygı duyulan.

Sam *Ar.* Nuh'un üç oğlundan biri.

Samet *Ar.* **1.** Çok yüksek, ulu. **2.**Tanrı adı. **3.** Hiçbir şeye ve kimseye gereksinimi olmayan.

Sami *Ar.* **1.** Duyan, işiten. **2.**Yüce, ulu, yüksek. **3.** Dinleyen, dinleyici.

Samih *Ar.* Cömert.

Samim *Ar.* Bir şeyin içi, özü, merkezi, temeli, kökü.

Samin *Ar.* Sekizinci.

San **1.** Ün, şan, şöhret. **2.**Bir şeyi neyse o yapan nitelik.

Sanaç Dağarcık.

Sanak Anlık zaman.

Sanal Adın duyulsun.

Sanalp Yiğitliğinle tanın.

Sanay Ay sanı.

Sanbay Saygınlığıyla tanınmış olan.

Sanberk Ünü ve gücüyle her yerde tanınmış, şimşek gibi çakan yiğit.

Sancak Bayrak.

Sancaktar Bayrak taşıyan kimse.

Sancar Kısa kama.

Sancarhan Bayrak hükümdarı.

Saner Ünlü, tanınmış.

Sani *Ar.* **1.** Yapan, yaratan, işleyen. **2.** Dönen, çeviren.

Sanih Düşünmeden, kendiliğinden oluşan düşünce, fikir.

Sanlı Ünlü, tanınmış.

Sanver Şan, şöhret ver.

Saraç *Ar.* Koşum ve eyer takımları yapan.

Saral Sarıl, dolan.

Saran Kuşatan, çeviren.

Sarbek Sarışın.

Sargan Verimsiz arazide biten ot.

Sargın İçten, yürekten.

Sargut Bağış, ödül.

Sarıalp Sarışın yiğit.

Sarıbay Sarışın, saygın.

Sarıbey Sarışın erkek.

Sarıca **1.** Sarıyı andıran, sarıya yakın. **2.** Yaban arısı.

Sarıer Sarışın yiğit.

Sarıhan Sarışın hükümdar.

Sarıkan Sarışın bir soydan gelen.

Sarıkaya Sarı renkli kaya.

Sarıtaş Sarı renkli taş.

Sarim *Ar.* Keskin.

Sarkan Bir işin üzerine çok giden.

Sarp Dik, çıkılması ve geçilmesi güç.

Sarper Zoru başaran kişi.

Sarphan Zorlukların üstesinden gelen hükümdar.

Sarpkan Sert güçlü soydan gelen.

Saruhan Batı Anadolu'da merkezi Manisa'da olan Saruhan Beyliği'nin kurucusu olan kimse.

Sarvan Deveci.

Satılmış Doğumundan önce ermişlere adanan çocuk.

Satvet *Ar.* Atılma, hücum etme, saldırma.

Sav **1.** İddia, tez. **2.** Haber, söz. **3.** Ata sözü.

Savacı **1.** Haberci, müjdeci. **2.** Peygamber.

Savaş **1.** Silahlı mücadele, harp. **2.** Uğraşma, kavga.

Savaşer Savaşan.

Savaşkan Savaşçı bir soydan gelen.

Savat *Ar.* Gümüş üzerine işlenen kara nakış.

Saver Sağlam, zinde.

Savran Deveci.

Savtekin Uğurlu olduğunu iddia eden.

Savtunç Sözünün eri.

Savun Tehlikelerden kendini koru temennisi.

Sayar Hürmetkâr, saygı gösteren.

Saybey Saygın bey, beyefendi.

Saygı İnsanların birbirine karşı duydukları çekinme ile karışık sevgi ve değer duygusu. Başkalarını rahatsız etmekten çekinme duygusu.

Saygın Saygı gören, güvenilir olan, muteber.

Saygıner Hürmet edilen.

Saygut Saygıyı belirten tutum ve davranışlar.

Sayguter Saygısını tutum, davranış ve sözleriyle kanıtlayan yiğit.

Sayhan Saygıya değer han.

Sayıl Hürmet gör.

Sayıner Saygın yiğit.

Saykal Gösterişli.

Saykut Azizliğine saygı duyulan kişi.

Saylan Sayılan, seçkin.

Sayman Hesap uzmanı, muhasebeci.

Saymaner Zeki kimse.

Saytekin Saygı ve itibar sahibi, güvenilir kimse.

Sayvan *Far.* Güneşten, yağmurdan korunmak için yapılan çardak.

Sazak Soğuk ve sert esen rüzgar.

Sazan Sazlık yerde yaşayan tatlı su balığı.

Sebat *Ar.* Bir işi sonuna değin sürdürme, direşme.

Sebati *Ar.* Sözünde duran.

Sebih *Ar.* Yüzücü, iyi yüzen.

Sebil *Ar.* **1.** Kutsal günlerde karşılık beklemeden hayır için dağıtılan içme suyu. **2.** Genellikle camilere bitişik özel bir biçimde yapılmış, hayır için içme suyu dağıtılan taş yapı.

Seçkin Niteliklerinin yüksekliğiyle göze çarpan, eşit.

Seçkiner Üstünlüğüyle övgü alan kimse.

Sedat *Ar.* **1.** Doğruluk, haklılık. **2.** Dikkat.

Sefa *Ar.* **1.** Gönül rahatlığı, sakin olma. **2.** Eğlence, zevk, neşe.

Sefer *Ar.* **1.** Yolculuk. **2.** Savaşa gitme, savaş.

Seferi *Ar.* **1.** Yolculukla ilgili olan. **2.** Savaşla ilgili olan. **3.** Yolculuk anında, oruç tutmak ve namaz kılmak zorunda olmayan.

Seffah *Ar.* **1.** Hatiplik yönü kuvvetli olan. **2.** Cömert, eli açık.

Sefil *Ar.* Sefalet çeken, yoksul kalan.

Seha *Ar.* Cömertlik, el açıklığı.

Sehhar *Ar.* Büyüleyici, büyülü gibi.

Sehran *Ar.* Geceleri uyuyamayan, uykusuzluk çeken.

Selah *Ar.* "Selahattin"in kısaltılmışı.

Selahattin *Ar.* Dinine bağlı kişi.

Selahi *Ar.* Barış, huzur.

Selam *Ar.* **1.** Sonu iyi, hayırlı çıkma. **2.** Barış, huzur. **3.** Ölümsüzlük. **4.** Nezaket gösterisi yapmak. **5.** Esenleme.

Selamet *Ar.* **1.** Salim olma, esenlik. **2.** Kurtulma. **3.** İyi son. **4.** Güvenme, emin olma.

Selamettin *Ar.* Dinin selamete ermesi.

Selami *Ar.* İyilik, salim olma, esenlik.

Selatin *Ar.* Sultanlar.

Selcan Yüreği coşku dolu olan.

Selçuk Hatiplik yeteneği olan.

Selef *Ar.* Bir makamda, bir görevde kendisinden önce bulunmuş kimse, öncel.

Selek Eli açık, cömert.

Selekman Cömert.

Selgüç Gücünün coşkunluğu dışarı taşan.

Selhan Haberci.

Selışık Işık seli.

Selim *Ar.* **1.** Sağlam, kusursuz. **2.** Doğru, temiz. **3.** Kolayca iyileşen.

Selkan Sel gibi coşkulu.

Selman *Ar.* İçinde barış ve mutluluk umutları taşıyan.

Selmi *Ar.* Barış yanlısı, barışsever.

Selok Sel gibi coşkun, ok gibi hızlı.

Semai *Ar.* **1.** Bir kurala bağlı olmayıp ancak işitmekle öğrenilen söz. **2.**Türk müziğinde iki basit usulden biri. **3.** Bir halk şiiri türü.

Semavi *Ar.* Göksel.

Semender *Ar.* Ateşte yanmadığı halde aşteşi söndürdüğü söylenen efsane hayvan.

Semih *Ar.* Cömert, eli açık.

Semin *Ar.* Çok değerli.

Semir *Ar.* **1.** Arkadaş, dost. **2.** Meyve veren.

Semiray Ay gibi dost canlısı.

Semuh *Ar.* Cömert.

Sena *Ar.* Övme, övgü.

Senai *Ar.* Övme ile ilgili.

Sencan Can kadar sevilen.

Sencer Kale, askeri siper.

Sener Yiğit ve güçlüsün.

Senger **1.** Siper. **2.**Korugan.

Senih *Ar.* Süs.

Ser *Far.* **1.** Baş. **2.** Başkan. **3.** Tepe. **4.** Uç, kenar, kıyı. **5.** Son, nihayet.

Serad *Far.* Adı lider olan.

Seralp Yiğitlerin lideri.

Serezad *Far.* **1.** Serbest, hür. **2.** Derdi olmayan, rahat ve huzurlu.

Serbay Önder, lider.

Serbaz *Far.* Korkusuz cesur.

Serbülent *Far.* Başı yüksek, yüce, ulu.

Sercihan Sevilen hükümdar.

Serdar *Far.* Askerin başı, başkomutan, başbuğ.

Serdarhan Hükümdar.

Serdengeçti Fedai.

Serdinç Sakin, rahat.

Serener Gönderi çeken kişi.

Sergen Raf, vitrin, düzlük yer, yorgun.

Sergüzeşt *Far.* **1.** İnsanın başından geçen olay. **2.** Serüven, macera.

Serhas *Ar.* Dikenli bitki.

Serhat *Far.* **1.** Sınır, hudut. **2.**Uç.

Serhun *Far.* Asil kan, soylu kan.

Seri *Ar.* Çok hızlı, süratli.

Serian *Ar.* Aceleci.

Serim *Ar.* Sabırlı.

Serimer *Ar.* Sabırlı kişi.

Serin *Ar.* Az soğuk.

Serkan *Far.* Başkan.

Serkut *Far.* Şansı yerinde olan insan.

Sermedi *Ar. Far.*, Sonsuz.

Sermest *Far.* Kendinden geçercesine sevmek.

Sermet Sürekli, devamlı.

Serol Önder ol.

Sertaç *Far.* Çok sevilen, baştacı edilen.

Sertel Acımasız, katı.

Serter Acımasız yiğit.

Sertuğ Baştacı edilen.

Server *Far.* **1.** Başkan. **2.** Bir topluluğun reisi.

Servet *Ar.* Zenginlik, varlık, mal, mülk.

Settar *Ar.* **1.** Örten. **2.** Tanrı sıfatlarından.

Sevan Her zaman sevilerek anılan.

Sevener Seven yiğit.

Sever Herkesi içtenlikle seven.

Sevgen İçtenlikle seven.

Sevik Dost, arkadaş.

Sevkal Her zaman için sevil.

Sevkan Sıcakkanlı.

Sevük Çok sevilen.

Seyda *Ar.* Elit.

Seyfettin *Ar.* Dinin askeri.

Seyfi *Ar.* Askerlikle ilgili.

Seyhun *Ar.* Akarsu.

Seyit/Seyyit *Ar.* **1.** Efendi, ağa. **2.** Hz. Muhammed soyundan gelen kimse.

Seyithan/Seyyithan Ağaların ağası.

Seylan *Ar.* Akma, akıntı.

Seymen *Far.* Törenlere yerli giysilerle atlı ve silahlı olarak katılan yiğit.

Seyran *Ar.* **1.** Gezinme. **2.** Bakınıp seyretme.

Sezai *Far.* Uygun, yaraşır.

Sezal Sezgili.

Sezek *Far.* Duygusal kişi.

Sezgen Sezgileri güçlü olan.

Sezgin Sezgileri güçlü olan.

Sezginay Sezgileri güçlü olan.

Sezi Sezgi.

Sezim Sezgi.

Seziş Hisseden.

Sezmen Sezen, hisseden.

Sıdal Olgunlaşmaya başlayan, delikanlı.

Sıdam Natürel.

Sıdar Metanetli.

Sıddık *Ar.* Özü sözü bir, hiç yalan söylemeyen, çok dürüst.

Sılan Keyfi, huzuru yerinde olan.

Sıral Güvenilen kimse.

Sırat *Ar.* **1.** Yol. **2.** Mahşer günü, üstünden yalnız günahsızların geçebileceğine inanılan köprü.

Sırrı *Ar.* Gizlilik.

Sıtkı/Sıdkı *Ar.* **1.** Doğruluk, gerçeklik. **2.** İçten bağlılık.

Simavi Yüz, çehre.

Sina *Ar.* **1.** Arap Yarımadası'nın Mısır'la birleştiği yerdeki ada. **2.** Bu ada'da bulunan dağ. **3.** Hz. Musa'ya Tanrı sözlerinin bu dağda indiğine inanılır.

Sinan *Ar.* Mızrak, süngü.

Sipah *Far.* Asker.

Sipahi *Far.* Süvari, atlı asker sınıfı.

Sirac/Siraç *Ar.* Işık.

Siracettin *Ar.* Dinin ışığı.

Sirer *Far.* Gözü gönlü tok olan.

Siret/Siyret *Ar.* **1.** Yaşam öyküsü. **2.** Bir kimsenin iç dünyası.

Sirmen *Far.* Gözü, gönlü tok olan.

Sitemkâr *Far.* Sitem edici, sitem eden.

Siyasi *Ar.* Politik.

Siyavuş *Far.* Yağız atlı.

Somel Güçlü el.

Somer Güçlü, doğru kişi.

Sonad Son çocuk.

Sonalp Son yiğit.

Sonat *Fr.* Bir ya da iki şarkı için yazılmış 3-4 bölümden oluşan müzik yapıtı.

Sondal Umut bağlanan çocuk.

Soner Son doğan erkek çocuk.

Songun Son olan.

Songur Şahin.

Songuralp Şahin gibi yırtıcı yiğit.
Songurhan Şahin gibi yırtıcı hükümdar.

Songurkan Yırtıcı bir soydan gelen.

Songurtay Şahin gibi yırtıcı genç.

Songurtürk Şahin gibi yırtıcı Türk.

Sonuç 1. Bir olayın doğurduğu başka bir olay veya durum, netice. **2.**Bir gelişim veya girişimden elde edilen şey. **3.** Öz, özet.

Sorgun Güzel saçlı.

Sorkun 1. Yüksek dağların etekleri. **2.** Sepetçi söğüdü.

Soyak Soyu temiz.

Soyalp Yiğit soydan gelen.

Soydan Soylu bir ailesi olan.

Soydaner Yiğitliği soyundan gelen.

Soydaş Soyları bir olan, hemcins.

Soydinç Dinç bir soydan gelen.

Soydinçer Dinç bir soydan gelen.

Soyer Soyu yiğit olan.

Soyhan Hükümdar soyundan gelen.

Soykal Soyunu devam ettir.

Soykan Soylu kandan gelen.

Soykök Köklü geçmişi olan bir soydan gelen.

Soykurt Kurt gibi güçlü ve zeki soydan gelen.

Soykut Kutsal bir soydan gelen.

Soylu Asil.

Soylubey Asil ve saygın kişi.

Soyluer Asil ve yiğit kişi.

Soylukan Asil bir geçmişi olan.

Soylutürk Asil Türk.

Soylutay Asil ve genç.

Soysal Soyla ilgili.

Soytekin Uğurlu soy.

Soyuak Soyu temiz.

Soyualp Yiğit soydan gelen.

Soyudinç Dinç bir soydan gelen.

Soyudinçer Dinç bir soydan gelen.

Soyuer Soyu yiğit olan.

Soyugür Çok kalabalık bir soydan gelen.

Soyuhan Hükümdar soyundan gelen.

Soyukan Soylu kandan gelen.

Soyukök Köklü geçmişi olan bir soydan gelen.

Soyukurt Kurt gibi güçlü ve zeki soydan gelen.

Soyukut Kutsal bir soydan gelen.

Soyupak Temiz ve dürüst bir soyu olan.

Soyutay Asil ve genç.

Soyutekin Uğurlu soy.

Soyutürk Türk soyundan gelen.

Sökmen Yiğit.

Sökmener Yiğit.

Sönmez Her zaman için var olacak olan.

Sönmezalp Yiğitliğiyle anılacak olan.

Sönmezay Güzelliğiyle anılacak olan.

Sönmezer Yiğitliğiyle anılacak olan.

Sözal Söz vermesini sağla.

Sözen Hatiplik yeteneği çok iyi olan.

Sözer Sözünde duran.

Sözmen Hatiplik yeteneği çok iyi olan.

Sualp Asker, yiğit.

Suat *Ar.* Mutlulukla ilgili.

Suavi *Ar.* Yardımsever.

SubutayCengiz Han'ın ünlü generalinin adı.

Sudi Kazanç, kar.

Sulhi *Ar.* Barışa özgü, barışçı.

Sunal Sunuş, sunma.

Sunalp Sunulan yiğit.

Sunar Takdim eden.

Sunel Sunulan el.

Suner Sunulan yiğit.

Sungu **1.** Yetenek. **2.** Bağış, lütuf.

Sungur Doğana benzeyen yırtıcı bir kuş.

Surguralp Yırtıcı yiğit.

Sungurbey Yırtıcı ve saygın.

Sungurtekin Akdoğan kuşu gibi yırtıcı ve güvenilir yiğit.

Sunullah *Ar.* Allah'ın kudreti.

Suphi *Ar.* Tan vakti.

Sururi *Far.* Sevinçli, neşeli, VIII. yy. Osmanlı şairi.

Suut *Ar.* Yükseliş, yukarı doğru yükselme.

Suudi *Ar.* **1.** Kutsal yıldızlar. **2.** Yükselme.

Suvari Su gibi.

Süalp Yiğit.

Süel Asker eli.

Süer Yiğit asker.

Süerdem Faziletli asker.

Süerden Dürüst asker.

Süergin Olgun asker.

Süerkan Yiğitçe bir geçmişe sahip asker.

Süha *Ar.* Büyük ayı yıldız kümesinden en küçük yıldız.

Sühan *Far.* Söz, lakırdı.

Süheyl *Ar.* Güney yarım kürede bulunan parlak yıldız, yıldırak.

Sükan *Ar.* Sakin.

Sükûti *Ar.* Az konuşan.

Süleyman *Ar.* **1.** Peygamber adı. *İbr.* **2.** Huzur anlamında.

Sülü "Süleyman" isminin kısaltılarak söylenen bir biçimi.

Sülüman "Süleyman" isminin bir başka söyleniş biçimi.

Sümer Aşağı Mezopotamya'da yaşamış bir kavim.

Sümerkan Sümer soyundan gelen.

Süphan Doğu Anadolu'da Van Gölü'nün kuzeyinde sönmüş volkan.

Sürsoy Soyun genişlesin.

Süzen Topluca yapılan ev.

Süvari *Far.* **1.** Atlı. **2.** Atlı asker. **3.** Gemi kaptanı.

Ş

Şaban *Ar.* **1.** Ay takviminin sekizinci ayı. **2.**Üç aylardan ikincisi.

Şader *Ar.* Neşeli, sevinçli.

Şadıman *Ar.* Neşe, sevinçli.

Şadi *Far.* **1.** Neşe, sevinç. **2.** Gönül rahatlığı.

Şafi *Ar.* **1.** Şifa verici, iyileştirici. **2.** Kandıran, inandıran. **3.** Yeter görülen. **4.** Şefaat eden, birinin bağışlanması için aracı olan. **5.** Ahrette ceza gününün şefaatçisi Hz. Muhammed.

Şah *Far.* **1.** Hükümdar. **2.** Satranç oyununda en önemli taş. **3.** Benzerlerine oranla en üstün, en iyi, en güzel. **4.** Taşkınlık göstermek, coşmak, kükremek.

Şahabettin *Ar.* Dinin yıldızı.

Şahadet *Ar.* **1.** Tanıklık, şahitlik. **2.** Yüksek bir ülkü uğruna ölme, şehit olma.

Şahadettin *Ar.* Dinin şahitliği.

Şahan *Far.* Padişahlar, hükümdarlar, şahlar.

Şahap *Ar.* Akan yıldız.

Şahbaz *Far.* **1.** İri ve beyaz bir doğan (kuş) türü. **2.** Kahraman, yiğit. **3.** Becerikli, çevik kimse.

Şahbey *Far.* Saygın ve yüce kişi.

Şahin *Ar.* Yırtıcı bir kuş türü.

Şahinalp Yırtıcı ve yiğit.

Şahinbay Yırtıcı ve saygın kişi.

Şahinbey Yırtıcı ve saygın kişi.

Şahiner Gücünü yırtıcılığından alan.

Şahsüvar *Far.* Ata çok iyi binen.

Şahzade *Far.*, *Ar.* Şah oğlu.

Şaik *Ar.* İstekli, arzulu.

Şair *Ar.* Ozan, şiir yazan kişi.

Şakir *Ar.* Şükreden, gördüğü iyiliğin kadrini bilen.

Şamil *Ar.* **1.** Kaplayan, içine alan, çevreleyen. **2.** Genel olan, herkese ait olan.

Şanal Adın her yerde duyulması, ünlenmesi.

Şanalp Şanlı, şöhretli yiğit.

Şanar **1.** Namuslu, dürüst. **2.** Ünlü.

Şaner Şanlı, şöhretli kişi.

Şanlı Şanlı şöhretli kişi.

Şansal Şanın, şöhretin tüm dünyaya yayılsın.

Şanver Yaptıklarınla şanın, şöhretin yayılsın.

Şarık *Ar.* Doğan, parlayan.

Şayan *Far.* Yakışır, yaraşır, uygun.

Şaylan Sevinç, neşe, neşelenmek.

Şazi *Far.* **1.** Neşe, sevinç. **2.** Gönül rahatlığı.

Şebap *Ar.* Gençlik, tazelik.

Şefik *Ar.* Acıyan, merhamet eden, şefkatli.

Şehamet *Ar.* **1.** zekâ ile aklı birleştiren. **2.** Cesaret, yiğitlik.

Şehim *Ar.* Akıllı ve zeki, yiğit.

Şehmuz *Far.* Şah soyundsan gelen.

Şehsuvar *Far.* Ata çok iyi binen, usta binici.

Şehzade *Far.* Hükümdar oğlu.

Şekip *Far.* Sabır, tahammül.

Şemdin *Ar.* Dünün ışığı.

Şemi *Ar.* Güzel kokulu.

Şems *Ar.* **1.** Güneş. **2.** Güneş ışığı.

Şemsettin *Ar.* Dinin güneşi, aydınlığı.

Şemsi *Ar.* Güneşli, güneş gören.

Şenalp Sevimli, mutlu, yiğit.

Şenel Çevresine canlılık ve neşe veren.

Şener Şen yiğit, neşeli er.

Şenkal Mutlu kal, mutlu yaşa.

Şenol Neşeli ve mutlu yaşa.

Şensal Etrafına neşe saç.

Şensoy Mutlu soydan gelen.

Şentürk Neşeli Türk.

Şerafet *Ar.* **1.** Şerefli, onurlu. **2.** Soyluluk. **3.** Hz. Muhammed soyundan gelme.

Şerafettin *Ar.* Dinin şerefi, onuru.

Şeref **1.** Başkalarının gösterdiği saygının dayandığı kişisel değer, onur. **2.** Erdem, yetenekle kazanılmış iyi şöhret.

Şeren Çevik.

Şerif *Ar.* **1.** Kutsal, mübarek. **2.** Soylu. **3.** Şerefli. **4.** Hz. Muhammed soyundan gelen.

Şevket *Ar.* **1.** Ululuk, yücelik. **2.** Güç, kuvvet, kudret.

Şevki *Ar.* **1.** Şevk ile ilgili. **2.** Neşeye sevince dair.

Şimşek **1.** Bulut içinde elektrik boşalırken oluşan kırık çizgi biçimindeki geçici ışık. **2.** Parıltı.

Şinasi *Far.* **1.** Bilmek, tanımakla ilgili. **2.** Tanzimat edebiyatı kurucusu.

Şinaver *Far.* **1.** Yüzen. **2.** Yüzücü.

Şuayip *Ar.* Cemaat, topluluk.

Şükrettin *Ar.* Dinin minnettarlığı.

Şükrü *Ar.* Şükretmek, gönül borcu.

Şükür *Ar.* Minnettarlık.

T

Tabip *Ar.* Doktor, hekim.

Tacettin *Ar.* Dinin biricik tacı.

Taci *Ar.* Tacı olan.

Tacir *Ar.* Ticaretle uğraşan, tüccar, iş adamı.

Taçkın Duygusal coşkunluk.

Taha *Ar.* Kuran'da bir sure adı.

Tahir *Ar.* Temiz, pak, saf.

Tahsin *Ar.* **1.** Beğeniyle karşılanan. **2.** Bir şeyi güzelleştirmeye çalışmak, süslemek.

Taip *Ar.* Tövbe eden.

Tair *Ar.* Uçan, uçucu.

Taki *Ar.* Dini vecibelerini eksiksiz yerine getiren.

Takiyeddin/Takiyettin *Ar.* Dinine bağlı.

Talas Fırtına, kasırga, bora.

Talat *Ar.* **1.** Yüz, surat. **2.** Güzellik, yüzün güzelliği, aydınlığı.

Talay **1.** Gereğinden fazla. **2.** Çok büyük göl ya da deniz.

Talaz Kasırga, fırtına.

Talha *Ar.* İslamiyeti kabul eden ilk on kişiden biri.

Tali İkincil.

Talih *Ar.* Şans.

Talip *Ar.* İsteyen, istekli, arzulu.

Talu Seçkin, nitelikli.

Taluy Seçkin ve beğenilen birine benzeyen, elit.

Tamalp Yiğit.

Tamaydın Tüm benliğiyle ilerici.

Tamer Nitelikli saygın kişi.

Tamerk Güçlü, kudretli.

Tamkan Soyuna çekmiş.

Tamkut Kutsal kişi.

Tamtürk Tüm benliğiyle Türk.

Tan Güneş doğmadan önceki alaca karanlık.

Tanaçan Tam tan vakti.

Tanaçar Tan güzelliğinde olan kişi.

Tanal Kırmızı şafak.

Tanaltan Kızıl tan.

Tanaltay Kızıl renkli ve genç.

Tanay Şafaktaki ay.

Tanaydın Şafak vaktinin aydınlığa dönüştüğü an.

Tanbay Şafak gibi aydınlık kişi.

Tanberk Şafak çizgisi.

Tancan Önü aydınlık olan.

Tandoğan Şafak vaktinin doğuşu.

Tandoğdu Şafak söktü.

Tandoğmuş Şafak sökmüş.

Tandoruk Dorukların ilk ışıkla aydınlanması.

Tanel Şafak gibi alaca eli olan.

Taner Şafak gibi parlayan.

Taneri Tan vakti doğan erkek çocuk.

Tanfer Tan aydınlığı, tan ışığı.

Tangör Tan vakti gibi güzel.

Tangüç Tan vaktinin güzelliğinden daha fazlasını taşıyan.

Tangün Şafakla gelen gün.

Tangüner **1.** Tan kadar güzel görünen. **2.**Yürekli, cesur, aydın kişi.

Tanhan Alacakaranlıkların hükümdarı.

Tanıl Bilin, ün yap, isim yap.

Tanın Başkalarınca bilin.

Tanır Anımsar, bilir.

Tanırcan Cana yakın, çabuk tanışan, yakınlaşan.

Tanış Bildik, tanıdık.

Tanju Çinliler'in Türk hakanlarına verdiği isim.

Tankan Güzelliği soyundan gelen.

Tankurt Tan vakti kadar güzel ve kurt kadar atılgan.

Tankut Tan vakti güzelliğini yansıtan ve kutsal bir kişiliğe sahip.

Tanla Şafak.

Tanman Gizemliliğiyle ve saygınlığıyla tanınan.

Tanör Tan vaktinin sessizliğini dinle.

Tanören Tan vaktinin sessizliğini dinleyen.

Tanpınar Güzel ve içi içine sığmayan.

Tanrıkorur Güzelliğini nazardan Tanrı korur.

Tanrıkul Tanrı'nın güzel kulu.

Tanrıkulu Tanrı'nın güzel kulu.

Tanrıöver **1.** Güzelliği ve dürüstlüğüyle Tanrı övgüsüne kavuşmuş olan. **2.**Tanrıcı.

Tanrıverdi Tanrı'nın sevgili kulu, Allah vergisi olan.

Tansal Güzelliğiyle nam salan.

Tansan Güzelliğiyle nam salmış olan.

Tansel Tan vaktinin güzelliğini kendinde yansıtan.

Tansen Gerçekten güzelsin.

Tanser Güzelliğin bilinsin.

Tansev Güzelliği sev.

Tanseven Güzeli seven.

Tansever Güzeli sever.

Tansı Tan kadar güzel.

Tansoy Tan gibi güzelliği sahip bir soydan gelen.

Tantürk Güzel, aydınlık Türk.

Tanuğur Uğurlu güzel.

Tanver Güzelliğin yansısın.

Tanyel Güzelliğin rüzgar gibi etkili.

Tanyeri Güneş doğmak üzereyken aydınlanan yer.

Tanyıldız 1. Göz kamaştıran bir güzelliğe sahip olan. **2.** Çoban yıldızı.

Tanyol 1. Şafak yolu. **2.** Tan vakti.

Tanyüz Güzel yüzlü.

Tanzer Güzelliğiyle anlam kazanan.

Taran Geniş, boş alan.

Tarcan Ayrıcalıklı dost.

Targan Ayrıcalıklı, saygın.

Tarhan Oğuzlar'da demirci ustası, esnaf.

Tarık *Ar.* **1.** Sabah yıldızı, venüs. **2.** Yol.

Tarım toprak üzerinde yapılan çalışma.

Tarıman Ekip biçen, tarım yapan kişi.

Tarımer Tarımla uğraşan.

Tarkan Savaşçı.

Taşad Adı gibi kendisi de sert olan kişi.

Taşan Coşkulu olan.

Taşar Coşkulu, coşkun.

Taşcan Taş gibi sağlam can dost.

Taşdemir 1. Coşkusunu gizleyen. **2.** Demir gibi sert kişi.

Taşel Sağlam, güçlü el.

Taşer Güçlü, kuvvetli, sağlıklı.

Taşhan Sert hükümdar.

Taşkan Taş gibi sert bir soydan gelen.

Taşkent 1. Özbekistan'ın başkenti. **2.** Zorlukları sert kişliğiyle aşan.

Taşkın 1. İçi içine sığmaya coşkulu. **2.** Su baskını.

Taşkınad Adı gibi kendisi de coşkulu olan.

Taşkınalp Coşkulu yiğit.

Taşkınay Ay gibi güzel ve coşkulu.

Taşkınel 1. Coşkulu el. **2.** Coşkulu kişi.

Taşkıner İçi içine sığmayan yiğit.

Taşkınhan Ülkesini coşkuyla yöneten hükümdar.

Taşkınsoy Coşkulu bir soydan gelen.

Taşkıntay Hareketli, yerinde duramayan, kıpır kıpır genç.

Taşkıran Çok kuvvetli olan.

Tatar 1. Bir türk kavmi. **2.** Posta sürücüsü.

Tatarhan Tatar hükümdarı.

Tatarkan Tatar soyundan gelen kimse.

Tatarsoy Tatar soyundan gelen kimse.

Tav 1. İşlenecek bir nesnede ısının, nemin yeterli olması. **2.** En uygun durum ve zaman.

Tavlan Tavlanmak işi.

Tavlı Tavlanılmış.

Tay 1. At yavrusu. **2.** Denk, eşit, eş. **3.** Genç.

Tayak Sığınalacak şey, esirgeyen, koruyan.

Tayanç Dayanma gücü, sabır.

Tayaydın Nur yüzlü çocuk.

Taybars Genç ve pars gibi güçlü.

Taybek Genç ve güçlü.

Tayberk Genç ve güçlü.

Tayboğa Boğa kadar güçlü.

Taycan Gençliği ve içtenliği kaynaşmış olan.

Taydaş Gençler.

Taydemir Genç ve güçlü.

Tayfun *İng.* Güçlü fırtına.

Tayfur Bir kuş türü.

Taygan Tek olan.

Taygun Çocuk, torun.

Tayguner Yiğit çocuk.

Tayı Bir işi kendi isteğiyle yapan.

Tayip *Ar.* İyi, hoş güzel.

Taykut Kutlu, uğurlu çocuk.

Taylan Yakışıklı ve sırım gibi genç.

Taylaner Yakışıklı ve güçlü kişi.

Tayman Genç, deneyimsiz.

Taymaz Dengeli kişi.

Taypars Pars gibi güçlü genç.

Tayyar *Ar.* Uçan, uçucu.

Tayyip İyi, güzel, hoş.

Teber *Far.* Dervişlerin taşıdıkları yarım ay biçimindeki balta.

Tecelli Görünme, ortaya çıkma.

Tecer *Ar.* Her şeyden uzaklaşma.

Tecik Tutumlu, idareli.

Tecimen Ticaretle uğraşan.

Tecimer Ticaretle uğraşan.

Tecir Celepçilikle uğraşan.

Tedü Deneyimli, zeki.

Tefik *Ar.* Yalan söyleme, iftira atma.

Tegin Uğurlu.

Tekad Eşi benzeri olmayan.

Tekalp Eşi, benzeri olmayan yiğit.

Tekant Eşi benzeri görülmemiş yemin.

Tekay Eşi benzeri görülmemiş, ay gibi güzel.

Tekbay Eşsiz bir saygınlığı olan.

Tekcan Eşsiz dost.

Tekçe Eşi benzeri bulunmayan.

Tekdoğan Benzersiz doğan.

Tekecan Mert, sözünde duran.

Teker Eşi benzeri bulunmayan yiğit.

Tekeş Birbirine uyan.

Tekil Eşsiz.

Tekin **1.** Uğurlu. **2.** Eski Türkler'de bir babanın taşınmaz mallarının mirasçısı olan en küçük oğul.

Tekinad Uğurlu ad.

Tekinalp Tek ve eşsiz yiğit.

Tekinay Uğurlu ay.

Tekindağ Uğurlu dağ.

Tekinel Uğurlu el.

Tekiner Uğurlu kişi.

Tekinhan Uğurlu hükümdar.

Tekinkan Uğurlu soydan gelen.

Tekinkılıç Uğurlu kılıç.

Tekinsoy Uğurlu soydan gelen.

Tekinsu Temiz su.

Tekintay Uğurlu tay.

Tekintuğ Uğurlu başlık.

Tekintürk Uğurlu Türk.

Tekmil *Ar.* **1.** Olgunlaştırma. **2.** Bitirme, tamamlama, bütünleme.

Tekol Benzersiz ol.

Teköz Benzersiz bir dürüstlük karakteri taşıyan.

Teközer Benzersiz bir dürüstlük karakteri taşıyan yiğit kişi.

Teksen Benzersiz olan.

Teksoy Eşsiz soydan gelen.

Tektaş Çok değerli, kolay kolay bulunmayan.

Tekün Çok ünlü.

Telim Kibir, kibirli.

Temel *Yun.* **1.** Bir şeyin gelişimi için gereken ilk öğeler. **2.** En önemli, esas.

Temir Demir.

Temirkut Demir gibi güçlü.

Temiz Her anlamda temiz olan.

Temizad Adı gibi kendi de dürüst olan.

Temizalp Dürüstlüğüyle ve yiğitliği konuşulan.

Temizcan Dürüst ve içten dost.

Temizel Dürüst insan.

Temizer Dürüst kişi.

Temizhan Dürüst hükümdar.

Temizkal Her anlamda dürüstlüğünü koru.

Temizkan Dürüst bir soydan gelen.

Temizol Her anlamdas dürüstlüğünü koru.

Temizöz Dürüst karakterli.

Temizsan Dürüstlüğüyle anılan.

Temizsoy Dürüst bir soydan gelen.

Temiztürk Dürüst Türk.

Temiztay Dürüst genç.

Temren İlkel silahların ucundaki sivri demir.

Temuçin "Timuçin" adının bir başka söyleniş biçimi.

Temür Demir.

Tengiz Deniz.

Teoman Hun İmparatoru Mete Han'ın babası.

Tercan Delikanlı.

Terim Belirli bir kavramı olan özel söz.

Teşrif *Ar.* Şereflendirme, onurlandırma.

Tetik **1.** Çabuk davranan, çevik, dikkatli, uyanık. **2.** Ateşli silahların küçük manivelası.

Tetikel **1.** Beceriki el. **2.** El hüneri olan.

Tetiker Her an dikkatli ve uyanık olan.

Tevfik *Ar.* **1.** Uygun duruma getirme. **2.** Uzlaştırma, barıştırma. **3.** Tanrı'nın yardımına kavuşma.

Tevhid/Tevhit *Ar.* **1.** Birleştirme. **2.** Tanrı'nın tek olduğuna inanmak. **3.** Allah'ın birliği inancını işleyen manzume. **4.** Tektanrıcılık.

Tevs Sakinlik, durgunluk.

Tevsen *Far.* İnatçı.

Teyfik "Tevfik" isminin bir başka biçimde söylenişi.

Teymin *Ar.* Uğurlu olsun.

Teymur Çabuk olan, süratli olan.

Tezal Hızlan.

Tezalp Çabuk, hızlı yiğit.

Tezcan Her şeyi çabucak olmasını, gerçekleşmesini isteyen, acelesi olan.

Tezel Eline aldığı işin üstesinden kolaylıkla gelen.

Tezer Atak.

Tezeren Çabuk yakalayan.

Tezkan İçi içine sığmayan, kanı kaynayan.

Tezol Çabuk davranan, hızlan.

Tınaz *Ar.* **1.** Alay. **2.** Ekin yığını.

Tıtan *Yun.* Yunan mitolojisinde güçlü kişi.

Tibet Çin'in batısında özerk bölge.

Tilmaç Çevirmen.

Timuçin Moğol İmparatorluğu'nun kurucusu.

Timur **1.** Moğol İmpratoru. **2.** Demir.

Timurcan Demir gibi olan.

Timurhan Büyük hükümdar.

Timurkan Hükümdar soyundan gelen.

Timurlenk Timurlular hanedanının kurucusu ve ilk hükümdarı.

Timuröz Kişilği demir gibi sağlam olan.

Timurtaş Demir ve taş gibi sert olan.

Tin Tepe, zirve, sağlam.

Tinkut Şanslı ve kutsal bir kişiliği olan.

Tokalp Gözü gönlü tok olan yiğit.

Tokay Dolunay, zengin, nehir kıvrımı.

Tokcan Gönlü tok olan.

Tokdemir Sağlam demir.

Toker Fazlasında gözü olmayan.

Tokgöz Aç gözlü olmayan.

Tokhan Aç gözlü olmayan hükümdar.

Toktamış Bir yere yerleşmiş olan.

Tolay **1.** Cemaat. **2.**Topluluk.

Tolga Savaşçıların başlarına giydikleri demir başlık.

Tolgahan Güçlü lider.

Tolgan Gezinen.

Tolgay Çevre.

Tolon Ay'ın on dördü, dolunay.

Tolonay Dolunay, mehtap.

Tolun Dolunay.

Tolunay Dolunay.

Tolunbay Kişiliği gelişmiş.

Tongal Zengin, varlıklı.

Tongar Ulu, yüce, kudretli.

Tonguç İlk çocuk.

Topaç **1.** Vücutça toplu ve sağlıklı. **2.** Koni biçiminde ucu sivri oyuncak.

Topak Avuç içinde yuvarlak bir biçim verilen hamur parçası.

Topdemir Top şeklinde yuvarlak demir.

Toper Güçlü, yiğit.

Toperi Güçlü, yiğit.

Topuz **1.** Ucu top biçiminde eski bir silah. **2.** Top biçiminde toplanmış saç. **3.** Bir şeyin elle tutulabilen çıkıntısı.

Tor **1.** Toy, işe alışkın olmayan. **2.** Olgunlaşmamış. **3.** Çekingen, acemi, utangaç.

Toralp Utangaç yiğit.

Toraman **1.** Güçlü, kuvvetli. **2.** Genç irisi.

Toran Genç irisi.

Torcan Utangaç.

Torgay Utangaç hükümdar.

Torkal Mütevazi ol.

Torkan Mütevazi bir soydan gelen.

Torlak Çok yakışıklı.

Toros *Ar.* Güney Anadolu'da bir dağ.

Torumtay Deve yavrusu.

Torun Bir kimseye göre çocuğun çocuğu.

Tosun Sağlıklı delikanlı.

Toy **1.** Gençliği nedeniyle deneyimsiz olan. **2.** Ziyafet.

Toyboğa Genç boğa.

Toycan Deneyimsiz.

Toyga Kalın sopa.

Toygar Tarla kuşu.

Toygun Genç delikanlı.

Toyka Kalın sopa.

Tozan **1.** Toz tanesi. **2.** Tozu çok olan yer.

Tozun Çok gezinen.

Töre Bir toplulukta benimsenmiş, yerleşmiş davranış ve yaşama biçimlerinin, kuralların gelenek ve göreneklerin, ortaklaşa alışkanlıkların, tutulan yolların tümü.

Töregün **1.** Gündemde. **2.** Geleneğe uygun.

Törehan Görgülü hükümdar.

Törel Töreyle ilgili.

Törüm Yaradılış.

Töz Kök, asıl, cevher.

Tözüm Mütevazi.

Traje *Far.* Gökkuşağı.

Tufan *Ar.* **1.** Şiddetli yağmur. **2.** Çok yoğun, çok şiddetli. **3.** Nuh peygamber zamanında yağdığı ve bütün dünyayı su baskını altında bıraktığı anlatılan şiddetli yağmur.

Tugay Askeri birlik.

Tuğ Sorguç.

Tuğal Çalış, çabala, başar.

Tuğal Sancaktar.

Tuğalp Başarının peşinde olan yiğit.

Tuğbay **1.** Başarılı ve saygın kişi. **2.** Tugay komutanlığı yapan albaylara eskiden verilen ad.

Tuğcu Tuğ taşıyan.

Tuğkan Başarılı bir soydan gelen.

Tuğra **1.** Osmanlı padişahlarının imze yerine kullandıkları, özel bir biçimi olan işaret. **2.** Metal paranın resimli yanı, tura.

Tuğrul **1.** Ak doğan, yırtıcı kuş. **2.** Selçuklu devletinin kurucusu.

Tuğrultekin Uğurlu kişi.

Tuğsan Başarılarıyla nam salmış olan.

Tuğsavun **1.** Sancak ve tuğun korunmasından, taşınmasından sorumlu asker. **2.** Eskiden Türk ordusunda bir rütbe.

Tuğsel Başarıları dilden dile dolaşan.

Tuğser Başarılarının karşısında alçak gönüllü olan.

Tuğtaş Başarılı ve sert kişi.

Tuğtay Başarılı genç.

Tuğtekin Başarılı ve uğurlu.

Tuhfe Armağan.

Tulga "Tolga" adının bir başka söyleniş biçimi.

Tulgar Güçlü karakter.

Tuli *Ar.* Doğma, doğuşla ilgili.

Tuman Don, şalvar, külot.

Tun *Far.* Gizli yer.

Tuna 1. Avrupa'nın en uzun ırmağı. **2.** Çok havalı.

Tunacan Havasından geçilmeyen.

Tunaer Çok yakışıklı yiğit kişi.

Turnak Işıklı, mehtaplı gece.

Tunakan Kendine güvenen bir soydan gelen.

Tunca Meriç Irmağı'nın bir kolu.

Tuncal Al renginde tunç.

Tuncalp Tunç gibi güçlü, metin ve kahraman kimse.

Tuncay Tunç renginde ay.

Tuncel Tunç gibi olan.

Tuncer Tunç gibi güçlü.

Tunç 1. Bakır, çinko, kalay alaşımı, bronz. **2.** Sağlamlılık. **3.** Koyu kızıl renkte olan.

Tunçad Adı gibi kendi de güçlü olan..

Tunçalp Tunç gibi güçlü, kuvvetli yiğit.

Tunçaslan Çok güçlü olan.

Tunçay Güçlü ve güzel.

Tunçbilek Güçlü kişi.

Tunçdağ Güçlü ve azametli.

Tunçdemir Altedilmesi imkansız olan.

Tunçel Tunç gibi güçlü el.

Tunçer "Tuncer" isminini bir başka söyleniş biçimi.

Tunçhan Hakanlar hakanı.

Tunçkan Çok güçlü bir soydan gelen.

Tunçkol Güçlü, kuvvetli.

Tunçkurt Güçlü ve kurnaz kişi.

Tunçsoy Çok güçlü bir soydan gelen.

Tunçtan Altedilmesi imkansız olan.

Tunçtürk Çok güçlü Türk.

Tunguç "Tonguç" isminin bir başka söyleniş biçimi.

Tunguz Sibirya'da yaşayan göçebe bir topluluk.

Tura 1. Tuğra. **2.** Halat gibi örülmüş iplik çilesi. **3.** Bazı oyunlarda vurmak için kullanılan düğümlenmiş mendil.

Turaç Soyu azalmış bir kuş türü.

Tural Durur, yaşar.

Turalp Genç yiğit.

Turan *Far.* Turancıların dünyadaki bütün Türkler'i birleştirerek kurmayı amaçladıkları devletin adı.

Turatekin Koruyucu yiğit.

Turcan Samimi genç.

Turgay Tarla kuşu.

Turgut Yaşanılan konut.

Turhan Hükümdar soyundan olan.

Turkan Fedai.

Tuti *Far.* **1.** Konuşmayı seven. **2.** Papağan türünden taklitli sesler çıkaran kuş, dudu kuşu.

Tutun Ev, aile.

Tutunç Zengin.

Tuygun 1. Genç irisi. **2.** Duygusal.

Tuyuğ Ezgi:

Tuzer Sevimli delikanlı.

Tüblek Asalet akan.

Tükel Tam, bütün.

Tülek 1. Delikanlı. **2.** Zengin ve saygın kişi.

Tümcan Uğruna feda edilen can.

Tümel "Temel" isminin bir başka söyleniş biçimi.

Tümen 1. Büyük topluluk, yığın. **2.** On bin askerden oluşan birlik.

Tümer Yiğit.

Tümerdem Faziletli.

Tümerk Güçlü, kuvvetli.

Tümerkan Yiğit soyundan gelen.

Tümerkin Olgun.

Tümkan Canlı, sağlıklı.

Tümkurt Güçlü ve kurnaz.

Tümkut Güçlü ve aziz kişi.

Tüner Delikanlı kişi.

Türabi *Ar.* Toprakla ilgili.

Türe Adalet.

Türegün Adaletli gün.

Türehan Adaletli hükümdar.

Türel Hukuksal.

Türeli Haktan yana olan.

Türemen Hukukçu.

Türev Ortaya çıkan.

Türk Türk soyundan gelen halk.

Türkad Adıyla ve Türklüğüyle gurur duyan.

Türkalp Yiğit Türk.

Türkay Ay gibi parlayan Türk.

Türkbay Saygın Türk.

Türkcan İçten, samimi Türk.

Türkdoğan Türk doğan.

Türkdoğdu Bir Türk'ün özelliklerini taşıyarak doğdu.

Türker Yiğit Türk.

Türkeş Orhun yazıtlarında söz konusu edilen bir kahramanın adı.

Türkiz Peşinden gidilmesi gereken Türk.

Türkkan Türk kanı taşıyan.

Türkmen Oğuz Türkleri'nden bir boy ve bu boydan olan kimse.

Türkol Türk gibi ol.

Türköz Türk gibi karakterli.

Türksan Türklüğüyle nam kazanmış olan.

Türksay Saygın Türk.

Türksel Coşkulu Türk.

Türksev Türkler'i sevmesi istenilen.

Türkyılmaz Hiçbir şeyden yılmayan Türk.

Türkşen Neşeli Türk.

Türünk Becerikli, çalışkan.

Tüvan *Far.* Güç, kuvvet.

Tüzeer Hukuktan yana olan.

Tüzel Hukuki.

Tüzemen Adaletli.

Tüzmen Adaletli.

Tüzünalp Sakin yiğit.

Tüzüner Sakin yaradılışta olan.

Tüzünkan Soylu bir aileden gelen.

Tüzünsoy Soyu ile dikkat çeken.

Ubeydullah *Ar.* Tanrı'nın kölesi, kulu.

Uca 1. Ulu, erişilmez olan. **2.** Koruyan, kayıran arka çıkan.

Uçanay Bulutların arasındaki ay.

Uçanok Ok kadar hızlı olan.

Uçar Uçan, uçucu.

Uçarer Hayal dünyasında dolanan, hayal kuran.

Uçarı Ele avuca sığmayan.

Uçbey Sınır beyi.

Uçkan İçinde uçmak özlemi yanan.

U

Uçkun Ateşten fırlayan kıvılcım.

Uçma Uçmak işi.

Uçuk **1.** Uçmuş, soluk renkli. **2.** Hafif, belirsiz.

Uçur Doğumuyla herkesi sevince boğan.

Ufukay Ufuktaki ay.

Ufukdeniz Denizin gökle birleştiği görüntü.

Ufuktan Ufukta gökyüzünün aydınlanması.

Ugan Yüce, yüksek, güçlü.

Uğurad Uğurlu adı olan.

Uğural Şansını değerlendir.

Uğuralp Uğurlu yiğit.

Uğurata Geçmişi uğurlu olan.

Uğuray Uğurlu ay.

Uğurbay Uğurlu ve saygın kişi.

Uğurbey Uğurlu ve saygın kişi.

Uğurcan Uğurlu, hayırlı dost.

Uğurel Eli uğurlu olan.

Uğurhan Uğurlu hükümdar.

Uğurkan Uğurlu bir soydan gelen.

Uğurlu İyilik getirdiğine inanılan, kutlu, kıdemli.

Uğurlualp Uğurlu yiğit.

Uğurlucan Uğurlu ve candan kimse.

Uğurluel Eli uğurlu kimse.

Uğurluhan Halkına uğur getiren hükümdar.

Uğurlukan Uğurlu bir soydan gelen.

Uğurlusan Uğurluluğuyla tanınmış olan.

Uğurlutay Uğurlu genç.

Uğurol Bereket getir.

Uğursal Uğurlu.

Uğursan Uğuruyla tanınmış.

Uğursay Uğurlu ve saygın kişi.

Uğursel Coşkulu ve uğurlu.

Uğursev Uğurlu, sevilen.

Uğurseven Uğuruna inanan.

Uğursoy Uğurlu soydan gelen.

Uğurtan Tan vaktinin uğuruna inanan.

Uğurtay Uğurlu genç.

Uğut **1.** Baygın, kendinden geçmiş. **2.** Çimlenmiş buğdayın kaynatılmasıyla yapılan bir çeşit yemek.

Uhuvvet *Ar.* Kardeşlik, arkadaşlık, dostluk.

Ulaç Bağlayan, bağlayıcı sınır.

Ulaçhan Hükümdarlığın sınırı.

Ulak Haber getiren, postacı.

Ulakbey Haberci.

Ulaş Elde etmek, erişmek.

Ulcan Oğul can.

Ulcay "Olcay" isminin bir başka söyleniş biçimi.

Ulu Erdemleri bakımından çok büyük, yüce.

Uluad İsmi gibi kendiside yüce olan.

Ulualp Yüce ve yiğit kişi.

Uluant Büyük yemin.

Uluata Geçmişi yüce olan.

Ulubaş Başı göğe ermiş kişi.

Ulubay Yüce ve saygın kişi.

Ulubek Yüce ve saygın kişi.

Uluberk Sağlam, kuvvetli ve yüce kişi.

Uluca Yüce kişi.

Ulucan İçtenliğiyle yüce kişi.

Uluç 1. Ünlü Türk denizcisi Kılıç Ali Paşa'nın adı. **2.** Selçuklularda Türkmen beyi.

Uluçkan Saygın bir geçmişi olan.

Uludağ Azametine ve yüceliğine saygı duyulan.

Uludoğan Yüceliği doğuştan gelen.

Uluer Saygın, uğurlu.

Uluğ Yüce ve saygın kişi.

Uluhan Çok değerli hükümdar.

Ulukaan Yüce savaşçı.

Ulukan Yüce bir soydan gelen.

Ulukut Kutsal bir yüceliğe sahip olan.

Ulum Değerli.

Uluman Değerli, yüce ve saygın kişi.

Ulun Ulu.

Ulunay Ay'ın yüceliği.

Uluöz Karakteriyle yücelen kişi.

Ulus Aynı sınırlar içinde, aynı bayrak altında yaşayan, dil, kültür ve ülkü bakımından bir birlik oluşturan topluluk.

Ulusan Yüceliğiyle tanınan kişi.

Ulusay Yüce ve saygın kişi.

Uluseven Yüce olanı seven.

Ulusoy Büyük, yüce bir soydan gelen.

Ulusu Kudreti bilinen.

Uluşan Yüceliğiyle şan, şöhret yapmış kişi.

Ulutan Tan vakti gibi yüce.

Ulutaş Değerli taş.

Ulutay Gençliğine rağmen yüceliği, ululuğu özünde barındıran.

Ulutekin Yüceliğiyle uğur saçan.

Ulutürk Yüce Türk.

Ulvi *Ar.* Yüce, ulu, yüksek.

Umaç Amaç.

Uman Bir şeyin olmasını istemek, bekleyen.

Umar Çare.

Umde *Ar.* İlke, prensip.

Umdu Çıkar yol.

Umman *Ar.* Engin deniz, okyanus.

Umur *Ar.* **1.** Aldırış etme, önem verme. **2.** Tecrübesi çok olan, deneyimli.

Umurad Adı gibi kendi de deneyimli olan.

Umural Görgülü, bilgili yiğit.

Umuralp Görgülü, bilgili yiğit.

Umurbay Deneyimli ve saygın kişi.

Umurbey Deneyimli, saygın kişi.

Umurtaş Deneyimleri sayesinde taş gibi sağlam olan.

Umutlu Umudu olan.

Unan Bağlılık.

Unat Akıllı, ergin.

Ungan Mutlu kişi, yiğit kişi.

Unsur *Ar.* Öğe.

Ural 1. Hazar Denizi'ne dökülen ırmak. **2.** Rusya'da sıradağ.

Urağan Beraberinde yağmur getirmeyen güçlü fırtına.

Uralp Yiğit.

Uraltan Kızıllık.

Uraltay Gençlik.

Uram Gezinti yolu.

Uran 1. Maharetli kişi. **2.** Teknik.

Urandu Seçkin, seçilmiş, tekniği ile beğenilmiş.

Urangu Yetenekli savaşçı.

Uras Şanslılık.

Uraytay Yükseklik.

Uraz Şanslılık.

Uraza *Ar.* **1.** Hediye, armağan. **2.** Misafir yemeği.

Urazlı Talihli, şanslı.

Urgun Vurulan, âşık olan.

Urhan Yüksek rütbeli hükümdar.

Urkan Şehir, kent.

Urluk Tohum, aile.

Uruç *Ar.* Yükselme.

Uruk Soy, sülale.

Urun "Orun" isminin bir başka söyleniş biçimi.

Uruz Amaç, gaye.

Us Akıl.

Usal Akıllı ol.

Usalan Akıllı.

Usalp Akıllı yiğit.

Usbay Akıllı ve saygın.

Usberk Gücünü zekâsıyla birleştiren.

Usbey Akıllı ve saygın.

Usçu Akılcılık yanlısı olan kişi.

User Akıllı kişi.

Ushan Akıllı hükümdar.

Uskan Akıllı soydan gelen.

Usluer Akıllı kişi.

Usta Becerikli olan.

Utkan Zafer kazanmış.

Uyar Uygun olan.

Uyaralp Nitelikli, yiğit.

Uygan Uyumlu.

Uygar Yiğit.

Uygaralp Uygar yiğit.

Uygun **1.** Yakışır, yaraşır. **2.** Elverişli. **3.** Orantılı.

Uyguner Uyumlu, olumlu.

Uygur Orta Asya'da bir Türk kolu.

Uyguralp Yiğit kişi.

Uz **1.** İyi, güzel. **2.** İşe yatkın, becerikli. **3.** Uygun, elverişli.

Uzalp İyi, anlayışlı yiğit.

Uzbay Güzel ve saygın kişi.

Uzbey Güzel ve saygın kişi.

Uzcan Uyumlu insan.

Uzel Elleriyle ustalık kazanmış kişi.

Uzer Yetenekli kişi, becerikli.

Uzgören Önsezisi yüksek olan.

Uzhan Halkına faydalı olan.

Uzkan İyi ve güzel bir soydan gelen.

Uzma *Ar.* En büyük.

Uzman Belli bir konuda bilgi, görüş ve becerisi çok olan.

Uzmen Bilgili ve saygın kişi.

Uzsan Becerileriyle tanınan.

Uzsoy Yetenekli ve bilgili bir soydan gelen.

Uztan Bilgiyi ve güzelliği kendinde barındaran.

Uztay Bilgili, akıllı genç.

Uztekin Uğurlu ve bilgili olan.

Uztürk Bilgili, yetenekli, becerikli Türk.

Ü

Üçel Kutsal el.

Üçer Yüce ve yiğit kişi.

Üçok Yüce ve hızlı kişi.

Üge Şanlı, şöhretli, namlı.

Üke Karakteri dürüst kişi.

Üksüm *Ar.* Güzel bahçe.

Ülez Güneşin batışı.

Ülgen 1. Yüksek, güçlü, sağlam. **2.** İyilik tanrısı, vecize, özdeyiş.

Ülgenad Adı gibi kendisi de ulu olan.

Ülgenalp Ulu ve yiğit kişi.

Ülgener Yüce, ulu kişi.

Ülger Kadife.

Ülgü Amaç edinilen şey.

Ülgün Ulaşılmak istenen.

Ülhân Davranışı iyi olan hükümdar.

Ülke 1. Bir devletin egemenliği altında bulunan toprakların tümü. **2.** Vatan. **3.** Herhangi bir özelliğinden dolayı düşünülen bölge.

Ülkem Ülkeye sahip çıkıp sevgi besleme.

Ülmen Denizci.

Ümek Köle.

Ümital Şansını değerlendir.

Ümitalp Umutlu, yiğit.

Ümitay Umutlu ay.

Ümitbay Umutlu ve saygın kişi.

Ümitbey Umutlu ve saygın kişi.

Ümitcan Umutlu, hayırlı dost.

Ümithan Umut beklenen hükümdar.

Ümitkan Umut bağlanan.

Ümitli İyilik getirdiğine inanılan, kutlu, kademli.

Ümitol Bereket getir.

Ümitsal Umut veren.

Ümitsan Umudunu kaybetmemesiyle tanınan.

Ümitsay Umutlu ve saygın kişi.

Ümitsel Coşkulu ve umutlu.

Ümitsev Umutla sevilen.

Ümitsoy Umut bağlanan.

Ünad Adı gibi kendi de ünlü olan.

Ünal Adı duyulsun.

Ünalan Ün kazanmış, şan, şöhret sahibi olmuş.

Ünaldı Şöhretlendi.

Ünalmış Şöhretlenmiş.

Ünalp Tanınmış, ünlü yiğit.

Ünay Ay gibi güzel ve şöhretli.

Ündoğan Yiğitliliğiyle şöhretli olan.

Üngördü Sonradan ünlenen kişi.

Üngören Ünlenmiş kişi.

Üngörmüş Başarılarından sonra ünlenmiş kişi.

Üngün Şöhretli gün.

Üngür Söhreti her tarafı sarmış olan.

Ünhan Ün salmış hükümdar.

Ünkan Tanınmış soydan gelen.

Ünkaya Ünlü kaya.

Ünlübay Ünlü ve saygın kişi.

Ünlübey Ünlü ve saygın kişi.

Ünlüer Tanınmış, ünlü.

Ünlüol Ün kazan.

Ünlüsoy Şöhreti olan bir soydan gelmiş.

Ünlütürk Şöhretli Türk.

Ünsal Herkesçe tanınan, bilinen.

Ünsan Ün sal.

Ünsev Adını sev.

Ünseven Şan, şöhret peşinde olan.

Ünsever Adının duyulmasını seven kimse.

Ünsevin Şanın, şöhretin peşinde olun.

Ünsoy Ünlü soydan gelen.

Üntürk Ünlü Türk.

Ünügör Ünlü ol.

Ünüvar Ünüyle bilenen.

Ünver Şanın, şöhretin yolunu öğret.

Ünveren Şan, şöhret sahibi yapan.

Ürek Ürkek, tedirgin olan.

Üren Soyun devam etsin.

Üresin Soyuyla çoğalsın.

Ürkmez **1.** Korkusuz. **2.** Hiç kimseden korkmayan.

Üscan Gerçek, yürekten dost.

Üsgen Gelişmiş, yüksek.

Üstat/Üstad *Far.* Üstün bilgisi ve yeteneği olan kimse.

Üstay Yüksek ay.

Üstel Üstün, yetenikli el.

Üster Nitelikli kişiliğe sahip olan.

Üstol Üstün ol, başarın eksik olmasın.

Üstün **1.** Benzerlerine göre üst düzeyde olan. **2.** Nitelik bakımında daha üstün, daha elverişli olan.

Üstünbay Seçkin, başarılı.

Üstündağ Karakteriyle ve azametiyle üstün olan.

Üstüner Yiğitler yiğidi.

Üstünsoy Bilinen bir soydan gelen.

V

Vacip *Ar.* **1.** Yapılması gerekli olan. **2.** İslam dininde farzdan sonra gelen emir.

Vacit *Ar.* Yaratan, ortaya çıkaran.

Vafi *Ar.* **1.** Yeter, tam. **2.** Sözünün eri, sözünde duran.

Vafir *Ar.* Fazlasıyla çok olan.

Vafit *Ar.* Elçi.

Vaha *Ar.* Çöl ortasında sulak ve yeşillik yer.

Vahap *Ar.* Bağışlayan, ihsan eden.

Vahdet *Ar.* **1.** Bir ve tek olma, birlik. **2.** Tanrı'ya ulaşma. **3.** Yalnızlık, kendi kendine kalış.

Vahdettin *Ar.* Dinin tekliği.

Vahim *Ar.* Korkulu, çok tehlikeli.

Vahip *Ar.* Tek, yalnızca, bir tane olan.

Vahit *Ar.* Bir tek olan.

Vahittin Dinin tekliği.

Vaiz Dini öğütler veren kimse.

Vakar *Ar.* Ağırbaşlı olan.

Vakıf *Ar.* **1.** Bilen. **2.** Bir şeyi vakıf durumuna getiren.

Vakkas *Ar.* Okçu, iyi ok atan, savaşçı.

Vakur *Ar.* Ağırbaşlı, onurlu.

Vala *Far.* Şanı, adı, sanı yüce olan.

Varal **1.** Var olanı al. **2.** Yetiş al.

Vardar Balkanlarda bir ova ve ırmak.

Vargın İstediğini elde eden.

Varış **1.** Çabuk kavrayan, anlayış, güçlü seziş. **2.** Bir yarışın son bulduğu yer, finiş. **3.** Varmak durumu veya biçme.

Varlık 1. Varolma durumu, mevcudiyet. **2.** Önemli, yararlı şey. **3.** Para, mal, mülk, zenginlik. **4.** Ömür, hayat.

Varol Her zaman yaşa.

Vasfi *Ar.* Nitelikli.

Vasıf *Ar.* Nitelik.

Vasıl *Ar.* Ulaşan, varan.

Vassaf Nitelendiren, tanımlayan.

Vatan Yurt, ülke.

Vataner Vatanının seven.

Vatansever Vatanını seven.

Vecahet *Ar.* **1.** Güzellik, güzel yüz. **2.** Saygınlık, onur, haysiyet.

Vecaip *Ar.* Vecibeler, ödev.

Vecdet *Ar.* Zenginlik.

Vecdi *Ar.* İçi içine sığmamak.

Vechi *Ar.* Taraf, yan, yüz.

Vecid *Ar.* Coşkulanmak, sevinç.

Vecih *Ar.* **1.** Yol, tarz. **2.** Yüz, çehre.

Vecihi *Ar.* Yüz, çehre.

Vecit *Ar.* **1.** Coşkunluk. **2.** Kendinden geçme.

Veciz *Ar.* Kısa ve anlatımı etkili söz.

Vedat *Ar.* Sevgi, dostluk.

Vedayi Emanet olarak bırakılan.

Vedid *Ar.* Sevgisi çok olan, dost.

Vefa *Ar.* Sevgi bağlılığı, sevgide sebat etme.

Vefi *Ar.* Vefalı kişi.

Vefik *Ar.* **1.** Yoldaş. **2.** Aynı düşüncede olan.

Vehbi *Ar.* Tanrı vergisi, doğuştan.

Vehip *Ar.* Bağışlama.

Vekil *Ar.* Başkasının yerine hareket eden, konuşan.

Vela *Ar.* Yakınlık, sahiplik.

Veli *Ar.* Ermiş, eren, evliya.

Velican *Ar.* Candan dost.

Velit *Ar.* Yeni doğmuş çocuk.

Verdi *Ar.* Güle ait.

Vergin Özverili olan.

Verim Ortaya çıkan, istenilen, beklenilen sonuç.

Verka *Ar.* Güvercin, açık boz.

Verşan Şan, şöhret saç.

Vesamet *Ar.* Güzellik.

Vesim Yüz güzelliğine sahip olan.

Veyis *Ar.* Garibanlık.

Veysel *Ar.* Garibanlık.

Veysi *Ar.* Gariban, zavallı.

Vezir *Ar.* Bakan.

Volkan Yanardağ.

Vural Elde et.

Vurcan Tutkun dost.

Vuska *Ar.* Çok sağlam, kuvvetli.

Y

Yaban *Far.* **1.** İnsanların yaşamadığı yer. **2.** Ecnebi, el.

Yadigar *Far.* **1.** Bir kimseyi veya bir olayı hatırlatan nesne, andaç. **2.** Hoşlanılmayan, davranışı beğenilmeyen kimse.

Yafes *Ar.* Nuh peygamberin oğlu.

Yağan 1. Yağmur, kar. **2.**Yağış.

Yağar 1. Yağacak olan. **2.** Parlayacak olan, parıldayan.

Yağın Yağmur.

Yağız 1. Esmer. **2.** Yiğit.

Yağızad Adı gibi kendi de yağız olan.

Yağızalp Yaptığı büyük işlerle halk tarafından sevilen esmer kahraman.

Yağızbay Halk arasında belli bir saygınlığı olan.

Yağızcan Esmer, güçlü, yiğit kişi.

Yağızer Esmer erkek.

Yağızhan Esmer, yiğit hükümdar.

Yağızkan Esmer bir soydan gelen.

Yağızkurt Esmer, yiğit ve kurt gibi de kurnaz.

Yağıztay Esmer, yiğit genç.

Yağıztekin Uğurlu, esmer yiğit.

Yağıztürk Esmer Türk.

Yahşibey İyi tanınan, saygın kimse.

Yahya *İbr.* Kutsal kitaplarda adı geçen bir peygamber.

Yakup *Ar.* **1.** Takip eden, izleyen. **2.** Hz. Yusuf'un babası, Hz. İshak'ın oğlu olan Yakup Peygamber. **3.** Erkek keklik.

Yalav Alev, ateş.

Yalaz Alev, ateş, bayrak.

Yalaza Alev.

Yalazalp Ateşli yiğit.

Yalazan Berk, şimşek.

Yalazay Alev ve ay gibi olan.

Yalazbay Ateşli ve saygın kişi.

Yalazhan Ateş gibi hükümdar.

Yalazkan Ateş gibi bir soydan gelen.

Yalçın 1. Düz ve çıplak. **2.** Sarp.

Yalçıner Zorlu yiğit.

Yalçınkaya Zorlu, kaya gibi.

Yalçuk Parlayan, parlak, elçi.

Yaldırak Ak, parlak, ışıklı.

Yaldıran Parlayan, ışıldayan, bezdiren.

Yalgın Serap, alev.

Yalım 1. Alev. **2.** Kesici aletlerin keskin yüzü.

Yalımbay Alev gibi olan.

Yalımhan Kılıcının keskinliğiyle bilinen hükümdar.

Yalımkan Alev gibi bir soydan gelen.

Yalımsoy Alev gibi bir soydan gelen.

Yalımtay Alev gibi genç.

Yalımtürk Alev gibi Türk.

Yalın 1. Sade, gösterişsiz. **2.** Çıplak. **3.** Alev.

Yalınad Mütevazi ad, yalın ad.

Yalınalp Mütevazi, yiğit kişi.

Yalınay Bulutsuz gecedeki ay.

Yalınbay Mütevazi ve saygın kişi.

Yalınbey Mütevazi ve saygın kişi.

Yalınç Sade, yalın, yapılması kolay olan.

Yalınhan Mütevazi hükümdar.

Yalınkan Mütevazi bir soydan gelen.

Yalınsoy Mütevazi bir soydan gelen.

Yalıntay Mütevazi ve genç.

Yalıntürk Mütevazi Türk.

Yalkı Yalın.

Yalman **1.** Eğik. **2.** Kesici ve batıcı araçların kesen ya da batan yüzü. **3.** Sarp.

Yaltır Parlak, ışıldayan.

Yaltırak Işıldayan, parıldayan.

Yaltıray Parıldayan ay.

Yalvaç Kitap getirmiş peygamber, elçi.

Yamaç Dağın veya tepenin herhangi bir yanı.

Yaman **1.** Gücü ve becerisi alışılmışın üzerinde olan. **2.** Korkulan.

Yamanad Adı gibi kendisi de yaman olan.

Yamanalp Korku salan yiğit.

Yamanbay Cesur ve saygın kişi.

Yamanbey Cesur ve saygın kişi.

Yamancan Candan dost, koruyucu.

Yamaner Cesur, korku salan.

Yamanöz Karakterinde korkusuzluğu taşıyan.

Yamansoy Korkusuz soydan gelen.

Yamantay Korkusuz genç.

Yamantürk Korkusuz Türk.

Yamanyiğit Yiğitler yiğidi.

Yamçı Sürücü.

Yanaç Yön.

Yanal **1.** Yanda olan, yana düşen. **2.** Alaca, iki renkli.

Yanar Yanan.

Yanbey Karşı tarafın zengini.

Yanık **1.** Yanmış olan. **2.** Rengi koyulaşmış. **3.** Duygulu, dokunaklı, etkili, acılı. **4.** Bıkkın, üzüntülü, dertli.

Yarar Yarayan, elverişli, uygun.

Yaren *Far.* Arkadaş, yakın dost.

Yargı **1.** Hüküm, muhakeme. **2.** Birini ya da bir nesneyi eleştirici bir biçimde değerlendirme.

Yarıgâr *Far.* En içten dost.

Yarka Büyük piliç.

Yarkan Yüksek mahkeme.

Yarkaya Sarp, uçurumdaki kaya.

Yarkın Şimşek.

Yarkurul Komisyon, encümen.

Yarlık Hükümdar buyruğu, ferman.

Yarluk "Yarlık" isminin bir başka söyleniş biçimi.

Yasa **1.** Değişmezlik ve mecburiyet göstermeyen kural. **2.** Kanun. **3.** Toplumsal hayatın içinde kendiliğinden oluşan ve uyulması yaşamın bir mecburiyeti olan toplum alışkılarının bütünü. **4.** Düşüncenin mantıksal bir değeri olması için uyulması şart olan temel.

Yasan **1.** Belirlenmiş kuralların içinde bulunan. **2.** Yönelim.

Yasef "Yafes" isminin bir başka söyleniş biçimi.

Yaser Varlık içinde olan, zengin.

Yasin *Ar.* Kuran'ın 36. suresi. 83 ayettir. Mekke'de nazil olmuştur.

Yasun Toplumsal edinim.

Yaşa Rahat ve huzurlu bir ömrün olsun.

Yaşar Uzun ömrü var.

Yaşartürk Yaşayan Türk.

Yaşlak İhtiyar.

Yatkın **1.** Bir yana eğilmiş, eğik. **2.** Benimsemiş, alışmış, eğilimli. **3.** Yetenekli, becerikli.

Yatman Mütevazi kişilik.

Yatuk Kanun benzeri sazların ortak adı.

Yaver *Far.* **1.** Yardımcı. **2.** Görevli subay, emir subayı.

Yavuz **1.** Güçlü, çetin. **2.** İyi, güzel.

Yavuzad İsmi gibi kendi de güçlü olan.

Yavuzalp Yiğitler yiğidi.

Yavuzbey Güçlü ve saygın kişi.

Yavuzcan Güçlü kişiliği olan kişi.

Yavuzer Cesur, güçlü erkek.

Yavuzhan Güçlü hükümdar.

Yavuzkan Güçlü bir soydan gelen.

Yavuzsoy Cesur, güçlü soydan gelen.

Yavuztay Genç ve güçlü.

Yavuztürk Güçlü Türk.

Yayak Yürüyerek yol kateden.

Yaygır Gökkuşağı.

Yazan Yazar.

Yazar Yazarak yapıt üreten kişi.

Yazı Yazılan şey.

Yazır Bir Türkmen boyunun adı.

Yedier Büyük ayı takım yıldızı.

Yeğen **1.** Birine göre kardeşin çocuğu. **2.** Birine göre amca, hala, dayı, teyzenin çocuğu.

Yeğin **1.** Zorlu katı, şiddetli. **2.** Baskın, üstün.

Yeğinalp Üstün yiğit.

Yeğiner Üstün yiğit.

Yelbey Rüzgar gibi esen ve saygın kişi.

Yelden Rüzgardan gelmiş, rüzgar çocuğu.

Yelen Arzu, istek, fırtına.

Yeler Yel gibi hızlı, çabuk, fırtına.

Yelesen Fırtınalı, çabuk kimse.

Yelmen İstekler, arzular.

Yeltekin Fırtınalı ve güvenli.

Yemen Mutluluk.

Yenal Kazanarak al, kazanç.

Yenay Yeni ay, hilal, ayça.

Yenel Kazanan el, kazanma.

Yener Üstün gelen, kazanan.

Yenerol Üstün ol.

Yengi Yenmek işi, utku, zafer, galibiyet.

Yenin Her anlamda üstün olan.

Yenisey Doğu Sibirya'da 3354 km.'lik ırmağın adı.

Yenisu Temiz, berrak.

Yerel **1.** Belirli bir yer ile ilgili olan. **2.** Gözlem yerine veya gözlemcinin yerine ilişkin.

Yergin Üzüntülü, tasalı, kaygılı.

Yersel Yerle ilgili.

Yertan Ufukta görünen.

Yesari *Ar.* **1.** Bir müstevi (düzlem) içinde bulunmayan şekil. **2.** Sola, sol tarafa ait, sol ile ilgili.

Yeşne Şimşek, yıldırım.

Yeten Her şeyin üstesinden gelebilen.

Yetener Her türlü zorluğun üstesinden rahatlıkla gelebilen.

Yetik Bilgi ve becerisiyle gereken olgunluğa ermiş kişi.

Yetim *Ar.* Babası ölmüş çocuk.

Yetiş Zor zamanların insanı.

Yetişal Kurtar anlamında.

Yetişen Kurtaran, kurtarıcı.

Yetkin **1.** Gerekli olgunluğa erişmek. **2.** Bir konuda uzmanlaşmış kişi.

Yetkiner Olgun kişi.

Yılbay Her zaman için saygı duyulan.

Yıldır **1.** Parıldayıcı, parıldayan. **2.** Şimşek.

Yıldırak Süheyl.

Yıldıralp Güçlü kahraman.

Yıldıran **1.** Parlayan, ışıldayan. **2.** Bezdiren.

Yıldıray Işık saçan ay.

Yıldırer Güzel yiğit.

Yıldırım **1.** Gök gürültüsü ve şimşekle görülen elektrik boşalması. **2.** Çok hızlı.

Yılhan İyi hükümdar.

Yılkan Temiz kan.

Yılma Hiçbir şeyden korkup, yılma anlamında.

Yılmayan Korkmayan, vazgeçmeyen.

Yılmaz Bir işten gözü korkup vazgeçmeyen, yılmayan.

Yılmazer Azimli yiğit.

Yiğit **1.** Güçlü, yürekli, kahraman, alp. **2.** Delikanlı, genç erkek. **3.** Gözü pek, düşüncelerini açıkça söylemekten çekinmeyen kimse.

Yiğitalp Cesur, yürekli, kahraman delikanlı.

Yiğitcan Güçlü, korkusuz.

Yiğitel Güçlü el.

Yiğiter Sözünde duran.

Yiğithan Güçlü ve korkusuz hükümdar.

Yiğitkan Yiğit bir soydan gelen.

Yoğun **1.** Koyu, ağır, kalın. **2.** Artmış, çoğalmış durumda olan.

Yolaç Yol açan, önde giden, kılavuzluk yapan.

Yolak Patika.

Yolbul Kılavuz, önder, lider.

Yoldaşcan Can arkadaş, can dost.

Yoldaşer Kahraman yiğit, arkadaş.

Yoma *Yun.* Balıkçılıkta kullanılan bir tür halat.

Yomut Her anlamda üstün olan.

Yordam **1.** Çeviklik, çabukluk. **2.** Çalım. **3.** Yatkınlık, alışkanlık. **4.** Kılavuz, yardımcı.

Yordamlı Her işe yatkın olan.

Yön **1.** Taraf, yan, istikamet. **2.** Tutulacak, izlenecek yol.

Yönal Yönünü, cepheni al.

Yöner Yönelmiş olan.

Yönet Bir işin üstesinden gelebilecek kişi.

Yönetmen Yöneten, uygun ve doğruyu söyleyen.

Yöntem İzlenen, tutulan yol, usul, sistem.

Yörük Göçeb

Yula Meşale.

Yumlu Uğur

Yunus *Ar.* **1.**
sürüler ha
hayvan. **2.**

ğın (Hût'un) karnında kaldığı rivayet edilen meşhur peygamberlerden birinin adı. **3.** Semanın kuzey yarımküresinde Feres-i ekber (Pegasus) ve Kartal (EL-ukab) burçları arasında bulunan küçük bir burç.

Yurdacan Yurda canlılık veren.

Yurdaer Yurtsever.

Yurdakul Yurduna kul, köle olan.

Yurdal Yurtsever, vatansever.

Yurdaşen Yurdu şenlendiren.

Yurday Yurdu aydınlatan.

Yurdaer Yurduna hizmet için yetişmiş.

Yurdahan Yurduna han, hakan olan kimse.

Yurdal Yurt hakında.

Yurdaşen Ülkesi için iyi işler yapan.

Yurdun Yurda ait.

Yurduşen Ülkesi refah içinde, mutlu ve refah içindeki insanların yaşadıkları yer.

Yurt 1. Vatan. **2.** Kalacak, barınacak yer.

Yurtal Ülkesini seven, ülkesine bağlı.

Yurtbay Memleketinin adamı.

Yurtcan Vatanının dostu.

Yurter Ülkesinin yiğidi, yurtsever.

Yurtkan Yurdu için kanını verebilecek niteliklere sahip olan.

Yurtkul Yurdunun kulu kölesi olan.

Yurtkur Yurdunun kurucusu olan.

Yurtkuran Bir yurdun kurucusu olan.

Yurtman Yurdunu çok seven.

Yurtsal Yurtsever.

Yurtsan Yurduyla övünen.

Yurtsev Yurtsever.

Yurtseven Yurdunu, milletini seven.

Yurtsever Yurtseven.

Yurtsuz Gariban.

Yurttaş Yurtları veya duyguları bir olanlardan her biri, vatandaş.

Yusuf *Ar.* **1.** Yakup peygamberin oğlu. **2.** Pembe ve al renkte, güzel ve küçük bir çiçek.

Yüce Yüksek, büyük, ulu.

Yücealp Büyük yiğit.

Yücedağ Ulu dağ.

Yüceer Büyük yiğit, kahraman yiğit.

Yücel Başarı kazan, başarılarınla büyüklüğünü ispat et.

Yücelay Ay gibi güzel ve yüce.

Yücelen Başarılı.

Yücelt Başarılı bir duruma gel.

Yücelten Yükselten, o duruma getiren.

Yücesan Başarılarıyla yücelerek nam salmış olan.

Yücesoy Saygın bir aileden gelen.

Yücetekin Uğurlu ve yüce kişi.

Yücetay Çok başarılı, parlak işler yapan genç.

Yücetürk Yüce Türk.

Yümni *Ar.* Uğurlu, işnide becerikli.

Yürük 1. Çok çabuk yürüyen. **2.** Yeniçeri'ye katılan yaya asker.

Yüzüak Utanmasına neden olacak şeyler yapmayan, dürüst, onurlu.

Z

Zade *Far.* **1.** Erkek evlat. **2.** Doğmuş.

Zafer *Ar.* **1.** Savaşta kazanılan başarı. **2.** Çaba sonucunda elde edilen başarı.

Zahir *Ar.* Yardımcı, destekleyen, arka çıkan.

Zahit *Ar.* Dini yasaklardan sakınan, buyurduklarını yerine getiren.

Zaid *Ar.* Artan.

Zaim *Ar.* Kefil, prens, şef.

Zait *Ar.* Çoğalan, artıran.

Zakir *Ar.* Zikreden, dua eden.

Zamir *Ar.* İnsanın gerçek yüzü.

Zarif *Ar.* Yakışıklı, tavırları kibarca olan.

Zati *Ar.* Kişisel.

Zekai *Ar.* Zeki, bilgili.

Zekeriya *Ar.* Erkek.

Zeki *Ar.* **1.** Bir şeyi anlamakta güçlük çekmiyen, zeki. **2.** Çok çabuk kavrayan.

Zemin *Far.* **1.** Taban, döşeme, yer. **2.** Temel, dayanak. **3.** Yeryüzü, dünya.

Zengin *Far.* Varlıklı., gösterişli, verimli.

Zerak *Ar.* Mavi, gök renkli.

Zeren Zeki.

Zerin *Far.* Altından ya da altın benzeri olan.

Zerka *Ar.* Gök gözlü.

Zerver *Far.* Altın yaldızlı.

Zevafir *Ar.* Parlak yıldızlar.

Zeval *Ar.* Sona erme, yerinden ayrılıp gitme.

Zevkan *Ar.* Zevkli, zevk alınan.

Zeybek Efe.

Zeynel *Ar.* Süslü, süsleme.

Zeyni *Ar.* Süs.

Zeynullah *Ar.* Tanrı'nın süsü.

Zeynur *Ar.* Parlak, ışığı bol olan.

Zeyrek *Far.* Bir şeyi anlayışla karşılayan, hoş görü sahibi, uyanık, zeki.

Zihni *Ar.* Akıllı, zeki.

Zikra *Ar.* Öğüt.

Zikri *Ar.* Anma, anılma.

Zikrullah *Ar.* Tanrı'nın anılması.

Zirve *Ar.* Doruk, en yüksek nokta, tepe.

Ziver *Far.* Süs.

Ziya *Ar.* Işık, aydınlık.

Ziyat Fazlalık.

Zobu Toraman delikanlı.

Zorbey Zorlu ve saygın kişi.

Zorlu Çok güçlü, kuvvetli.

Zuhur *Ar.* Görünme.

Zuhuri *Ar.* **1.** Kendiliğinden gelişen. **2.** Komik, çok matrak olan.

Zübeyr *Ar.* Yazılı küçük şey.

Züheyr *Ar.* **1.** İçine çiçek konulan, vazo. **2.** Küçük çiçek.

Zülfi *Ar.* Kılıcın kabzasına iliştirilen süs.

Zülfikar *Ar.* **1.** İki parçalı. **2.** Hz. Muhammedi'in Hz. Ali'ye armağan ettiği ucu çatallı kılıç.

Zülfü Şakaklardan sarkan saç lülesi.

Zülküf *Ar.* Belli bir makama sahip olan.

Zümer *Ar.* Farklı topulululuklar, zümreler.

KADIN ADLARI

A

Abacı **1.** Aba yapan veya satankimse. **2.** Abadan giyecek yapan veya satan kimse. **3.** Bedavacı, asalak.

Abaç Annesine benzeyen, annesinin yapısında olan. Annesi gibi olan.

Abadan *Far.* Neşeli, şen, bayındır, mamur.

Abak Eski Türkler'de ölmüş ataların heykelleri.

Abakay Eski Türkler'in büyük ve saygıdeğer kadınlara verdiği ünvan.

Abasıyanık **1.** Gönlünü kaptırmış, vurulmuş, âşık olmuş. **2.** Kendinden geçmiş bir şekilde tutkuyla seven.

Abay **1.** Ay'ın suya, denize ya da göle akseden yansıması. **2.** Çekinme, çekingen davranışta bulunma.

Abıru *Ar.* Yüz suyu, namus, ar ve haya duygusu.

Acarbegüm **1.** Güzel yüzlü, sevimli. **2.** Hoş ve neşeli kimse.

Acarbike **1.** Güzel ve alımlı kadın. **2.** Hoş ve sevimli davranışları olan, çekici.

Acarhatun Sevimli, güzel yüzlü kadın.

Acunbüke Çok güzel ve cana yakın.

Acungüneş **1.** Dünyayı aydınlatan güneş. **2.** Güneş kadar neşeli, sıcak ve canayakın.

Acunışık Dünyayı aydınlatan ışık.

Aça **1.** Ana, analık. **2.** Analık duygusu.

Açalya Kokusuz, güzel renkli çiçekler açan bir bitki, açelya, azelya.

Açanay **1.** Ay gibi ışık saçan. **2.** Parıldayan.

Açangül Gül gibi açılmış olan.

Açelya *Yun.* Fundagillerden çok renkli çiçekler açan, bahçelerde ve saksılarda yetiştirilen bir süs bitkisi.

Açılay **1.** Ayın şekilleri, yansıması. **2.** Çiçek gibi açıl, ay gibi güzel ol.

Açılel **1.** Cömert, paylaşmasını bilen. **2.** Sahip olduklarını başkalarından esirgemeyen.

Açkıngül Açılmış gül gibi güzel olan.

Adacan Samimi ve canayakın.

Adagül Adada yetişen gül, ada gülü.

Adalet *Ar.* **1.** Hak ve hukuka uygunluk. **2.** Bir işi uygulayan, yerine getiren. **3.** Herkese kendine uygun düşeni, kendi hakkı olanı verme.

Adanır **1.** Adı ünlenen kimse. **2.** Adıyla nam salmış.

Adıcan Adı sevilen, adı sevgili, dost olan.

Adıgül **1.** Adını gülden alan. **2.** Gül gibi hoş, zarif ve güzel olan.

Adıgüzel Adı beğenilen, hayranlık uyandıran, sevilen.

Adın "Ad" sözcüğünün tekil ikinci kişi iyelik eki almış hali.

Adınur Adını ışıktan alan, adı ışık saçan.

Adışah Adını şahtan alan.

Adışık Adı güzel olan, adı ışık saçan.

Adıvar İyi bir şöhrete, hafızalardan silinmeyen etkili ve temiz bir üne kavuşmuş değerli kişi.

Adile *Ar.* **1.** Adaletli, doğruluktan ayrılmayan. **2.** Hakka uygun, adil.

Adniye *Ar.* **1.** Cennetlik. **2.** Gün görmüş, geçirmiş, yaşamıyla de artık en iyi şeyleri haketmiş olan.

Adviye *Ar.* **1.** Yardımsever. **2.** Başkalarına yardım etmeyi seven.

Afet *Ar.* **1.** Doğanın sebep olduğu yıkım. **2.** Kıran. **3.** Çok kötü. **4.** Güzelliği ile insanı şaşkına çeviren.

Afife *Ar.* Namuslu, iffetli, saygıdeğer kadın.

Afitap *Far.* **1.** Güneş. **2.** Güneşi'in ışığı. **3.** Güzel kadın. **4.** Güzel yüz. **5.** Şarap.

Afiye *Ar.* Sağlık, sağlamlık.

Aguş *Far.* Kucak.

Ağaça **1.** Melike. **2.** Kadın hükümdar. **3.** Hükümdar karısı.

Ağahatun Zengin hatun, varlıklı kadın.

Ağanbegüm Göğe doğru yükselen kadın.

Ağbet Akça yüzlü.

Ağca Oldukça beyaz, rengi ak gibi olan; beyaz tenli

Ağça Bkz. Ağca, Akça.

Ağgünlü Günü aydınlık olan, ak günlü.

Ağış Göğe doğru yükselme, yükseliş.

Ahsen *Ar.* Pek güzel.

Ahu *Ar.* **1.** Kardeş, **2.** Dost, *Far.* **3.** Ceylan, maral, karaca. **4.** Güzel bakışlı göz. **5.** Güzel kadın.

Ahucan Çok güzel dost.

Ahueda Nazlı güzel.

Ahuela Çok güzel gözlü.

Ahufer **1.** Göz kamaştıran güzellik. **2.** Göz kamaştıran bir güzelliğe sahip olan.

Ahugöz **1.** Gözleriyle güzelliğini bütünleştiren. **2.** Çok güzel gözlere sahip olan.

Ahugül Çok güzel.

Ahugüzar Becerikli, güzel.

Ahunaz Nazlı güzel, nazenin.

Ahunigâr **1.** Resim gibi güzel. **2.** Resimler ya da tablolarda kıyaslandığında şaşılacak bir güzelliğe sahip olan.

Ahunisa **1.** Çok güzel kadın.**2.** Güzelliğiyle başkalarını büyüleyen.

Ahunur Göz kamaştıran, parlak ve alımlı bir güzelliğe sahip olan.

Ahuşel Coşkulu güzellik.

Ahuser Güzelliği gözler önünde olan, göz kamaştıran güzellik.

Ahuses Güzel sesli.

Ahusoy Çok güzel bir soydan gelen.

Ahusu Su kadar temiz ve güzel olan.

Ahusun **1.** Güzelliği gözler önünde olan. **2.** Başkalarının da gördüğü çok hoş bir güzelliğe sahip.

Ahuşan Güzelliğiyle şan, şöhret sahibi olmuş.

Ahuşen Güzel ve neşeli.

Ahutan Tan vaktinin güzelliğine sahip olan.

Ahuten Çok güzel bir tene sahip olan.

Ahuyar Güzel sevgili, yar.

Ajda **1.** Filiz, sürgün. **2.** Çok genç. **3.** Üzeri çentik çentik, diş diş olan.

Akal **1.** Alnı ak ve beyaz olan. **2.** Namuslu ve şerefli olmak.

Akaltın Ak renkte altın, beyaz altın.

Akaltun Bkz. akaltın.

Akanay **1.** Akıp giden ay. **2.** Mehtaplı gecelerde gökyüzünde bulutların arkasında akıp giden ay gibi izlenim veren güzel.

Akancan Sevgiliye akıp giden can.

Akangün Hızlıca akan giden gün.

Akant İyi dilekli ant, ak yemin.

Akarsu **1.** Belirli bir yatak üzerinde, yerüstünde ve yeraltında akan su. **2.** Beyaz altın üzerinde tek sıra inciden veya elmastan gerdanlık.

Akasya *Yun.* **1.** Sıcak iklimlerde beş yüzden çok çeşidi yetişen ağaç. **2.** Yurdumuzda yetişen bir süs ve gölge ağacı, salkım ağacı.

Akbacı Dürüst, samimi.

Akbahar **1.** Baharın güzelliği. **2.** Baharın güzelliğini kendi güzelliğiyle birleştiren.

Akbal **1.** Kalbi temiz, huzurlu. **2.** İç dünyası rahat ve aydınlık kişi.

Akbaşak **1.** Trakya ve Anadolu'nun kimi yerlerinde ekilen, kabuğu beyaz, yumuşak bir buğday türü. **2.** Yazın kutuplarda yaşayan, kışın ılık yerlere göç eden ince ve kısa gagalı yabanıl bir kuş.

Akbel *Ar.* En çok beğenilen, gözde olan.

Akcan Akça pakça sevgili, temiz ruhlu kişi.

Akça **1.** Temiz, saf, iyi niyetli kişi. **2.** Beyaza yakın renkte olan.

Akçasu Berrak su gibi olan.

Akçıl Ağarmış, beyazımsı, solgun.

Akçiçek Ak renkli çiçek, beyaz renkli çiçek.

Akdes *Ar.* Kutsallığa yakın olan.

Akdil **1.** Temiz sözlü. **2.** Sözü güven veren.

Akdolun **1.** İçten kişi. **2.** Kalbi temiz olan.

Akeda Tavırları içten olan.

Akela Büyüleyici gözleri olan.

Akfer Parıltılı.

Akgül Beyaz gül.

Akgülen Saflığını gülmesemisiyle yansıtan.

Akgüneş Güneş gibi aydınlatıcı.

Akgüngör "Aydınlık güzel bir gün göresin" anlamında bir dilek.

Akhanım Dürüstlüğü ve temizliğiyle dikkat çeken.

Akışık Beyaz, parlak ışık.

Akide *Ar.* **1.** Dinsel inanç. **2.** İçine bazen fındık da konulan, ağızda güç eriyen şeker.

Akife *Ar.* Bir şeye özen gösterecek kadar inatçı.

Akik Yüzük ve mühür gibi şeylerin yapımında kullanılan çok sert, yarı saydam, parlak ve değerli taş.

Akile *Ar.* Akıl sahibi kadın.

Akipek İpek kadar yumuşak olan.

Akkadın Temiz ve saygıdeğer kadın.

Akkar Kar kadar beyaz olan.

Akkız **1.** Temiz kız. **2.** Teni beyaz renkte olan kız.

Akkor Parlak bir ışık saçacak kadar ısıtılmış olan.

Akkutlu Dürüstlüğü kanıksanmış olan.

Akmutlu Dürüstlüğü sayesinde özlemlerine ulaşan.

Aknaz Nazlı, işveli.

Aknigar Bakmaya doyulamayan bir resim kadar güzel olan.

Aknur Çevresine parıltı saçan.

Akpak Çok temiz, çok dürüst.

Akpınar Yerden kaynayarak çıkan temiz su.

Aksel Beyaz renkte taşkın su.

Aksen Temiz ve güzelsin.

Akses Sesiyle çevresine aydınlık saçan.

Aksev Aydınlığı sev, ışık saç.

Akseven Temiz, doğru, dürüstlüğü seven.

Aksevil Temizliği, dürüstlüğü sevilen kişi.

Aksın **1.** Temiz, beyaz renkte olan. **2.** Beyaz kadar temizsin, safsın.

Aksu Temiz, berrak su.

Aksuna Güzelliğiyle ilgi çeken.

Akşan **1.** Temizliğe olan düşkünlüğüyle tanınan. **2.** Temiz ve dürüst bir ada sahip olan.

Akşen Neşeli.

Akşin Beyaza yakın olan.

Aktaç Gelinlik tacı.

Akten Teni beyaz olan.

Aktolun **1.** Beyaz dolunay. **2.** Parlak ay.

Akülke Aydınlık ülke, mutlu ülke.

Akün **1.** Dürüst kişiliğiyle tanınan. **2.** İyi kişi.

Akyar Beyaz tenli sevgili.

Akyaz Güzel yaz.

Akyıldız Çoban yıldızı, uğurlu, kutlu yıldız.

Ala **1.** Karışık renkli, alaca. **2.** Açık kestane renginde olan. **3.** Kekliğin boynundaki siyah halka. **4.** Alabalığın kısaltılmış hali.

Âlâ *Ar.* **1.** İyi, pek iyi. **2.** Yüce.

Alabegüm Renkli bir kişiliğe sahip olan kadın hükümdar.

Aladal Çok renkli genç.

Alafer Karışık renkli ışık.

Alagöz Açık kestane renginde gözü olan.

Alagül Çok renkli gül.

Alagülen Yüzünden gülümsemesi eksi olmayan.

Alagüler Her şeye gülmekten kendini alamayan.

Alagün Renkli gün.

Alagüz Sonbaharın özelliklerini yansıtan.

Alakuş Karışık renkleri olan kuş.

Alanay Ayın ışık saçtığı an.

Alanaz Çok nazlı.

Alanur Parıltılar saçan.

Alapınar Alaca pınar.

Alases Sesi çekici olan.

Alasevi Çok farklı bir aşk.

Alasoy Renkli bir soydan gelen.

Alasu İyi su, temiz su.

Alaşen Neşesi eksik olmayan, keyifli, şen şakrak.

Alaten **1.** Ten rengi kırmızıya dönük olan. **2.** Teni karışık renkte olan.

Alayar Renkli sevgili.

Albeni **1.** Çekicilik, güzellik. **2.** Gönül çelen, alımlı durum, cazibe.

Alcık Yanaklarının pembeliğiyle sevimli olan.

Alçiçek Kırmızı çiçek.

Alçin Albenisi olan, sevimli

Aldaş Yanakları kırmızı olan.

Aleda Nazlı, nazenin, kaprisli.

Alela Yanakları kırmızı, gözleri ela olan.

Algın **1.** Sevdalı, vurgun. **2.** Duyarlılığı ve zekâsı uyum içinde olan.

Algonca Kırmızı gülün goncası.

Algül **1.** Kırmızı gül **2.** Gül kırmızısı.

Algün Kırmızı gün.

Algüzar Becerikli, eli her işe yatkın olan kadın.

Alım **1.** Cazibe, gözü gönlü çeken güzellik. **2.** Kurum, çalım, gurur.

Alime *Ar.* Bilgili kadın.

Alipek Al renkli ipek.

Aliye *Ar.* **1.** Yüce, yüksek. **2.** Bir şeyin en yüksek katı.

Alkım Gökkuşağı, ebemkuşağı. Yagmurdan sonra gökyüzünde beliren yedi renkli yarım daire şeklindeki kuşak.

Alkız Kırmızı yanaklı kız.

Allı Al renkli, al renge bürünmüş.

Allıbahar Al rengine bürünmüş bahar çiçekleri.

AllıcanAl renkli yürekten dost.

Allıçicek Al renkli çiçek.

Allıgül **1.** Al renkli gül. **2.** Kırmızı gül.

Allıgün Günün al rengine dönüşmesi.

Allıgüz Al rengine bürünmüş sonbahar.

Allınaz Kırmızılar giyinen nazlı kız.

Allınur Al renkli ışık saçan.

Allısu Suyun kırmızı görünümü.

Allışan Kırmızılar giyinen.

Allışen Sıcak kanlı.

Allıtan Şafak vaktinin kızıllığı gibi güzel olan.

Allıten Al renkli bir tene sahip olan.

Almıla Almak.

Alsaç İsmin bilinsin, adın duyulsun.

Alsan Adı ve sanı, ünü bilinen.

Alsevda Yüreği sevgi dolu olan.

Alseven. Mutluluk duyan.

Alsevin Mutluluk duy

Alsoy Mutlu ve neşeli bir soydan gelen.

Alsu Al renkli su.

Alsuda Suya yansıyan ay ışığı.

Alsun Güzelliğini sunan.

Alşan Şanlı şöhretli, namlı.

Altaç Kırmızı taç.

Alten Al renkli tene sahip olan.

Altın Çok değerli insan anlamında kullanılır.

Altınbaşak Değerli kişi.

Altınbike Altın gibi değerli kadın.

Altındal Gelecek vaat eden genç.

Altınışık Çevresine güleryüzlü davranan, ışık saçan.

Altınışın Işıltılı, çekici.

Altıniz Değerli yol.

Altıntaç Değerli taç.

Altuna Kırmızı akan Tuna Irmağı.

Altunay **1.** Altın kadar değerli bir görünüme sahip olan ay. **2.** Etrafına parlaklık veren, ışıltılar saçan.

Amade *Far.* Hazır bir durumda bekleyen. Yapmaya hazır olmak.

Amber *Ar.* **1.** Güzel kokulu bazı maddelerin ortak adı. **2.** Amber balığından çıkarılan güzel kokulu, kül renginde bir madde.

Amine *Ar.* Yüreğinde korku olmayan

Amire *Ar.* **1.** Buyuran, emreden. 2. Bir işte emir verme yetkisinde olan.

Anar Anımsar, hatırlar.

Anber Güzel kokulu, kül rengi madde.

Andaç Anılar, hatıralar.

Anka *Ar.* Masallarda adı geçen ve gerçekte var olmayan büyük bir kuş, zümrüdüanka.

Apak Bembeyaz, çok ak, çok temiz.

Arcan Candan, namuslu dost.

Arda Evde kalmış kız (Samsun).

Ardal Uyumlu çevresine saygılı olan.

Arefe *Ar.* Herhangi bir zamandan, bir önceki zaman, önceki gün.

Argana Akıllı, bilgili.

Argül Gençliğini ve güzelliğini korumasını bilen, kendine özen gösteren.

Argüzar Becerikli ve güzel kadın.

Arıca Temizce.

Arıç Huzur, rahatlık.

Arıel Temiz, dürüst çalışan, hilesiz.

Arın Temizlen.

Arıpınar Temiz pınar.

Arısu Temiz su.

Arife *Ar.* **1.** Bilgili, akıllı kadın. **2.** Bayramdan bir önceki gün.

Armine *İbr.* **1.** Emine. **2.** Korkusuz, cesur.

Armoni *Fr.* **1.** Ses uyumu. Türlü sesler arasında sağlanan ve kulağa hoş gelen uyum, ahenk. **2.** Konusu, birlikte çıkan sesleri uyuşturmak olan müzik dizgesi. **3.** Şiirde dizeyi, düzyazıda cümleyi oluşturan sözcüklerin sıralanışından, birbirleriyle bağlantısından doğan ve kulağa hoş gelen sessel düzen.

Arnisa Namusuna düşkün.

Arsal Namusuyla övünen.

Arsay Saygın, değerli kadın.

Arsel Hareketli kadın.

Arser Göz önünde olan.

Arsoy Namusuna düşkün bir soydan gelen.

Arsu Su kadar berrak.

Arsun Yüreğindeki temizliği yansıtan.

Artaç Arkadaş, meslektaş, dost.

Artanç İnce ruhlu, duyarlı, sanatkar.

Arziye *Ar.* Toprakla ilgili, topraktan yetişen.

Arzu *Far.* **1.** İstek, dilek. **2.** Heves.

Arzucan Her şeyi candan isteyen.

Arzucuk Çok sevilen.

Arzuela Güzel gözlü.

Arzufer Güzelliğiyle cevresine ışık saçan.

Arzugül İstenilen, beğenilen gül.

Arzugülen Sürekli tebessüm etmesi temenni edilen.

Arzugüzar Yetenekleri ile her işin üstesinden gelmeye çabalayan.

Arzuhan İsteklerine boyun eğmeyen.

Arzula İste, heves et.

Arzum İsteğim, dileğim, hevesim.

Arzunaz İsteklerini işveyle ifade eden.

Arzunur İyimserliğini dışa vuran.

Arzusal Kendini kanıtlamaya çabalayan, uğraşan.

Arzusel **1.** Coşkulu istek. **2.** İsteklerine gem vuramamak.

Arzusoy Çevresinde olup bitenlere ilgisiz kalmayan, duyarlı bir soydan gelen.

Arzusu Davranışlarını samimi bir şekilde ifade etmekten kaçınmayan, içten.

Arzuyar İsteklerini engellemeyen sevgili.

Asalbike Güzelliğiyle örnekler davranışlar sergileyen gerçek hanım.

Asalet *Ar.* **1.** Soyluluk. **2.** Bir görevi yüklenmiş olan, o görevin sahibi olan kimse.

Asena Mitolojiye göre bir dişi bozkurttan doğan, yağmurlara ve rüzgârlara hükmeden Göktürkler'in ilk hakanı.

Asfer *Ar.* Solgun yüzlü.

Asime *Ar.* İffetli, günahtan, haramdan çekinen.

Asiye *Ar.* **1.** Kederli, acılı. **2.** Dini inanışlara göre Hz. Musa'yı Nil Nehri'nden çıkararak büyütüp yetiştiren Firavun'un karısının adı. **3.** Sütun, direk kolon.

Âsiye *Ar.* **1.** Sütun, direk, kolon. **2.** Kederli, hüzünlü kadın. **3.** İsyancı kadın. **4.** Dini inanışlara göre Hz. Musa'yı Nil'den çıkararak büyütüp yetiştiren Firavun'un zevcesinin adı.

Aslı *Ar.* **1.** Temelli, köklü. **2.** Bir şeyin orijinali.

Aslıcan Özü, can gibi sevgili.

Aslıcık Kendine benzeyen, sevimli.

Aslıdaş Birbirine benzeyen.

Aslıgül Geçmişi gül kadar güzel olan.

Aslıgülen Güleryüzlü bir aileden gelen.

Aslıgüz Hüzünlü hali sonbahara benzeyen.

Aslıgüzar Doğuştan yetenekli, becerikli olan.

Aslıhan Han soyundan gelen.

Aslıkan Geçmişini kendi iradesinde barındıran.

Aslım Özü geçmişe ait.

Aslınaz Nazlı olması geçmişinden gelen.

Aslınur Nur saçan bir geçmişi olan.

Aslısay Çok saygın bir aileden gelen.

Aslısel İçi içine sığmayan, coşkulu.

Aslısoy Övünülecek bir geçmişe sahip olan.

Aslısu Geçmişi su kadar berrak ve temiz olan.

Aslısun Geçmişi gözler önüne seren.

Aslışah Kudreti geçmişinden gelen.

Aslışan Şanı, şöhreti geçmişinden gelen.

Aslışen Durmaksızın tebessüm eden.

Aslıtan Tan vakti kadar etkileyici ve romantik olan.

Aslıten Ağır başlı olan.

Aslıyar Gerçek sevgili.

Asliye *Ar.* Asılla, temelle ilgili olan.

Aslıyel Gönül dostu.

Asma 1. Dalları çardak üzerine yayılan bitkilere genel olarak verilen ad. **2.** Belirli bir türde üzüm veren bitki.

Asu 1. Afacan. **2.** İsyan eden. **3.** Ehlileşmeyen huysuz at.

Asucan Yerinde duramayan, hınzır çocuk, yaramaz.

Asudal Genç afacan.

Asudaş Benzer düşünceye sahip olan.

Asude *Far.* Keder ve sıkıntıdan uzak, içi rahat, huzurlu ve dinç olan.

Âsude *Far.* Rahat, gailesiz, dinç olan.

Asuela Elâ gözlü, yaramaz.

Asufer Delifişek, ışık saçan.

Asugül Hırçın gül.

Asugün Hırçın gün.

Asugüz Sert geçen sonbahar.

Asugüzar Hırçın yapılı olan.

Asuhan Çevresine sert davranan, gücünü hırçın görünümüyle kanıtlayan.

Asuman *Far.* Gökyüzü, gök, sema.

Asunaz Nazlı yaramaz.

Asunur Hırçınlığını dışarı vuran.

Asusoy Hırçınlığı soyundan gelen.

Asutan Şafak vaktinin romantik hırçınlığı.

Asuten Kızgınlığını belli eden.

Asuyar Hırçın sevgili.

Asuyel Sert rüzgar.

Asya Yerkürenin doğu bölümünün yaklaşık yarısını kaplayan kıtanın adı.

Aşikâne *Far.* Belli etmeye çabalayan.

Aşikâr *Far.* Meydanda olan, apaçık.

Aşikâre *Far.* Açıkça, belli ederek, saklamadan.

Aşina *Ar.* Bildik, tanıdık.

Aşkım Sevdiğim, sevgilim.

Aşkınay Dolunay, ayın on dördü, bedir.

Atıfa *Ar.* İlişkili bulma.

Atıfe *Ar.* Karşılık beklemeden sevmek, iyilik.

Âtıfe/Âtıfet *Ar.* Karşılık beklemeden gösterilen sevgi, iyilik seerlik.

Atıfet *Ar.* **1.** İyimserlik. **2.** Sevgi, acıma, içtenlik.

Atike *Ar.* Güzel kız.

Atiye *Ar.* Başkaldıran, isyan eden, isyankâr.

Atiyye *Ar.* Bahşiş, hediye.

Atkın Çapkın kız. (Niğde)

Atlas Yüzü parlak ve sık dokunmuş bir tür ipekli kumaş.

Atüfet *Ar.* Şefkat, merhamet, lütuf.

Avniye *Ar.* Yardımcı.

Avunç Teselli bulma, avunmak.

Ayaça Sevgili hanım, sevgili kibar hanım.

Ayal *Ar.* Eş, hanım, zevce.

Ayaltın Altın gibi parlak ay.

Ayan *Ar.* Sözü dinlenen, saygın, otoriter kadın.

Ayanfer Bir yerin çok gözde olan kişileri, ileri gelenleri.

Ayas Ay kadar güzel.

Ayasun Ay kadar güzel.

Ayaşan Ünü, şanı ve başarısı sürekli olarak yükselen.

Ayataç Eski Türkler'de, gökyüzünün ikinci katında oturduğuna inanılan Ay Tanrıçası.

Aybahar Ay kadar güzel, bahar kadar romantik.

Ayben Ben ayım, ay kadar güzelim.

Aybeniz Ay gibi parlak tenli, ay benizli.

Aybike Ay kadar güzel, kocası olmayan ve çocuksuz kadın.

Aybirgen Ay veren, ay sunan.

Aybüke Ay gibi güzel.

Ayca Ayın ilk dördünde aldığı yay biçimi, hilal.

Aycan **1.** Ay gibi sevilen, aydınlık can. **2.** İçi dışı ay gibi parlak ve aydınlık olan.

Aycadır Ay gibidir.

Ayça **1.** Beyaz tenli kadın. **2.** Ayın ilk günlerde aldığı yay biçimi, hilal.

Ayçağ Ay gibi parlak çağ.

Ayçan Ay gibi aydınlık kişi.

Ayçe Ay kadar güzel olan.

Ayçıl Ay gibi güzel.

Ayçiçek **1.** İri ve sarı renkli çiçekleri olan, tohumlarından yağ çıkartılan bitki. **2.** Ay gibi saf ve çiçek gibi masum.

Ayçil "Ayçıl" isminin bir başka söyleniş biçimi.

Ayda **1.** Dere kıyılarında yetişen bir bitki. **2.** Parmakları, beli, endamı, ince güzel kız ve kadınlar benzetme olarak da söylenir.

Aydacan Candan, sevecen, güzel.

Aydafer Ay ışığını yansıtan.

Aydagül Ay gibi saf, gül kadar masum olan.

Aydagün Gece ile gündüzü birleştiren.

Aydagür Coşkulu kişi.

Aydan Aya ilişkin, aydan bir parça, aydan olan.

Aydanay Ay'dan daha beyaz, daha parlak, daha ışıldayan.

Aydanaz Nazlı güzel, nazenin.

Aydanur Işık saçan ay.

Aydasoy Ay kadar güzel bir soydan gelen.

Aydasu Güzelliği ve saflığı yüreğinde taşıyan.

Aydasun Güzelliğin ve saflığın örneği olan.

Aydaşan Güzelliğiyle ünlenmiş olan.

Aydaşen Güzel ve de şen şakrak olan.

Aydeniz Ay gibi ışıldayan, parlak ve beyaz deniz.

Aydenk Ay kadar güzel.

Aydınay Işıklı ve parlak ay.

Aydil **1.** Güzelliğini diliyle yansıtan.

2. Kendisi gibi dil de güzel ve tatlı olan.

Aydilek Aydınlık dileyen.

Aydinç Ay gibi dinç olan.

Aydoğan Ay gibi doğan ve ay gibi parlayan.

Aydüz 1. Ay kadar pürüzsüz ve düz olan. 2. Temiz, beyaz.

Ayeda Nazlı güzel.

Ayela Güzelliği gözlerine yansıyan.

Ayfer *Far.* Ay ışığı.

Aygen Gönül arkadaşı, gönül dostu olan kimse.

Aygönül Güzel gönüllü.

Aygücan Güzel ve yürekten kişi.

Aygül Ay gibi ışıklı, gül gibi güzel.

Aygülen Tebessümünü yüzünden hiç eksik etmeyen.

Aygüler Tebessümünü yüzünden hiç eksik etmeyen.

Aygünaz Nazlı güzel.

Aygüner Ay gibi güzel ve korkusuz olan.

Aygünur Işık saçan güzel.

Aygüsoy Yürekli insanların soyundan gelen.

Aygüsu Güzelliği ve saflığı karakterinde olan.

Aygüzar Güzelliğini ve yeteneğini birleştirmiş olan.

Aygüzel Ay kadar güzel olan.

Ayhanım Ay kadar güzel ve saygıdeğer olan.

Ayhatun Ay kadar güzel ve saygıdeğer olan.

Ayışığı Işık saçan güzel.

Aykaş Kaşları ay gibi hilal olan.

Aykız Ay kadar güzel olan kız.

Ayla 1. Ayın ve kimi yıldızların dolayındaki ışık çevresi. 2. Bazı kutsal kişilerin başı üzerinde gösterilen ışık çevresi. 3. Eş, zevce, kadın.

Aylan Ay gibi güzel değerlere sahip olan.

Aylin Aydan gelen ışık.

Aynaz Nazlı güzel.

Aynıfer Gözün ışığı.

Aynigar Resmedilecek kadar güzel olan.

Aynisa Çok güzel kadın.

Aynur Ay ışığı.

Ayperi Ay ve peri gibi çok güzel.

Ayral Müstesna olan, kuraldışı. Ayrı tutulmuş olan.

Aysal Ay gibi olan güzelliğiyle nam salmış.olan.

Aysan Ay kadar güzel bir üne sahip olan.

Aysel Bol ışıklı, ayın en çok ışığının olduğu zaman.

Aysema Ay gibi parıldayan yüz.

Aysen Ay gibi güzel.

Ayser Ay gibi aydınlık kafalı olan.

Ayseren Güzelliğini gözler önüne seren.

Aysev 1. Ay gibi güzel sevgili. 2. "Aydınlığı, güzeli sev" anlamında bir dilek.

Ayseven Ayı ve ay gibi güzellikleri seven.

Aysever Ay gibi güzel ve aydınlık sever.

Aysevil Ay gibi sevilen.

Aysevim Ay kadar şevimli olan.

Aysıl Ay'a benzeyen.

Aysın Güzellikte üzerine olmayan.

Aysoy Çok güzel bir soydan gelen.

Aysu Ay gibi parıltılı, bir soydan gelen.

Aysuda Güzelliği suya yansımış olan.

Aysun Ay gibi ışıltılı ve güzel.

Aysuna Endamlı ve ay kadar güzel olan kadın.

Aysunar Güzellik timsali.

Aysunay Ay gibi ışık saçar.

Ayşan Güzelliğiyle ünlenmiş olan.

Ayşe *Ar.* **1.** Huzurlu ve mutlu yaşayan. **2.** Anadolu'da çok kullanılan ve asıl şekli Aişe olan bir addır. Yaşam, erinç.

Ayşecan Sevgiyle yaşayan.

Ayşegül **1.** Güller içinde, mutlu yaşayan. **2.** Güler yüzlü, gül renkli, canlı ve güzel olan.

Ayşehan Egemen olarak yaşayan.

Ayşen Neşeli, gülen, aydınlık.

Ayşenur Nur gibi parlak, pırıl pırıl ve ay kadar güzel olan.

Ayşıl Ay gibi ışıklı, ışık saçan.

Ayşın Parlak ve ışık saçan ay.

Ayşil "Ayşıl" isminin bir başka söyleniş biçimi.

Ayşim "Ayşin" isminin bir başka söyleniş biçimi.

Ayşin Parlak, ışık saçan ay.

Ayşirin Güzelliği ve sevimliliği benliğinde olan.

Aytaç Hilal biçiminde ve üzeri elmaslarla, incilerle bezenmiş hükümdar tacı.

Aytan **1.** Ayın battığı, günün açtığı an. **2.** Güneş doğmadan önce ufukta beliren aydınlığın ay gibi parlak olması.

Ayten Güzel bir tene sahip olan.

Aytolun Ayın bedir hali.

Aytop Ay'a benzeyen, ay kadar güzel olan.

Aytu Ay'a benzeyen tuğlu.

Aytuğ Aya benzeyen tuğ.

Aytun Ayın etrafında ve önünde gezen, süzülen çeşitli renklerdeki bulutların arkasından görünmesi.

Aytuna Tuna Nehri'nin üzerinde doğup, Tuna'nın sularıyla kıpırdayan ay.

Aytül Narin güzel.

Ayün Ay kadar güzel ve parlak bir üne sahip olan.

Ayverdi **1.** Verimli ay, bollok getiren ay. **2.** Ay için adanan, adak sonucu doğan çocuklara verilen ad. **3.** Dört büyük Çağatay kabilesinden birinin adı.

Ayyıldız Türk bayrağının simgesi.

Azade *Far.* Başıboş, serbest, özgür.

Azer Ateş, köz.

Azime **1.** Büyük, yüce. **2.** Kesin karar. **3.** İrade, gayret.

Azize *Far.* **1.** Saygın, sevgili, kutsal. **2.** Ermiş kadın. **3.** Sevgi hitabı.

Azra **1.** Üstünde hiç yürünmemiş kum. **2.** Yeni yetme, bakire kız. **3.** Delinmemiş inci. **4.** Meryem'e verilen adlardan biri. **5.** Medine şehrinin bir diğer adı.

Bacı 1. Büyük kız kardeş, abla. **2.** Tarikat şeyhlerinin karısı. **3.** Bir evde uzun zaman çalışmış yaşlı kadınlara verilen bir ünvan.

Bade *Far.* **1.** İçki, şarap. **2.** Aşk, kutsal sevgi.

Badegül *Far.* Gül renkli şarap.

Badiye *Ar.* Çöl, kır, çorak yer.

Bağdagül 1. "Bedagül" isminin bir başka söyleniş biçimi. **2.** Bağda yetişen yabani gül.

Bağdat Irak'ın başkenti.

Bağlan Birisini sev ve ona her zaman için sadık ol.

Bahar *Ar.* **1.** Güzellik. **2.** Sığırgözü, papatya. **3.** 22 Mart'la 21 Haziran arası. **4.** Atılmış pamuk. **5.** Karanfil, tarçın, karabiber gibi kokulu şeyler. 4. Gençlik çağı. **5.** Bu mevsimde ağaçlarda açan çiçekler ve yapraklar.

Baharcan Genç ve candan dost.

Bahargül Bahar gülü.

Bahariye *Far., Ar.* Divan edebiyatında bahar tasviriyle başlayan kaside.

Baharnaz Genç ve nazlı.

Baharnur 1. Gençliğini yansıtan. **2.** Bahar gibi taze, genç olan ve etrafına nur saçan.

Baharsu Genç ve saf olan.

Baharsun Gençliği ve saflığıyla örnek olan.

Bahire *Ar.* **1.** Işıklı, ışık saçan. **2.** Aşiyan, ayan beyan, apaçık olan. **3.** Üstün gelen, diğerlerini geçen.

Bahise *Ar.* Söz konusu edilen.

Bahriye *Ar.* Bir devletin deniz kuvvetleri ve örgütlerinin tümü.

Bahtıaçık İyi kadere ve şansa sahip olan.

Bahtıay Ay kadar güzel olması temenni edilen.

Bahtıcan Doğuştan yürekli, içten olan.

Bahtıela Güzel olmaya mecbur olan.

Bahtınaz Nazlı bir karaktere sahip olan.

Bahtınur *Ar.* Talihi, şansı, kaderi ile çevresine ışık saçan.

Bahtışen Neşeli, şanslı bir kadere sahip olan, talihi açık olan kimse.

Bakanay Apaçık görünen ay.

Bakinaz *Far., Ar.* Nazlılığı geçmişinden gelen.

Bakiye *Ar.* Arta kalan, kalıntı.

Bala Yavru, çocuk.

Balaca Ufacık, tefecik, küçücük, sevimli.

Balahanım Yavru hanım, küçük hanım, minnacık.

Balahun Osmanlı İmparatorluğu'nun kurucusu Osman Gazi'in ikinci karısının adı.

Balca Bal gibi tatlı, şeker kız.

Balcan 1. Çok şeker, candan dost. **2.** Bal gibi tatlı, sevimli, şirin çocuk.

Baldan Özü bal gibi tatlı olan.

Balı Parıltı, ışıltı.

Balım 1. Tatlım, güzelim. **2.** Bektaşilik tarikatına düzen veren, bazı ayinler çıkaran ve evlilik kurumuna karşı olan Bektaşi.

Balın Yar, sevgili, âşık olunan.

Balkı **1.** Güzel, süslü, parlak. **2.** Ağrı, sancı. **3.** Şimşek, yıldırım.

Balkın Güzelliğiyle parıldayan.

Balkır **1.** Parıltı. **2.** Şimşek.

Balkız **1.** Sevimliliği ve güzelliğiyle bilinen, öyle tanınan. **2.** Şeker gibi, bal gibi tatlı olan güzel kız.

Ballı Şanslı ve sevimli.

Balnur Güzelliği ve sevimliliğiyle ışık saçan.

Balsarı Bal gibi tatlı ve sarı olan.

Balsu Sevimli ve saf olan.

Balşeker Tatlılar tatlısı bir güzelliği olan.

Banu *Far.* **1.** Hatun, hanım, kadın. **2.** Yeni evli gelin. **3.** Şarap ve gülsuyu gibi şeylerin şişesi.

Banuhan Hatun hükümdar.

Barçın Dallı, çiçekli bir tür ipekli kumaş, diba.

Barın **1.** Güçlü, yaşayan. **2.** Erk, kuvvet, enerji.

Baria *Ar.* İdeal güzellikte ve mükemmellikte olan.

Barkın Gezgin, turist.

Barika *Ar.* Şimşek, yıldırım.

Basıra *Ar.* Görme yetisi.

Basire *Far.* **1.** Ekin. **2.** Kültür.

Basiret *Ar.* **1.** Sezgili **2.** Uzak görüşlü, kavrayışlı, anlayışlı, feraset sahibi.

Basriye *Ar.* Görme yetisi ile ilgili.

Başak Ekinlerin tanelerini taşıyan baş kısmı. **2.** Gökküresinde Aslan ile Terazi arasında bulunan burcun adı.

Başay Ayın yuvarlak hali.

Bayan Kadın, hatun, hanım.

Baybunuç Papatya. (Diyarbakır)

Beder Kumaş süsleme.

Bedia *Ar.* **1.** Güzellik değeri bakımından üstün olan, çok çok güzel. **2.** Beğenilen ve takdir edilen pek yeni şey.

Bedihe *Ar.* Güzel söz.

Bedirnisa *Ar.* Dolunay kadar güzel olan kadınlar.

Bedis Görünen, açık ve aşikâr olan.

Bediz Belli ve aşikâr olan.

Bedreka *Far.* Yol gösteren, kılavuz, önder.

Bedriye *Ar.* **1.** Ayın on dördü, dolunay. **2.** İçi altın dolu kese.

Begim "Begüm" isminin bir başka söyleniş biçim.

Begüm *Far.* **1.** Kadın hükümdar. **2.** Saygıdeğer kadın, hanımefendi. **3.** Hindistan'da, Hindli prenslerin analarına, kız kardeşlerine veya dullarına verilen şeref ünvanı.

Behice *Ar.* Şen, güzel , güleryüzlü kadın.

Behin *Far.* **1.** İyinin, iyisi. **2.** En iyi, çok iyi.

Behire *Ar.* **1.** Şişmanlık dolayısıyla yürürken soluyan kadın. **2.** Hayır ve iyilik seven, soyu temiz kadın.

Behiye *Ar.* Güzel, alımlı kadın.

Behnane *Ar.* Yüzünden tebessümü eksik olmayan kadın.

Behra *Far.* Onun için, ondan dolayı.

Bekem **1.** Metanetli, dayanıklı, sabır gücü olan kimse. **2.** Kırmızı boya ağacı.

Beken Dayanıklı, güçlü, kuvvetli.

Belen İki dağ arasındaki geçit.

Beler Beleyen, bulayan, bulaştıran.

Belgi 1. Bir şeyi, benzerlerinden ayıran özellik. **2.** Duyuş, düşünüş ve inançtaki ayrı özellik.

Belgin Tam ve kesin olarak belirlenmiş olan, apaçık.

Belgün Açık, aydınlık gün.

Beliha *Ar.* Arkası büyük, geniş olan kadın

Belik 1. Saç örgüsü. **2.** Zirve, doruk, şahika.

Belin 1. Korku ile şaşkın şaşkın bakmak. **2.** Belirti, ipucu.

Belir 1. Düzgün, güzel açık söz söyleyen. **2.** Yeterli, tam, açık.

Beliz İşaret, alamet.

Belkıs *Ar.* Efsaneye göre, Hz. Süleyman zamanındaki Saba melikesinin adı.

Belma *Far.* **1.** Uysal, sakin. **2.** Su içmek, yudumlamak.

Benam *Far.* **1.** Tanınmış, ünlü olan. **2.** Şan, şöhret sahibi.

Benan *Far.* **1.** "Benam" isminin bir başka söyleniş biçimi. **2.** Parmaklar, parmak uçları.

Benay Ben ayım, ay gibi.

Bencan İçten, samimi ve candan insan.

Benefşe *Far.* **1.** Menekşe. **2.** Mor renk.

Benek Çok güzel lekeler.

Bengi Sonu olmayan, ebedi.

Bengin Ölümsüz olan, sonsuz olan.

Bengisan Öldükten sonra adı sanı unutulmayan kimse.

Bengisu İçenlere sonsuz hayat verdiği efsanelerde söylenen su, âb-ı hayat suyu.

Bengü "Bengi" isminin bir başka söyleniş biçimi.

Bengücan Sonsuza kadar dost olan, dost kalan.

Bengühan Yaptığı iyi ve hayırlı işler, bıraktığı eserler toplumda kazandığı sevgi ve saygı dolaayısıyla ölümsüzleşen kadın hükümdar.

Bengül 1. Gül gibi. **2.** Üzerinde benekler olan gül.

Benian Her zaman anılan, aranılan.

Benice Ebedi, sonsuz ve sürekli olan.

Benli Küçük, güzel, sevimli, beni olan.

Benligül Güle benzer beni olan.

Bennur Işık saçan

Benşen Şen şakrak bir kişiliği olan. İnsanların içinde en neşelisi, etrafını kâhkâhalara boğan kimse.

Berat Birine madalya ya da herhangi bir ayrıcalık verildiğini bildiren belge.

Berca *Far.* Uygun, yerinde, tam.

Berceste *Far.* Güzel, seçkin, beğenilen.

Berfin *Far.* Kardan, kar ile ilgili.

Bergûzar *Far.* **1.** Anılmak üzere verilmiş armağan. **2.** Küçük hediye, yadigâr.

Berhayat *Far., Ar.* Yaşayan, hayatta olan.

Beria *Ar.* Güzel ve olgun oluşuyla akranlarında üstün olan sevgili.

Beril Altıgen şeklinde, şeffaf, sarı, pembe, gök mavisi çeşitleri olan ve mücevher olarak kullanılan maden cevheri.

Beriye *Ar.* Kurtulmuş.

Berka *Ar.* Kuzey Afrika'da bir şehir.

Berkiye *Ar.* Keskin, parlak ışık.

Berksu Güçlü ve iyi yetiştirilmiş olan.

Bermal *Far.* Dağ tepesi, doruk, zirve.

Berrak *Ar.* Duru, temiz, aydınlık, açık.

Berran Keskin, kesen, kesici.

Berrin *Far.* En yüksek, en yüce.

Bersun Karın ilk yağışı.

Berşe Tamamı.

Besalet *Ar.* Yiğitlik, yararlılık.

Besime *Ar.* Sevimli, güler yüzlü.

Beste *Far.* **1.** Bir müzik eserini oluşturan ezgilerin bütünü. **2.** Leke, benek. (Niğde, Kona, İçel, Antalya) **3.** Bir çeşit tatlı.

Bestegül Gül kadar güzel ve duygulu.

Bestenigâr *Far.* Türk müziğinde bir makam adı.

Beşgül Bir dalda açan beş gül.

Beşire *Ar.* **1.** Müjde veren. **2.** Güleryüzlü, güleç.

Betigül **1.** Gül yüzlü. **2.** Gül gibi kokan mektup.

Betil "Betül" isminin bir başka söyleniş biçimi.

Betûl *Ar.* **1.** Erkeklerder çekinen namuslu kadın. **2.** Hz. Muhammed'in kızı Fâtımal–ûz-Zehrâ ile Hz. Meryem'in lâkabları. 3. Ayrı kök salan fidan.

Betülay Ay gibi bakir olan.

Betülcan Namuslu, içten kişi.

Beyaz **1.** Ak renkte olan. **2.** Saf ve temiz olan.

Beyhan *Ar.* Sır saklamayan, daima aklındakini ve kalbindekini söyleyen, boşboğaz.

Beyhatun Bir bey gibi saygın olan kadın.

Beylem *Ar.* Açılmamış pamuk kozası.

Beyza *Ar.* Daha ak, çok beyaz.

Beyzi Yumurta biçiminde olan.

Bezek **1.** Süs, ziynet. **2.** Bir eseri süslemeye yarayan motiflerin her biri.

Bezen Süslen.

Bibi Babanın kız kardeşi, hala.

Bidar *Far.* Uyanık, kurnaz.

Bigâne *Far.* **1.** İlgisiz, kayıtsız. **2.** Yabancı.

Bige Evlenmemiş, çocuk doğurmamış olan.

Bigül Gülmesi temenni edilen.

Bigüm "Begüm" isminin bir başka söyleniş biçimi.

Bigüzar Çok becerikli.

Bihan *Far.* İyiliksever.

Bihin *Far.* İyinin, iyisi.

Bihter *Far.* Daha, en, pek iyi.

Bike "Bige" isminin bir başka söyleniş biçimi.

Bikem **1.** Kadın, hanım. **2.** Evlenmemiş kadın.

Bilek Kadınların giydiği bir çeşit gömlek. (Diyarbakır)

Bilay Bilinen ay.

Bilcan Bilgili dost.

Bilge 1. Çok bilgili kimse.**2.** Bilgisini kendisi ve başkaları için en yararlı şekilde kullanan kimse.

Bilgehan Göktürk İmparatorlarından birinin adı.

Bilgen Bilgili, bilmeye ve cevap vermeye alışkın kimse.

Bilger Bilgi sahibi olan kimse.

Bilgican Bilgili dost.

Bilginaz Nazlı, bilgili.

Bilginur Bilginin, bilimin ışığı.

Bilgiser Bilgisini gözler önüne seren.

Bilgisoy Çok bilgili bir soydan gelen.

Bilgisu Su gibi çok bilgisi olan.

Bilgisun Bilgisinden faydalanılan.

Bilgücan Bilgili dost.

Bilgül Çok bilgili ve güzel.

Bilgün Günün kıymetini bilen, onu değerlendiren.

Bilgünay Bilgili ve aynı zamanda ay kadar güzel olan kimse.

Bilgünaz Nazlı, bilgili.

Bilgünur Bilge kişi.

Bilgüz Bilinen sonbahar.

Bilgüzar Bilgili, becerikli.

Bilgüsu Çok aydın düşünceleri olan.

Bilgüşah Bilgili, güçlü.

Bilgüşan Bilgili olmasıyla ünlenmiş.

Bilgüşen Şen şakrak, kalender.

Bilgüten Teni çok güzel olan.

Bilgüyar Çok bilgili sevgili.

Bilhan 1. Bilgili han. **2.** Türk Memluk Devleti'nin en büyük sultanlarından.

Billur *Ar.* **1.** Duru, temiz, pırıl pırıl şeffaf taş. **2.** Kesme cam, kristal. **3.** Temiz, pırıl pırıl insan.

Bilnaz Çok naz eden.

Bilnur Bilge kişi.

Bilsen Bilgili olan, bilimle uğraşan.

Bilsev Bilimi, bilgiyi seven, araştıran.

Bilsu Saflık ve bilgi timsali.

Bilşan Bilgililiğiyle ünlenmiş olan.

Bilşen Şakacı kız.

Bilten Bilgili olduğu bilinen.

Bilyar Bilgili sevgili.

Binay Öylesine güzel ki, bin tane ay eder.

Binbahar Baharın güzelliğinden çok daha fazla güzel.

Bincan Eşi bulunmaz dost, en iyi arkadaş.

Bindal Her yanından gençlik fışkıran.

Binfer Her yöne ışık saçan.

Bingül Çok güzel, bin gülün güzelliğine sahip olan.

Bingülen 1. Herkesten daha fazla gülen. **2.** Gülümseyen.

Bingün Bin gün anlamında çok güneşli ve aydınlık gün.

Bingüz Sonbaharın güzelliğinden çok daha güzel olan.

Bingüzar Herkesten çok daha fazla becerikli.

Binhan Binlerin hükümdarı.

Binışık Çok fazla aydınlık, ışık saçan.

Biniz 1. Çok yakın ve gideceği yeri olan. **2.** Birbirine çok benzeyen iz.

Binnaz Nazlı, cilveli, kaprisli.

Binnur Binlerce ışık saçan.

Binsel Gereğinden fazla coşkulu.

Binsen Çokluğu temsil eden.

Binser Güzelliğini defalarca sergileyen.

Binsev Herkese sevgi gösteren.

Binsu Herkesten daha temiz, daha berrak.

Binsun Güzelliğini defalarca sunan.

Binşah Herkesin lideri.

Binşan Her konuda şan ve şöhret sahibi olmuş.

Binyar Herkesin sevgilisi.

Binzet Güzel, kişilikli, saygın.

Biray Eşi ve benzeri görülmemiş güzellikte olan.

Birben Tek olan.

Bircan Herkes tarafından sevilen, canayakın ve dost kimse.

Birce Biricik, bir tane. Eşi ve benzeri olmayan.

Birçek Kakül, zülüf.

Birçiçek Eşi benzeri bulunmaz güzellikte olan.

Birdal Ailede soyu devam ettirecek tek kişi.

Birdil Çok büyük ikna yeteneğine sahip olan.

Birece 1. Ecelerin içinde emsali bulunmayan tek kadın. **2.** Üstün niteliklere sahip olan kadın veya kız.

Bireda Naz yapmakta üstüne olmayan.

Birela Ela gözlerinin güzelliği diğer fiziksel güzellikleriyle bütünleşmiş olan.

Biricik Kireç ve çamuran yapılan tahıl ambarı. (Yozgat)

Birfer Karanlıktaki tek ışık.

Birge 1. Biraraya getiren, birleştiren. **2.** Kuma, ortak. (Zonguldak, Konya)

Birgen Yalnız yaşamayı seven.

Birgi Ödemiş'te bir belde.

Birgül Tek ve güzel bir gül. **2.** Gülüşü ile benzersiz olan.

Birgün Günün biri.

Birgüz Eşsiz sonbahar.

Birgüzar Çok becerikli.

Biricik Eşi, benzeri, ikincisi olmayan ve çok sevilen, tek, yegane.

Birim 1. Bir tanem. **2.** Bir kümenin her elemanı veya bir çokluğu oluşturan varlıkların her biri. **3.** Örnek seçilen.

Birnaz Az nazlı. **2.** Nazıyla ünlenen.

Birnigar Eşsiz güzellikte, resim gibi.

Birnur Nur saçan.

Birsal Eşsizliğiyle tanınan.

Birsay Saygı gösterilmesi gereken kişi.

Birsel Bire dönük, birle ilgili.

Birsen Sadece ve tek sen.

Birser Eşsiz güzelliğini sergileyen.

Birseren Eşsiz güzelliğini gözler önüne seren.

Birses Eşsiz güzellikte sese sahip olan.

Birsev Tek sevgili.

Birseven Tek kişiyi seven.

Birsever Sevilen, her şeyi paylaşabilen.

Birsin Biriciksin, teksin, eşin benzerin yok.

Birsu "Bir içim su" denilebilecek kadar güzel olan.

Birşan Şan ve şöhret açısından herkesten daha üstün olan.

Birşen Şen şakrak.

Birtane **1.** Biricik ve eşsiz olan. **2.** Çok sevilen.

Birtek Eşi, benzeri bulunmayan.

Birten Çok güzel bir tene sahip olan.

Birtür Eşsiz, biricik ve yegâne olan.

Biryar Tek sevilen.

Boncuk **1.** Çeşitli malzemeden yapılan yuvarlak ve parlak süs taşı. **2.** Sevimli.

Bozçin Dişi geyik.

Börülce Sebze olarak yararlanılan fasulyeye benzer bir bitki ve bunun göbeği koyu renkli tohumu.

Bucan En içten dost.

Bueda Nazlılığıyla bilinen.

Bugül İşte güzelliğin ta kendisi anlamında.

Bugün **1.** Doğuşu ile o güne özel bir anlam kazandıran. **2.** İçinde bulunduğumuz gün, zaman, çağ.

Buğday Ekmek yapılan ekin tanesi.

Buğu **1.** Bir cisim üzerinde ince tabaka durumunda yoğunlaşmış sıvı. **2.** Mahzun güzel.

Buket *Fr.* Çiçek demeti.

Bukle **1.** Saç lülesi. **2.** Küçük lüle biçimindeki saç kıvrımı.

Bulca Renk cümbüşü, alacalı, bulacalı olan.

Bunaz Nazlılığıyla bilinen.

Bunur Çevresine ışık saçan.

Burcu Güzel koku, ıtır.

Burcum Güzel kokulum.

Burcucan Güzel kokan, samimi ve içten kimse.

Burçak Baklagillerden yem olarak kullanılan ve mercimeği andıran bir bitki.

Burçin **1.** Dişi geyik. (Van) **2.** Güzel gözlü, sevimli ahu, ceylan, maral.

Buse **1.** Öpücük. **2.** Sevgilinin yanağına kondurulan ve değerli olan öpücük.

Buşra *Ar.* Müjde, sevinçli haber.

Büge **1.** Bent, su bendi. **2.** Önüne set çekilmiş, durdurulmuş.

Büke **1.** Bilgili, akıllı, zeki. **2.** Gelin.

Bükem Bilgili, akıllı ve zekice davranışları olan.

Büklüm Bükülmüş, kıvrılmış şeylerin oluşturduğu kat.

Bürçin "Burçin" isminin bir başka söyleniş biçimi.

Bürge Canlı, yerinde oturmayan, taşkın, coşkun.

Bürran *Far.* Keskin olan.

Bürümcük Ham ipekten dokunmuş ince bez.

Büşra *Ar.* **1.** Mutluluk getiren haber. **2.** Müjde.

Büyüm **1.** Büyüleyici, büyülü güzel. **2.** Mal, mülk varlık.

C

Cahide *Ar.* Çalışıp çabalayan.

Caize *Ar.* **1.** Eskiden ozanların kaside ile övdükleri büyükler tarafından kendilerine verilen armağan. **2.** Uygun, yerinde, yakışık alan. **3.** Yol yiyeceği.

Canal Cana bağlı, cana yakın.

Canan 1. Gönül verilen, âşık olunan, beğenilen. Sevgili. **2.** Tasavvufta Tanrı.

Canaş Sevgili, dost.

Canay Ay gibi temiz, pak, saf, içten.

Candan Gönülden, içten, yürekten.

Candaş Çok yakın dost.

Candeğer Kıymetli, değer verilen.

Caneda İşveli, samimi kişi.

Canela Gözlerinin güzelliğinden içtenliği okunan.

Canesin 1. Gönülden, içten olan. **2.** Ruhlara ilhamlar veren özü, sözü, hareketleri içten olan kimse.

Caney 1. Hey can. **2.** Cana yakın.

Canfeda Uğrunda can verilebilecek olan.

Canfer İçtenliğiyle çevresini aydınlatan.

Canfeza 1. Alaturka müzikte birleşik bir makam. **2.** Can artıran, gönüle ferahlık veren, cana can katan, **3.** Ayın 23. Günü.

Canfidan Taze, yeni, genç.

Cangil 1. Canlardan olan. **2.** İçten insan.

Cangül Gül gibi canlı, güzel.

Cangün İnsanı canlandıran, yüzünü güldüren, içine huzur veren gün.

Cangür İradesi güçlü, çabası çok ve verimli.

Cangüzar 1. Cana dokunan. **2.** Becerikliliğiyle herkese yardım eden.

Canik Gözüpek, korkusuz.

Canipek 1. Yumuşak huylu. **2.** İnce, yufka yürekli, rakik.

Cankat Hayata neşe ve renk katan, insana huzur ve mutluluk veren.

Cankız Cana yakın, güleryüzlü, güzel ve sevimli kız.

Cankut Uğurlu kumse.

Cannur Işıklı, ışık saçan, içten kişi.

Canöz İçten, samimi ve candan kimse.

Canözen Yaşamına özen ve saygı gösteren kimse.

Canözlem Hasret çekilen kimse.

Canperver *Far.* **1.** İnsanda coşku uyandıran. **2.** Ruhu besleyen, iç açan, gönül açan kimse.

Cansel Hayat veren su.

Cansen Can veren, hayat veren.

Canses Sesi ses veren.

Cansev İçten ve yürekten seven.

Cansever Çok içten seven, samimi olarak birine bağlanan kimse.

Cansevin Çok içten ve samimi olarak sevinen, neşelenen.

Cansipar *Far.* Canını feda eden.

Cansoy Soyu, ataları candan kişiler olan.

Cansu Can suyu, yaşam veren su.

Cansun 1. İçtenliği ve sevecenliği başkalarına da aşılamaya çabalayan. **2.** Şifa veren, güç ve can veren.

Cansunar **1.** İçtenliği ve sevecenliği başkalarına da aşılamaya çabalayan. **2.** Kutsal bir amaç uğruna canını veren.

Canyar Yürekten sevilen.

Canyel Rüzgar kadar hızlı olan.

Cavidan *Far.* Sürekli, kalıcı, sonsuz.

Cavide Daima kalacak olan, sonrasız, ebedi.

Cazibe *Ar.* Alım, alımlılık, çekicilik, albeni.

Cebriye *Ar.* Yazgı, kader.

Celile *Ar.* Ulu, büyük.

Cemile *Ar.* Hoşa gitmek için yaranma.

Cemre *Ar.* **1.** Ateş halinde kömür. **2.** Şubat ayında birer hafta arayla önce havada, sonra suda ve daha sonra da toprakta oluştuğu var sanılan ısı yükselişi.

Cennet *Ar.* **1.** Dini inanışlara göre, iyilik yapanların, günahsızların öldükten sonra sonsuz bir mutluluğa kavuşacakları yer. **2.** Çok güzel yer.

Ceren Ceylan.

Ceride *Ar.* **1.** Gazete. **2.** Kayıt, bilgi.

Cesime *Ar.* Büyük, iri, kocaman.

Cevriye *Ar.* Eziyetli, sıkıntılı.

Cevza *Ar.* **1.** İkizler burcu. **2.** Yıldız.

Ceyda *Ar.* **1.** İyi, hayırlı, işe yarayan, faydalı insan. **2.** Uzun boyunlu ve güzel.

Ceydacan Güzel ve yürekten dost.

Ceydagül Güzel, bir gül kadar güzel.

Ceydahan **1.** Güzel. **2.** Güzel ve otoriter.

Ceydanaz Nazlı güzel.

Ceydanur Işık saçan güzel.

Ceydasu Güzelliğiyle bütünleşen temizliği ve saflığı olan.

Ceydaşan Güzelliğiyle şöhret olan.

Ceylan **1.** Gözlerinin güzelliği ile ünlü zarif, ince bacaklı bir memeli. **2.** Süzgün ve tatlı bakışlı. **3.** Yapısı ince ve uyumlu olan.

Cezire *Ar.* Denizdeki ada.

Cıvıl Hareketli, sesli, kaynaşan.

Cıvıltı Kuşların ötüşürken çıkarttıkları ses.

Cihanay Dünyanın en güzeli.

Cihanbanu Dünyaca tanınan hatun, kadın.

Cihancan Dünyanın en iyi dostu.

Cihanfer Dünyayı aydınlatan ışık.

Cihangül Güllerle bezenmiş dünya.

Cihannaz Dünyanın en nazlısı.

Cihannur Dünyayı aydınlatan ışık.

Cihansu Dünyanın suyu.

Cilve *Ar.* Hoşa gitmek için yapılan davranış, kırıtma, naz.

Cilvekâr *Ar., Far.* Cilveli olan, kırıtan, nazlı.

Cilveli Cilve yapan.

Cilvenaz Nazlı, işveli.

Cinan *Ar.* Cennetler.

Cinas *Ar.* Çok anlamı olan bir kelimeye farklı konuda farklı anlam yükleme işi.

Cirim *Ar.* Hacim, oylum.

Coşkusu **1.** Duyguca olağanüstü bir değişim içinde bulunan. **2.** Coşku uyandıran, coşku veren.

Çaba Bir işi yapmak, başarmak için sürekli olarak harcanan güç.

Ç

Çabam Bir işi yapmak için sarfedilen kişisel gayret.

Çağcıl Güncel, yenilikleri benimseyen, onlara uyan. Modern.

Çağla Badem, kayısı, erik gibi yemişlerin yenebilen ham durumu.

Çağlak Gürül gürül akan şelale.

Çağlasın Gürül gürül aksın.

Çağlayan Bir akarsuyun yüksek olmayan bir yerden çağıltıyla köpürerek döküldüğü yer.

Çağnur Çağına ışık saçan.

Çağrım Yüksek bir sesin ulaşabileceği uzaklık.

Çalıkuşu Serçegillerden, çalılık yerleri seven ötücü bir kuş.

Çavlan Çaylan.

Çekimli Alımlı olan, albenili.

Çelen **1.** Evin saçağı. **2.** Tepelerde kar tutmayan kuytu yer.

Çelenk **1.** Çiçek dal ve yapraklarla yapılmış halka. **2.** Kadınların başlarına taktıkları mücevher veya madenden yapılmış sorguç.

Çelgin **1.** Yaralı av hayvanı. **2.** Güzel, masum.

Çeltik *Far.* Kabuğu ayıklanmamış pirinç.

Çemen Maydanozgillerden bir bitki ve bunun tohumu.

Çeşman Gözler.

Çeşmiahu *Far.* Çok güzel gözlü.

Çeşmibadem *Far.* Badem gözlü.

Çeşminaz *Far.* **1.** Nazlı bakan. **2.** Güzel gözlü.

Çetme Ham karpuz, kelek.

Çevren Gökyüzünün yerle birleştiği yer, ufuk, göz erimi.

Çevrim **1.** Bir şeyin düzenli bir biçimde ve sürekli olarak uğradığı değişmeler takımı. **2.** Üzerinden bir elektrik akımı geçmikte olan yolun bütünü.

Çeyiz Gelin için hazırlanan eşyalar.

Çıdam Sabır, direniş.

Çıldam Çabuk, acele.

Çığ **1.** Dağın bir yerinden koparak yuvarlanan ve yuvarlandıkça büyüyen kar yığını. **2.** Oğlak ve kuzuları koymak için kamış ya da tahtadan yapılmış ağıl. **3.** Süt kazanının üzerini kapatmak için kamıştan yapılmış örtü. **4.** Kağnıdan saman dvökülmemesi için tahtadan yapılmış cilt. **5.** Çadırlarda kamıştan yapılmış bölme, paravana. **6.** Pencere kafesi.

Çığıl Suyun akarken çıkardığı ses.

Çınay *Far.* **1.** Ayın en parlak zamanı. **2.** Saklı ay.

Çıra *Mac.* Macar halk müziği, çingene müziği.

Çırnaz Zayıf, ince yapılı, nayif.

Çıvgın Rüzgarlı havada yağan karla karışık yağmur.

Çiçek **1.** Bir bitkinin üreme bölümünü taşıyan çoğu güzel kokulu, renkli bölümü. **2.** Çiçek açan kır veya bahçe bitkisi.

Çiçekhatun Fatih Sultan Mehmet'in karısı ve Cem Sultan'ın annesi.

Çiğdem Zambakgillerden, çeşitli renklerde çiçekler açan, bir kır bitkisi.

Çil **1.** Çoğunlukla yüzde oluşan kahverengi küçük benekler. **2.** Yeni ve parlak.

Çile *Far.* **1.** Zahmet, sıkıntı. **2.** Her türlü iplik kangalı.

Çilek 1. Pembe, kırmızı renkte meyvesi olan bir bitki. **2.** Çok tatlı, sevecen.

Çilem 1. Ahenkli sesiyle bülbül gibi şakıyan. **2.** Sıkıntı, eziyet.

Çilen Hafif yağan yağmur, çisenti.

Çilenti Hafif yağmur, serpinti.

Çiler Şarkı söyleyen, şakıyan, öten.

Çilhanım Çilli hanımefendi.

Çim Bahçelerin yeşillendirilmesinde kullanılan bir bitki.

Çimen Kendiliğinden yetişen, küçük yeşil bitki.

Çise İnce ince yağan yağmur.

Çisem İnceden inceye yağan yağmur.

Çisen Toz gibi yağan yağmur.

Çisil İnce ince yağan yağmur.

Çitlembik 1. Düz kabuklu, kayına benzeyen bir çeşit ağaç ve bu ağacın mercimek büyüklüğünde, fıstık tadında meyvesi. **2.** Ufak tefek, esmer ve sevimli kız, kadın.

Çobanyıldızı 1. Venüs gezegeni. **2.** Venüs kadar güzel.

Çokay 1. Çok olan. **2.** Birden fazla ayın aydınlığı ve güzelliği.

Çolpan Venüs kadar güzel.

Çoray Ruhi, ruhtan gelen, ruhsal, ruhi ferahlık.

Çorpan Çoban yıldızı, zühre.

Çulpan 1. Güneş'e Merkür'den sonra en yakın olan gezegen, venüs **2.** Çobanyıldızı, zühre.

D

Daime *Ar.* Sürekli, devamlı, kalıcı, müdavim.

Dal 1. Ağacın gövdesinden çıkıp ayrılan kollardan, uzantılardan herbiri. **2.** Yalın, çıplak, açık, derin.

Dalga 1. Deniz, göl, ırmak gibi geniş su yüzeylerinde genellikle rüzgarın, depremin, yeğin akıntının etkisiyle oluşan çalkantı. **2.** Hareketli su kütlesi. **3.** Saçların dalga dalga oluşu. **4.** Bir sıcaklık ve soğuğun, bir modanın ansızın bastırıp yerleştiği dönem.

Dalım 1. Tutunacak güç, dayanacak yer anlamında. **2.** Ağacın dalı.

Dalince Dal gibi zarif ve ince.

Dalfidan Dal gibi ince ve fidan gibi uzun olan.

Dalya Yıldız çiçeği, can çiçeği.

Damla 1. Yuvarlak biçimde, çok küçük miktarda su. **2.** Damlalıkla kullanılan ilaç. **3.** Kalbe inen inme, felç. **4.** Çok az.

Damlam 1. Damla kadar küçük. **2.** Güzel, bereketli olan.

Daye *Far.* **1.** Süt nine, süt anne, dadı. **2.** Çocuk yetiştiren.

Dayehatun Çok emek vermiş, dadı.

Define *Ar.* Gömülü duran değerli şeyler.

Defne *Yun.* Yaprakları güzel kokulu, kış ve yaz yeşil kalan bir ağaç.

Değerli Değeri yüksek olan, kıymetli.

Dehan *Far.* Ağız.

Delfin *Far.* Bir tür yunus balığı.

Delistan İçinde çok çeşitli çiçek bulunan bahçe.

Demet *Yun.* **1.** Bağlanarak oluşturulmuş deste. **2.** Bitki ya da çiçek destesi.

Demgüzar *Far.* Ömür süren, zaman geçiren.

Denli **1.** Kadar anlamında üstünlük derecesi belirtir. **2.** Sözlerinde ve davranışlarında her zaman uygunluk arayan, ölçülü, ince düşünceli.

Derem *Far.* Para, akçe.

Deren **1.** Hasat zamanı. **2.** Derleyip, toparlayan.

Derim Çadır.

Deryanur Bilgisiyle ışık saçan.

Deste *Far.* **1.** Bağlam, demet. **2.** Çok.

Destecan Herkese içtenlikle bağlanan.

Destegür Çok gür.

Desteğüz Sonbahar hayranı.

Destenaz Hayranlık uyandıracak kadar zarif bir nazı olan.

Destenur Işık demeti.

Devin **1.** Hareket et. **2.** Durum ve yer değiştir.

Devinsu Suyun ritmik hareketleri, akarsu.

Devrin Bir kişi veya olayın gündemde olduğu tarih dönemi.

Dıraz Genç kız. (Kangal ve köyleri)

Diba *Far.* **1.** Altın ve gümüş işlemeli bir tür ipek kumaş. **2.** Yumuşak cilt, sevgilinin yüzü.

Dibace *Ar.* **1.** Başlangıç, önsöz. **2.** Bir kitabın süslenmiş olan ilk sayfaları.

Dicle **1.** Ulu ırmak. **2.** Doğu Anadolu'dan doğup, Basra Körfezi'ne akan ırmak.

Diclehan Dicle nehrinin yöresinde yaşayanları buyruğu altına alan.

Diclehatun Ulu kadın.

Didar *Far.* **1.** Güzel yüz. **2.** Görme, görünüş. **3.** Cennet'te Tanrı'nın manevi görünüşü.

Dide *Far.* Göz, gözbebeği.

Didem *Far.* Gözüm gibi baktığım, sevdiğim, gözüm, sevgilim.

Dikmen Koni biçimli tepe.

Dila *Far.* Gönlümü çalan.

Dilan Kadınlı erkekli oynanan halay.

Dilârâ *Far.* **1.** Gönül alan, gönül kapan, gönül dinlendiren. **2.** Bugün elde örneği olmayan eski Türk mürekkep makamlarından biri. **3.** Her söze karışan. (Ankara)

Dilaram Kalbe huzur veren.

Dilasa *Far.* Gönül avutan.

Dilasude *Far.* Gönlü rahat, huzurlu.

Dilaşup *Far.* Gönül çalan.

Dilay *Far.* Gönüllere ışık saçan, aydınlatan.

Dilbahar Konuşmasının güzelliğiyle insanın gönlünü ferahlatan.

Dilbant *Far.* Gönül çalan.

Dilbaz *Far.* **1.** Gönül eğlendiren, neşeli, civelek. **2.** Güzel söz söyleyen, konuşkan. **3.** Konuşmasıyla kandıran.

Dilbeder Mükemmel, noksansız.

Dilbent Tercüman.

Dilber *Far.* **1.** Gönlü yakan, güzel. **2.** Alımlı, güzel kadın.

Dilbeste *Far.* Gönlünü bağlamış, âşık olmuş.

Dilbu *Far.* Gönül kokusu.

Dilcan 1. İçi dışı bir olan. **2.** Geveze.

Dilce Gönlü dilinde olan.

Dilcu *Far.* Gönlü çeken.

Dildade *Far.* Gönlünü kaptırmış, gönül vermiş.

Dildar *Far.* Gönül almış, sevilen, sevgili.

Dildaş Aynı konuları paylaşanlar.

Dileda Konuşmaya nazlanan.

Dilefruz *Far.* Gönül aydınlatan, ferahlatan.

Dilege Hatiplik yeteneği olan kişi.

Dilek İstenen, arzulanan, beklenen, talep, rica.

Dilela Gözü gönlü bir olan.

Dilem *Far.* Gönüllere deva olan şey.

Dilem İkilem, iki seçenekli durum, iki tane.

Dilemma *Yun.* İkilem.

Diler İsteyen, dilekte bulunan.

Dilfer Diliyle herkesin gönlünü ferahlatan.

Dilferah *Far.* Gönlü geniş, sevinçli.

Dilfeza Feza gibi sonsuz, geniş yürekli.

Dilfigâr *Far.* Aşk acısıyla gönlü yaralı olan.

Dilfiruz Gönlü rahatlatan.

Dilge Güzel konuşan kişi.

Dilgiz Güzel. (Kız için)

Dilgüdaz Gönle eziyet veren.

Dilgüzar Herkesin derdine derman bulan.

Dilhan *Far.* İçten ve yürekten konuşan.

Dilhayat Yüreğinin sesini dinleyen.

Dilhıraş *Far.* Yürek parçalayıcı.

Dilhun Yüreği kan ağlayan, gönlü yaralı.

Dilhuş *Far.* İçi rahat, gönlü hoş.

Diligüzar Durmaksızın beceriklili- ğini öven.

Dilinaz Konuşmaya nazlanan.

Dilinigar Resmeden.

Dilinisa Çok konuşan kadınlar.

Dilinur Konuşmasıyla gönüllere ferahlık veren.

Dilisu Temiz konuşan.

Dilişan Hatipliğiyle şan şöhret sahibi olmuş.

Dilişen Şek şakrak konuşmalar yapan.

Dilküşa *Far.* İç açıcı, gönül açıcı, yüreği ferahlandıran.

Dilmen Birden fazla dil bilen kimse.

Dilnaz Nazlı ve işveli bir eda ile konuşan.

Dilnigâr *Far.* Gönülde resim edilen sevgili.

Dilnişin *Far.* Gönülde yerleşen, oturan.

Dilnur Konuşmasıyla gönülleri ferahlatan.

Dilnüvaz *Far.* Gönül okşayıcı.

Dilriş *Far.* Gönlü yaralı.

Dilruba/Dilrüba *Far.* Gönül kapan, gönül alan.

Dilsafa *Far.* Gönlü şen şakrak olan.

Dilser Hatiplik yeteneğin sergileyen.

Dilseren Hatiplik yeteneğini gözler önüne seren.

Dilsever Konuşmayı seven.

Dilsitan *Far.* Kendine bağlayan, hayran eden.

Dilsoy Hatiplik yeteneği gelişmiş bir soydan gelen.

Dilsu Gönlü su gibi berrak olan.

Dilsuz *Far.* Gönül yakan.

Dilşah *Far.* **1.** Gönüllerin şahı, sultan. **2.** Otoriter.

Dilşan Hatiplik yeteneğiyle şan şöhret sahibi olmuş.

Dilşat *Far.* Gönlü rahat, sevinçli.

Dilşen *Far.* Sevinçle dolu gönül taşıyan.

Dilşikaf *Far.* Çok acıklı, yürek parçalayıcı.

Dilşikâr *Far.* Gönül avcısı, gönül avlayan.

Dilten Vücut diliyle konuşan.

Dilyar Konuşkan sevgili.

Dilşikeste *Far.* Gönlü kırık.

Dimağ *Ar.* Akıl, beyin.

Dinçay **1.** Ayın en parlak, en net görülebilen hali. **2.** Aydınlık, ilerici kişi.

Diniz Dingin, sakin.

DirahşendeIşıldayan, parıldayan, ışıklı, nurlu.

Diranşan *Ar.* Parlak, parıldayan.

Dirik **1.** Diri, canlı. **2.** Acar.

Diril Canlan, neşelen ve harekete geç.

Dirim **1.** Yaşam, hayat. **2.** Yaşama gücü.

Dirisu Temiz, faydalı, duru su gibi olan.

Dirlik **1.** Yaşayış, hayat, varlık, sağlık, geçim. **2.** Huzur.

Dirvana Güvercin büyüklüğünde gri renkli göçmen bir kuş.(Zigana)

Dize Koşuğun herbir satırına verilen ad.

Doğa Âşık kemiğinin üst ve düz olan yanı.

Doğanay Yeni doğan ayın ilk günlerdeki hilal şekli.

Doğannur Işık saçan.

Doğay Ayın yeni doğuş hali.

Domurcuk Yeni kabarmaya ve şişmeye başlamış çiçek goncası.

Döndü **1.** Gittiği yerden geri gelen. (Isparta, Tokat, Erzincan) **2.** Henüz evlenmemiş kız.

Döne İadei ziyaret.

Dönem Belirli bir tarihsel niteliği olan zaman birimi.

Dönüş Dönmek işi veya biçimi.

Dudu **1.** Başa bağlanan yemeni. **2.** Çocuk dilinde su. **3.** Hanım. (Edirne, Şumnu, Bulgaristan) **4.** Abla. (Giresun) **5.** Küçük kardeş. **6.** Kdının dişilik organı. (Taşköprü) **7.** Rehin. (Çal)

Duducan Hanımefendiliğinde samimi olan.

Dudugül Güzelliği ve saygınlığı taşıyabilen.

Duduhan Sözü geçen kadın.

Duhan *Ar.* **1.** Duman. **2.** Tütün.

Duhter *Far.* Kız, kız çocuk, kerime.

Durcan Ömrün uzun olsun, canlı kal.

Durgunsu "Yeter" ismi gibi son çocuk olması arzusuyla verilen isimlerden biridir.

Dursune **1.** Varlığını sürdüren, kalan. **2.** Hareketsiz ve kımıltısız kalan. **3.** Bekleyen, dikilen. **4.** Sona eren, işlemeyen, çalışmayan. **5.** Yaşayan.

Duru **1.** Hediye, bahşiş. (Zonguldak) **2.** Suyu çok, koyu olmayan. (Burdur, Denizli)

Durubılla Güzel kız. (Acıpayam)

Durugül Gül gibi temiz, güzel.

Durugün Berrak gün.

Durugür Sağı, solu belli olmayan.

Durugüz Sessiz geçen sonbahar.

Durukadın Sessiz ve temiz kadın.

Durunaz Naz yapmak istemeyen.

Durunur Sakinliğiyle gönüllere ışık saçan.

Durusel Temiz akan su, akarsu.

Durusev Sessiz, temiz ve sevilen kadın.

Duruseven Kendisi gibi olanı seven.

Durusu Arı, temiz, berrak sular gibi olan.

Duruşan Şöhretine rağmen sessiz, sakin bir hayat süren.

Durutan Tan vaktinin sessizliğini yaşayan.

Duruten Çok temiz, pürüzsüz bir cilde sahip olan.

Duruyar Sessiz, sakin sevgili.

Duşize *Far.* El değmemiş kız, bakire.

Duyal Hassas, hisli, çabuk duygulanan.

Duygu **1.** His. **2.** Duyularla algılama. **3.** Belirli nesne, olay ya da kişilerin, bireyin iç dünyasında uyandırdığı izlenim. **4.** Ahlak, estetik, töre, güzellik gibi şeyleri değerlendirme, onlara bağlanma yeteneği. **5.** İyi ya da kötü eğilim. **6.** Kolayca etkilenme eğilimi.

Duygucan Yüreği çok duygulu olan.

Duygucuk Sevimli, kendi halinde olan, sevecen.

Duygudaş Duyguları başkasıyla aynı olan.

Duygun Duygulu, hassas, hisli kişi.

Duygugül Duygulu ve gül gibi güzel.

Duygugün Doğduğunda duygulu anlar yaşatan ve de gül gibi bir güzelliğe sahip olan.

Duygugür Duygularını coşkuyla ifade eden.

Duygugüz Duygularında sonbahar hüznünü yaşayan.

Duygun Duygulu, duyarlı, hassas.

Duygunaz Duygularını ifade etmekte nazlanan.

Duygunisa Duygulu, hassas kadın.

Duygunur Duygularıyla herkesi aydınlatan.

Duygusal **1.** Çevresine duygu saçan. **2.** Çok duygusal olan kimse.

Duygusan Duygusallığıyla tanınan.

Duygusay Herkese karşı saygılı olan.

Duygusel Coşkun duygulara sahip olan.

Duyguser Duygularını rahatlıkla herkese ifade edebilen.

Duygusev Duygulu olanı sev.

Duyguseven Kendi gibi duygulu olanı seven.

Duygusoy Çok duygulu bir soydan gelen.

Duygusu Temiz duygulara sahip olan.

Duygusun Duygularını yansıtan.

Duyguşan Duygularının saflığıyla tanınan.

Duyguşen Şen şakrak hisleri olan.

Duygutan Tan vakti gibi hüzünlü duygulara sahip olan.

Duyguyar Duygulu sevgili.

Duysal Duyguları iyi yorumlayabilen.

Duysun İşitilsin, bilinsin, şöhretli olsun.

Duyu Hissetme, algılama.

Duyuş İşitme, hissetme, bilinme.

Dürdane *Ar.* **1.** İnci tanesi. **2.** Çok değerli, sevgili, kıymetli.

Dürefşan *Ar.* İnci gibi sözleri olan.

Düriye *Ar.* İnci gibi ışıldayan, parlak.

Dürnev *Ar.* **1.** İnci. **2.** İnci tanesi.

Dürre *Ar.* İnci tanesi.

Dürriye İnci gibi parlayan, parlak, parıltılı.

Düş **1.** Hayal, rüya, güzel rüya. **2.** Gerçekleşmesi istenen şey, umut.

Düşşel Hayal gibi olan.

Düşüm Hayalimdeki, düşlediğim.

Düşünsel Düşünce ile ilgili.

E

Ebru *Far.* **1.** Kaş. **2.** Bulut rengi. **3.** Bir tür kağıt boyama ve süsleme sanatı.

Ebrul 5 Nisan'da esen fırtına. (Elmalı, Eldirek, Fethiye)

Ece **1.** Kraliçe. **2.** Arkadaş, samimi arkadaş. (Eğridir) **3.** Güzel kadın. (Sivas) **4.** Seslenme ünlemi.

Eceaypar Ay parçası gibi parlayarak geceleri ışıklandıran ve gözleri kamaştıran güzel ece.

Eceaytan Gece ışık kaynağı olan ay kadar güzel ece.

Ececan **1.** Kraliçelik eden. **2.** Ana gibi cana yakın.

Ecegül Gül kadar güzel olan kraliçe.

Ecegün Çok güzel bir günde doğan.

Ecehan Kraliçe hükümdarlığı.

Ecem **1.** Kraliçem. **2.** Kadınım.

Ecenaz Nazlı güzel.

Ecenur Güzelliğiyle göz kamaştıran.

Ecesay Güzelliğiyle çevresinde saygı uyandıran.

Ecesel Coşkulu bir güzelliğe sahip olan.

Eceser Güzelliği gözler önünde olan.

Eceseren Güzelliğini gizlemeden yaşayan.

Ecesoy Saygın ve çok güzel bir soydan gelen.

Ecesu Su gibi berrak ve çok güzel.

Ecesun Güzelliğini sunan, gösteren.

Eceşan Güzelliğiyle şöhretlenmiş olan.

Eceşen Neşeli, şen şekrak ve güzel.

Ecetan Tan vakti kadar güzel.

Eceten Çok güzel bir tene sahip olan.

Eceyar Çok güzel sevgili.

Eda *Far.* **1.** Davranış, tavır. **2.** Naz, işve. **3.** Verme, ödeme. **4.** Kılma, yerine getirme. **5.** Üslup, tarz, anlatım biçimi.

Edaay Ay gibi güzel ve nazlı.

Edacan Nazlı, ama içten olan kimse.

Edacık Nazlılığıyla sevilen.

Edadil İşveli dilli olan.

Edagöz Gözlerinden nazı ve işvesi okunan.

Edagül Gül gibi güzel ve nazlı.

Edagün Nazlı gün, nazenin.

Edagüz Nazlı sonbahar.

Edagüzar Becerilerini göstermekte nazlanan.

Edalı Nazlı, işveli.

Edalıay Nazlı bir ay gibi.

Edalıcan İçtenliğinde nazlanan.

Edalıgöz İşveli göz.

Edalıgül Nazlı bir gül gibi.

Edalınaz Naz yapar gibi.

Edalınur Işık saçmak, nazlanır gibi olan.

Edalıses Nazlı ses.

Edanaz Nazlı, havalı, nazenin.

Edanur Işık saçan nazlı güzel.

Edasal İşvesiyle tanınan.

Edasay Nazlı hanımefendi.

Edasel Nazlı, coşkulu.

Edases Nazlı ve işveli bir sese sahip olan.

Edaseven Kendisi gibi nazlı olanı seven.

Edasever Kendisi gibi nazlı olanı sever.

Edasoy Nazlı bir soydan gelen.

Edasu Nazlanan.

Edasun Nazlandığını belli eden.

Edaşan Nazlılığıyla şan, şöhret sahibi olmuş.

Edaşen Neşeli, ama nazlı.

Edayar Nazlı sevgili.

Edayel Nazlı nazlı esen rüzgar.

Edayüz Nazlılığı yüzünden okunan.

Eder Kıymet, değer.

Edibe *Ar.* **1.** Edepli, terbiyeli, nazik. **2.** Edebiyatla ilgilenen.

Edis Ululuğa ermiş olan.

Ediz Değeri yüksek, kıymetli, benzerlerinden üstün olan.

Edviye "Adviye" isminin bir başka söyleniş biçimi.

Efil Rüzgar, dalgalanma.

Efnan *Ar.* Çeşitler.

Efsane *Far.* **1.** Eski çağlardan beri söylenegelen, olağanüstü varlıkları, olayları konu edinen hayali hikâye. **2.** Gerçeğe dayanmayan, asılsız söz, hikâye.

Efser *Far.* Taç, başlık.

Efsun *Far.* Büyü, sihir.

Efşan *Far.* Saçan, serpen, dağıtan.

Efşar *Far.* Sıkılma, özü çıkarılma.

Efşure *Far.* Özsu.

Efza *Far.* Artıran, çoğaltan.

Egegül Ege'nin gülü.

Egenaz Ege'nin nazlı kızı.

Egenur Ege'nin aydınlığı.

Egesel Ege gibi coşkulu olan.

Egesoy Egeli soyundan gelen.

Eğin Sırt, arka, güvenilen.

Ekmel En eksiksiz, en mükemmel, en olgun.

Ela Gözde sarıya çalan kestane rengi.

Elaay Güzel gözlü ve ay gibi parıldayan.

Elacan Ela gözlü içten kimse.

Elacık Küçük ela gözleri olan.

Elafer Ela renkli ışık saçan.

Elagöz Ela gözlü güzel.

Elagül Güzel gözlü ve zarif görünümlü.

Elagüz Mahsun sonbahar.

Elagüzar Ela gözlü, becerikli güzel.

Elaldı **1.** El-aldı. **2.** Başkasına kaptırılan.

Elanaz Ela gözlü nazlı güzel.

Elanigar Gözleri elalı resim.

Elanisa Ela gözlü kadınlar.

Elanur Ela gözleriyle nur saçan.

Elasel Gözlerinin güzelliğiyle coşkulu olan.

Elaser Gözlerinin güzelliğini sergileyen.

Elasev Ela gözlü sev.

Elasever Kendi gibi güzel gözlüleri seven.

Elasoy Güzel gözleri olan bir soydan gelen.

Elasu Ela gözlerinden temizlik akan.

Elasun Gözlerinin güzelliğini sunan.

Elaşan Gözlerinin güzelliğiyle şöhret olmuş.

Elaşen Gözlerinin güzelliğiyle şöhret olmuş.

Elatan Gözlerinde tan vaktinin güzelliğini yansıtan.

Elaten Ten rengi güzel olan.

Elayar Ela gözlü güzel sevgili.

Elayüz Çok güzel yüz.

Elbin Bin tane el, birlik.

Elbir El birliği, güç birliği.

Elbirlik Beraberlik, dayanışma, el ele verme.

Elbiz Bizim yer, yöremiz.

Elçim Elçi olarak gönderilen.

Eldem Cana yakın, sevimli, sıcak kanlı.

Elgin Doğduğu yerlerden ayrı düşmüş olan, gurbette yaşayan yabancı.

Elif *Ar.* **1.** Arap alfabesinin ilk harfi. **2.** İnce uzun boylu zarif kız.

Elife *Ar.* Tutku, istek, alışılan şey.

Elik Dağ keçisi.

Elim *Ar.* **1.** Çok acıklı. **2.** Çok acı veren.

Elit *Erm.* **1.** Seçkin. **2.** Benzerleri arasında niteliklerinin yüksekliğiyle göze çarpan, üstün.

Eliz El izi.

Elmas *Yun.* Mücevher olarak kullanılan, saydam, değerli taş.

Elmasım **1.** Değer verme. **2.** Değer vererek seslenme durum.

Eltaf *Ar.* Çok latif, çok güzel.

Elvan Rengarenk, alacalı.

Elyak *Ar.* En layık olan, en çok yakışan.

Elzem *Ar.* Çok gerekli, en gerekli, vazgeçilmez.

Emel *Ar.* **1.** Gerçekleştirilmesi zamana bağlı istek. **2.** Arzu, özlem.

Emen 1. Bir şeyi yetiştirmek amacıyla dikmek için açılan çukur. **2.** Zahmetli iş.

Emet Mesafe, uzaklık, son.

Emeti 1. Bereket, bolluk. **2.** Hala.

Emine *Ar.* **1.** İnanılır, güvenilir. **2.** Şüphesi olmayan. **3.** Sakıncasız, emniyetli, tehlikesiz.

Emire *Ar.* Büyük bir ülkeden, soydan olan.

Emiş 1. Emmek işi veya biçimi. **2.**"Emine" isminin kısaca söyleniş biçimi.

Emniyet 1. Güvenlik. **2.** Güven, inanma, itimat.

Emoş "Emine" isminin kısaltılarak söylenmiş bir başka biçimi.

Emraz *Ar.* Hastalıkla ilgili.

Emriye *Ar.* Emirle, buyrukla ilgili.

Endam *Ar.* Vücut, beden, ten, boy bos.

Enfes *Ar.* Çok güzel, en güzel.

Engingül Her yanı gül gibi güzel ve bakımlı olan.

Enginay 1. Zengin ve bereketi bol ay. **2.** Ayın, denizin engin ufuklarında yavaş şavaş yükselmesi.

Enginaz Çok nazlı olan.

Enginiz Çok geniş ve büyük, açık denizde yol almak.

Enginsel İçindeki coşku heri yeri alabilecek kadar büyük olan.

Enginsu Açık deniz.

Enise Dost, arkadaş, yar, sevgili.

Erce Dişi köpek. (Nazimiye)

Erçil Doğru, inanılır, güvenilir kişi.

Erda *Ar.* Beyaz karınca.

Erdane Yabani şebboy.

Erdemay Ay gibi güzel ve ahlaklı kişi.

Erdenay Bakır ay.

Erem Gönüllü, istekli.

Erenay Tanrısal gizleri kavrama aşamasına varmış ve aynı zamanda ay kadar güzel olan.

Erendal Her zaman genç ve körpe kalacağına inanan.

Erendil Her şeyi bilip söyleyen.

Erendiz Güneş'e olan lakınlığı bakımından beşinci sırada bulunan dokuz uydulu, en büyük gezegen, Jüpiter.

Erengül 1. Ermişler gibi akıllı, çevresine huzur veren kimse. **2.** Gül gibi güzel.

Erengün Ermişliğe, dostluğa ulaşılan gün.

Erengüz Biten sonbahar.

Erennaz Naz yapmaya son veren, nazdan vazgeçen.

Erennur Evliya gibi ışık saçan.

Erensel Coşkulu bir akıllılığa sahip olan.

Erensen Ermiş olan, evliya.

Erenser Ermişliğini gösteren.

Erensu 1. Ermiş, akıllı. **2.** Dost insanın suyunda içmiş kişi.

Erenşan Olağanüstü sezgileriyle ünlenmiş olan.

Erentan Tan vaktinin çekimine kapılan.

Erenyar Ermiş sevgili.

Erenyüz Yüzü evliya gibi nurlu olan.

Erge Şımarık, nazlı.

Ergem Nazlım, civanım.

Ergi İyi bir şeye erişme hali.

Ergim Gerçekleşen emelim, kavuştuğum iyi ve güzel şey.

Erginay Olgun, yetişmiş ve ay kadar güzel olan.

Ergül Erler içinde seçkinleşen, erlerin gülü.

Ergülen Erler içinde seçkinleşen.

Erguvan *Far.* Eflatunla kırmızı arası renkte çiçekler açan güzel bir süs ağacı.

Eribe *Ar.* Akıllı, zeki, olgun, yetkin.

Erik Beyaz çiçekli bir ağaç ve bunun çeşitli renklerde ekşimsi veya tatlı sulu meyvesi.

Erinç **1.** Hiçbir eksiği ve hiçbir üzüntüsü olmama hali. **2.** Dirlik, rahat, huzur.

Eriş Tüm arzularını gerçekleştir, istediklerini el et temennisi.

Eriz Cömert, mertlik yolu.

Erke **1.** Enerji. **2.** İş başarma gücü, bir direnmeye yenme gücü. **3.** Nazlı.

Erkinay Başkasının baskısı ya da yasağı altında olmayan ve ay kadar güzel olan.

Erma *Ar.* Çok güzel, nazlı ve cilveli olan.

Ermiye *Ar.* Dolu yağmasına neden olan bulutlar.

Erna İşveli, cilveli, şen şakrak sevgili.

Ervin *Far.* **1.** Şeref, saygınlık. **2.** Barış. **3.** Veda.

Erzan *Far.* Bol, uygun, layık.

Esel Rüzgarlı diyar, rüzgar alan ülkeler.

Esen Sağlıklı, hastalıksız, vücutça hiçbir eksiği olmayan, sağlam, güçlü.

Esenay Ay'ın önünden geçen rüzgarlı bulutlar.

Esencan Sağlıklı ve içten olan.

Esencik Sağlıklı ve sevimli olan.

Esengil Esintili olan.

Esengöz Sağlıklı ve güzel göz.

Esengül **1.** Rüzgar gibi esen. **2.** Gül gibi güzel kokan.

Esengülen Rüzgar gibi gülen.

Esengün Rüzgarlı günde doğan.

Esengüz Rüzgarlı sonbahar.

Esenkal Sağlıklı olması temenni edilen.

Esenli Çok sağlıklı.

Esennaz Nazlı nazlı esen rüzgar.

Esennur Işık saçarak rüzgar gibi giden.

Esensal Sağlık saçan.

Esensel Rüzgar gibi coşkulu olan.

Esenses Rüzgar gibi esen.

Esensoy Sağlıklı bir soydan gelen.

Esensu Güzel su gibi berrak olan.

Esensun Sağlık temennisi sunan.

Esenyel Hafif esen rüzgar.

Esenyar Sağlıklı sevgili.

Esenyüz Sağlıklı oluşu yüzünden okunan.

Eser **1.** Zihin, kabiliyet ürünü meydana getirilen, değerli ya da önemli şey, yapıt. **2.** İz, işaret.

Eseray Ay'dan dan güzel yorumlanmış olan.

Esercan Yüreğinden geldiği gibi davranan.

Esercik Sevimliliği içten olan.

Eserdal Gençlik ateşiyle keyfine göre davranan.

Eserdil Keyifli sohbetleri olan.

Esergül Gül gibi canlı olan.

Esergün Keyifli gün.

Esergüz Keyifli sonbahar.

Eserkan Keyifli bir soydan gelen.

Esernaz Nazlı nazlı esen.

Esernur Işık saçarak esen.

Esersu Su gibi berrak ve yürekten olan.

Esersun Yapıtlarını sunan.

Eserşan Keyif düşkünü.

Esertan Tan vaktinin keyfi.

Eseryar Keyif veren sevgili.

Eseryel Esip geçen.

Esgin **1.** Rüzgarlı. **2.** Esen yel.

Esim Rüzgarlı gibi olan.

Eshar *Ar.* Seher, sabahın oluşu.

Esim Rüzgarın esişi.

Esin **1.** Sabah rüzgârı. **2.** İçe doğan şey, zihne doğar gibi birdenbire gelen güzel fikir, duygu, ilham.

Esinay Aydan etkilenen.

Esincan İçtenliğiyle başkalarına ilham veren.

Esincik Sevimli, duygulu.

Esingül İlham veren gül.

Esingün İlham veren gün.

Esingüz **1.** Güzelliğinden etkilenen. **2.** Romantik sonbaharı yaşayan.

Esinnaz Nazlı nazlı esen.

Esinnur İlham veren, ışık saçan.

Esinsel Coşkulu duygular içinde olan.

Esinses Sesiyle ilham veren.

Esinsoy Soyuyla ilham veren.

Esinsu Berraklığıyla ilham veren.

Esintan Tan vaktinden esinlenen.

Esintay Gençliğiyle herkesi kendine hayran bıraktıran.

Esintürk İlham veren Türk.

Esinyar İlham veren sevgili.

Esinyüz Yüzünün güzelliğiyle başkalarına ilham veren.

Esma *Ar.* **1.** İsimler, adlar. **2.** Çok yüksek olan. **3.** Büyük kazan. (Ezine)

Esmacan Adı can olan.

Esmagül Adı gül olan.

Esmahatun İsmiyle anılan kadın.

Esmanaz Adı naz.

Esmanigar Adı nigar.

Esmanisa Adı nisa.

Esmanur Adı nur.

Esmasu Adı su.

Esmaşan Adı şan.

Esmatan Adı tan.

Esmayar Adı yar.

Esme Esmek işi.

Esmer *Ar.* **1.** Teni ve saçları karaya çalan, koyu buğday renginde olan. **2.** Siyaha çalan buğday rengi.

Esmeray Ay'ın güzelliği esmerliğine yansıyan.

Esmercan Esmerliği ve içtenliğiyle çok sevilen.

Esmergül Eşi benzeri bulunmaz güzellikte olan.

Esmergüz Sonbahar akşamı.

Esmernaz Nazlı esmer.

Esmersev Esmerliğiyle sevilen.

Esmersu Berraklığı gecenin karanlığına karışmış olan.

Esna *Ar.* **1.** Bir işin yapıldığı an. **2.** Sıra sıra, vakit. **3.** Yüce, ulu.

Esra *Ar.* Çok çabuk, en çabuk, çok hızlı.

Eşay Ay'ın güzelliğiyle eşdeğer güzelliğe sahip olan.

Eşe **1.** Teyze. **2.** "Ayşe" isminin kısaltılmış bir biçimi.

Eşim Yoldaşım, hayat arkadaşım.

Eti Tarihte bir Anadolu devleti.

Etik *Fr.* **1.** Ahlak bilimi, töre bilimi. **2.** Ahlakla ilgili, ahlaki.

Etike **1.** Eğitmen. **2.** Yol gösterici.

Eva *Ar.* **1.** Havva. **2.** Yaratılan ilk kadın.

Evcan Evini seven, evcil.

Evcimen **1.** Evine, ailesine çok bağlı olan. **2.** Ev işlerini iyi bilen, becerikli kadın.

Evecen Hamarat, ev işlerini kısa sürede halledebilen.

Evin **1.** Bir şeyin içindeki öz. **2.** Buğday tanesinin olgunlaşmış içi, özü.

Evinç Evini seven, evine bağlı.

Evingül Evin gülü, evin güzeli.

Evnur Eve nur saçan.

Evra *Far.* Hisar.

Evran *Ar.* Talih, alınyazısı.

Evre Dönem, çağ.

Evşen Evine şenlik veren, şenlendiren.

Eygül İyi, gül gibi.

Eylem **1.** Bir değişiklik doğurabilen, etkileyici davranış. **2.** Yasadışı, siyasal ve toplumsal hareket. **3.** Belli bir amaç için ve belli bir yöntem kullanılarak yapılan iş. **4.** Bir kimsenin bir dış etkiyle olmayan, doğrudan doğruya kendisinin gerçekleştirdiği davranış. **5.** Bir yapıtta arka arkaya dizilmiş durumlar ve olaylar ile bunların oluşturduğu devingenlik.

Eylül **1.** Yılın dokuzuncu ayı. **2.** Hüzün ve hazan zamanı. Sonbahar.

Ezel *Ar.* Başlangıcı belli olmayan zaman, öncesizlik.

Ezgi **1.** Eziyet, sıkıntı. (Milas) **2.** Erzak. (Darende) **3.** Cilve, işve. (Balıkesir) **4.** İnceleyerek araştırma. **5.** Nağme, şarkı, seslerin melodisi. **6.** Kulağa hoş gelen ses veya söz dizisi. **7.** Gidiş, yol, tarz, tempo. **8.** Üzüntülü, sıkıntılı.

Ezgin **1.** Sesi düzenli gelen. **2.** Paraca durumu bozuk olan. **3.** Çok cefa görmüş, çok sıkıntı çekmiş kimse, ezilmiş olan.

Ezgü **1.** Bütünüyle dinlenildiği zaman akıl ve duyguyu tatmin edecek şekilde aralarında bağıntıları olan, çeşitli yükseklikteki sesler dizisi. **2.** Belli bir hava meydana getiren ses dizisi. **3.** Bir melodinin içinde belirli yerlerde tekrar edilen ses dizisi. **4.** Tarz, yol, biçim.

Ezo *Far.* Ezik, dirençli.

Ezrak *Ar.* **1.** Gök rengi. **2.** Saf temiz su. **3.** Mavi gözlü.

Fadıla *Ar.* Fazilet sahibi kadın.

Fadik Fatma adının halk arasında, edalı ve değişik bir şekilde söylenişi.

Fadile **1**. Erdemli, fazilet sahibi. **2**. Saygın kişi.

Fadime "Fatma" adının bir başka söyleniş biçimi.

Fahika *Ar.* Manevi yönden üstün olan, yüksek, yüce.

Fahiman *Ar.* **1**. Yüce kişi. **2**. İtibarı olan kişi.

Fahime *Ar.* Büyük, ulu, yüce.

Fahire *Ar.* **1**. Parlak, gösterişli, güzel, değerli. **2**. Onurlu, şanlı, şerefli.

Fahriye *Ar.* **1**. Onurlu, şerefli. **2**. Şeref kazanmak amacıyla, herhangi bir karşılık beklemeksizin yapılan iş. **3**. Divan şairlerinin kendi özelliklerinden övünerek bahsettikleri şiir veya şiir bölümü. 4. Kaside ve mesnevide şairlerin kendilerini övdükleri bölüm.

Fahrünisa *Ar.* **1**. Kadınların onurunu, şerefini temsil eden kadın. **2**. Onurlu kadın.

Faide *Ar.* Fayda, yarar.

Faika *Ar.* Üstün tutulan, yeğlenen.

Faize *Ar.* **1**. İstediğini elde ederek başarılı olan. **2**. Bolluk, çokluk, taşkınlık.

Fakihe *Ar.* **1**. Olgun, kültürlü, anlayışlı. **2**. Bir yeri şenlendiren. **3**. Zevkle yenilen yemiş. **4**. Fıkıh biliminde uzman.

Fariha "Feriha" isminin bir başka söyleniş biçimi.

Faraziye *Ar.* Gerçekte olmayıp, varsayılan.

Farika Ayırt edilmesine neden olan özellik.

Farise *Ar.* **1**. Ferasetli, anlayışlı. **2**. Bir şeyi önceden hissedebilen, zeki.

Fariza *Ar.* **1**. Farz, Allah'ın emri. **2**. Gerekli, elzem. **3**. Görev, borç. **4**. Hisse, pay.

Fasihe *Ar.* **1**. Açık, yanlışsız, etkili bir biçimde söylenen. **2**. Açık seçik.

Fatine *Ar.* Zeki, anlayışlı, uyanık, çabuk kavrayan.

Fatma *Ar.* **1**. Çocuğunu sütten kesen kadın. **2**. Hz. Muhammed'in ilk karısı Hz. Hatice'den doğan kızının adı.

Fatmagül Gül gibi güzel yeni anne olmuş kadın.

Fato "Fatma" adının bir başka söyleniş biçimi.

Fatoş "Fatma" adının bir başka söyleniş biçimi.

Fazile *Ar.* Fazilet sahibi.

Fazilet *Ar.* **1**. İnsanın yaradılışındaki iyi huy, erdem. **2**. Ahlakın övdüğü iyilikçilik, alçak gönüllülük, yiğitlik, doğruluk gibi niteliklerin genel adı.

Fecriye *Ar.* Güneşin doğuşundan önce ufuktaki kızıllık.

Feda Bir amaç uğruna, değerli bir şeyden vazgeçme.

Fehiman "Fahiman" isminin bir başka söyleniş biçimi.

Fehime *Ar.* Zeki, anlayışlı, kavrayışlı.

Fehmiye *Ar.* Anlayışlı, kavrayışlı.

Felin *Ar.* Mantar.

Fer Işık, aydınlık.

Feradis *Ar.* **1.** Cennet, uçmak. **2.** Bahçeler, cennet bahçeleri.

Ferahay Güzelliğiyle insanın gönlünü şenlendiren.

Ferahcan İçtenliğiyle insanı rahatlatan.

Ferahdil Tatlı dilli.

Ferahet *Ar.* Onuruna düşkün olan, onurlu.

Ferahfeza *Ar.* **1.** Sevinci artıran, neşelendiren. **2.** Türk müziğinde, yegah perdesinde karar kılan makamlardan biri.

Ferahgül Güzelliğiyle neşe saçan.

Ferahnak *Ar., Far.* **1.** Sevinçli, neşeli. **2.** Alaturka müzikte bileşik bir makam.

Ferahnaz *Ar., Far.* Nazlılığıyla insanı sıkmayan.

Ferahnisa *Ar., Far.* İnsanın gönlünü açan, iç rahatlığı veren kadın.

Ferahnur İnsanın gönlünü ışık saçarak aydınlatıp ferahlatan.

Ferahnüma *Far.* İçindeki sevinci, coşkuyu, neşeyi dışarı vuran.

Ferahru *Far.* Yüzünden tebessümü hiç eksik etmeyen.

Ferahsal İnsanın yüreğini, gönlünü ferahlatan.

Ferahsu Su gibi ferahlatan.

Ferahşan Gönlü şenlendirmesiyle tanınan.

Ferahşen Gönlü şenlendiren.

Ferahtan Tan vakti gibi insanı ferahlatan.

Ferahyar Gönlü şenlendiren sevgili.

Ferahyüz Görünümüyle insanı rahatlatan.

Feramuş *Far.* Unutma, hatırdan çıkartma.

Feraset *Ar.* **1.** Anlayış, sezme. **2.** Uyanıklık.

Feray Canlı, parlak, aydınlık ay.

Feraye Ferahça, aydınlıkça.

Fercan İnsanın ruhuna aydınlık veren bir içtenliğe sahip olan.

Ferda *Far.* **1.** Yarın, yarınki gün, gün ertesi. **2.** Âti, gelecek zaman. **3.** Ahiret, öbür dünya. **4.** 1919'da Ali İlmî tarafından İstanbul'da haftada iki defa olmak üzere yayımlanmış, siyasiy, edebi bir gazete.

Ferdacan **1.** İçtenliğini ileride de kaybetmeyecek olan. **2.** Dürüst kişi.

Ferdagül Her zaman gül güzelliğinde olacak olan.

Ferdağ *Far.* Dağ gibi güçlü.

Ferdanaz Hep nazlı olan.

Ferdane *Ar.* Tek, yalnız.

Ferdaniye *Ar.* Eşsiz olma durumu.

Ferdanur Durmaksızın ışık saçan.

Ferdiye *Ar.* **1.** Birlik, tek olma. **2.** Bireylik.

Fergül Işıklı ve gül gibi güzel olan.

Fergün Aydınlık gün.

Ferheng *Ar.* **1.** Bilgi, ustalık. **2.** Sözlük.

Ferhunde *Far.* Mübarek, mesut, kutlu, mutlu, uğurlu.

Feri *Ar.* **1.** Köke değil, dallara ait olan. **2.** İkinci derece olan.

Feribe *Far.* Aldatan, kandıran.

Ferican *Far.* Can ışığı, ruh aydınlığı.

Feride *Ar.* **1.** Başına buyruk, gururlu. **2.** Eşi, benzeri olmayan, tek. **3.** Bir tane iri inci.

Feriha *Ar.* Ferah, sevinçli.

Ferigül Güle benzeyen.

Ferinaz Nazlı güzel.

Ferinur Işıl ışıl parıldayan.

Ferisal Işığını saç anlamında.

Feriser *Far.* Çok ışıklı olmasıyla göz kamaştıran.

Ferisoy Işık saçan bir soydan gelen.

Ferisu Temizliği ve berraklığıyla ışık saçan.

Ferişan Şanı ve şöhretiyle göz kamaştıran.

Ferişen Neşe saçan.

Ferişte *Ar.* Melek.

Feriyar Işık saçan sevgili.

Fermude *Far.* Buyrulmuş, emir ferman.

Fernaz Nazlı güzel.

Fernur *Far.* Aydınlık, ışık.

Fersal Her yanından ışık saçan.

Fersude *Far.* Eskimiş, yıpranmış, aşınmış, örselenmiş.

Feruze "Firuze" isminin bir başka söyleniş biçimi.

Feryüz Yüzünün güzelliğiyle ışık saçan.

Ferzan *Far.* Bilim ve hikmet sahibi.

Ferzane *Far.* **1.** Bilim, hikmet. **2.** Tasavvufta nefsani bağlarından arınmış kimse.

Fetanet *Ar.* Çabuk anlayan, çabuk kavrayan.

Fethiye **1.** Almak, fethetmek. **2.** Muğla'nın güzel ilçesi.

Fettan *Ar.* Gönül ayartıcı. **2.** Ayartıcı göz.

Fevziye *Ar.* Kurtuluş, zafer kazanma, üstün gelmeyle ilgili.

Feyman *Far.* Ahlakta olgunluğu amaçlama, iyi ahlaka yönelme.

Feyza *Ar.* **1.** Bolluk, verimlilik, bereket. **2.** Taşkın.

Feyzan *Ar.* **1.** Çok bereketli, çok verimli. **2.** Çok taşan.

Feyziye *Ar.* Tanrı'nın bereketi, ihsanıyla ilgili.

Feza *Ar.* Sonsuzluk, bitimsiz boşluk, uzay.

Fındık Küçük ağaçlarda yetişen, kabuklu, besleyici yemiş. (Far.-Yun.)

Fıtnat Zekâ, zihin açıklığı, çabuk anlayış.

Fidan *Yun.* **1.** Ağaç ve ağaççıkların yeni yetişeni. **2.** Mecazi anlamda kullanılan "fidan gibi" ince, uzun, narin.

Fidancan İçtenliğinden hiçbir şey kaybetmemiş olan.

Fidancık Sevimli, daha çok minik anlamında.

Fidangül İnce uzun, güzel ve hoş kokulu.

Fidannur Gençliği, tazeliği ve körpeliğiyle gelecek vaat eden.

Figan *Far.* **1.** Bir acı sonucunda sıkıntıya düşüp bağırıp, çağırmak. **2.** Çığlık, inilti.

Figâr *Far.* İncinmiş, yaralı.

Figen *Far.* Çiçek demeti, gölge yapan, gölge düşüren.

Fikriye *Ar.* Düşünceyle ilgili.

Filiz *Ar.* **1.** Tohumdan ya da tomurcuktan çıkan körpe sürgün, küçük dal veya yaprak. **2.** İnce ve güzel vücutlu.

Firaset *Ar.* Çabuk kavrayış, çok güçlü sezi yetisi.

Firaz *Far.* **1.** Yüksek, en üst yer. **2.** Yokuş, çıkış. **3.** Yukarı kaldıran, yükselten.

Firdevs *Ar.* **1.** Cennet, uçmak. **2.** Bostan, bahçe.

Firkat *Ar.* Ayrılık, veda.

Firuze *Ar.* Gök mavisi renginde değerli bir süs taşı.

Firuzende *Ar.* Bir lale çeşidi.

Fitnat *Ar.* Zihin açıklığı, çabuk kavrayış, zekâ.

Fuçin **1.** Hatun, kadın. **2.** Moğol İmparatorluğu'nun kurucusu Temuçin'in annesi ve Yesuki'nin karısıdır.

Fulya Nergis türünden, sarı ve beyaz renginde olan güzel kokulu bir çiçek.

Funda Kurak yerlerde yetişen küçük ağaç.

Furda **1.** Ekmek kırıntısı. (Rumeli göçmenleri) **2.** Küçük incir. (İzmir, Bursa)

Furkan *Ar.* İyi ile kötüyü, doğru ile yanlışı ayıran her şey.

Füruzan *Far.* Parıldayan, parlak.

Füsun *Ar.* Sihir, büyü.

Füsünkâr *Far.* **1.** Büyüleyici bir çekiciliğe sahip olan. **2.** Sihirbaz.

Füsunnaz Gizemli tavır takınan.

G

Gale **1.** Kale. (Samsun, Erbaa) **2.** Her şeye üzülmeyen, kaygısız. (Çamköy, Gölhisar) **3.** Kaba. (Eskişehir)

Gamze *Ar.* **1.** Çene ve yanaklarda daha çok gülümserken beliren çukur. **2.** Yan bakış, göz süzme. **3.** Sitemli bakış.

Ganime *Ar.* **1.** Ganimet sahibi. **2.** Beklenmeyen mal varlığı.

Ganiye **1.** *Ar.* Zengin, varlıklı. **2.** Kadın şarkıcı.

Garibe *Ar.* **1.** Olağanüstü olay. **2.** Çok tuhaf, acayip.

Gaye *Ar.* **1.** Maksad, meram, **2.** Netice, son. **3.** Hedef. **4.** Son derece, umulmadık kadar.

Gazele*Ar.* Dişi geyik.

Gazire *Ar.* Tatlı, nazik, uysal, yumuşak.

Gediz Küçük su birikintisi, gölcük.

Gelincik Kırlarda yetişen kırmızı ve büyük çiçekli bitki.

Gelinkız Gelin olma çağına gelmiş kız.

Geren Lezzetsiz acı (su).

Germa *Far.* Sıcak yaz.

Gevher *Far.* **1.** Cevher. **2.** Elmas, inci. **3.** Asıl, maya, öz.

Gezenay Gezip tozmayı seven.

Gezer Dolaşan, gezen, gezici.

Girizan *Far.* Kaçan, kaçıcı, kaçarak.

Gizem Aklın erişemediği, açıklanmayan veya çözümlenemeyen şey, sır.

Gonca *Far.* Henüz açılmamış veya açılmak üzere olan çiçek.

Goncacan Çok içten olan.

Goncacık Küçük, sevimli.

Goncagül Gül goncası.

Goncagüz Sonbaharın başlangıcı.

Goncanaz Daha küçük yaşlarda nazlı olan.

Goncanur Işık saçmaya başlayan.

Goncasev Küçükleri seven.

Goncaseven Küçük seven.

Goncasever Kendi gibi olanı seven.

Goncasu Su gibi berrak, gonca gibi hayata hazır.

Göğem Yeşile çalar mor renk.

Gök 1. Yeryüzünün üzerine mavi bir kubbe gibi kapanan boşluk, sema. **2.** Gökyüzünün, denizin rengi, mavi veya yeşile çalan mavi.

Gökay Gökyüzü ile ilgili, kökü ve ucu gökte olan.

Gökben Gök gibi genç, özü genç olan.

Gökcen Yaratanın gücü ve kuvveti ile ilgili olan.

Gökçedil Tatlı dilli.

Gökçenaz Nazlı mavi.

Gökçebegüm Güzel hanımefendi.

Gökçen Tanrı'nın gücü ve kuvvetiyle ilgili olan.

Gökçenur Mavi ışık.

Gökçiçek Gök renkli çiçek, mavi renkli çiçek.

Göknaz Nazlı gök.

Göknil Nil'in gök rengi hali.

Göknur Aydınlık gök.

Gökselen Müjdeli ve sevindirici yeni haber.

Göksun Taze, yeni eser, yapıt.

Gökşen Gök gibi şen.

Gökşin Gökkuşağı, eleğimsağma. Güneş ışınlarının düşmekte olan yağmur damlacıklarında kırılıp yansıması sonucu gökyüzünde oluşan yedi renkli bir kemer biçimindeki görüntü.

Gökyeli Gökten gelen esinti.

Gökyüzü *Ar.* Sema, göğün yüzeyi.

Gölge Serin yer, bunaltmayan.

Gölgecan Sığınılacak insan.

Gölgem Ayrılmaz parçam.

Gölgenaz Nazlı kişi.

Gölgenur Karanlıkta ışık saçan.

Gönen 1. Mutluluk, sevinç. **2.** Ekilecek toprağın sulanması.

Gönenç Bolluk, rahatlık ve varlık içinde iyi yaşama, refah.

Gönlücan Yürekten insan.

Gönlügül Yüreği gül gibi zarif olan.

Gönlügülen 1. Hayatı gülerek karşılayan. **2.** Şanslı.

Gönlünaz Nazlı.

Gönlünur Yüreği aydın olan.

Gönlüsel Yüreği coşkulu olan.

Gönlüsev Yürekten, içten olanları sev.

Gönlüsoy İçten insanların soyu.

Gönlüsu Yüreği su gibi berrak olan.

Gönlüşen Yaşamayı seven, mutlu, şen şakrak, neşeli.

Gönül Sevgi, istek, düşünüş, anma ve hatır gibi kalpte varsayılan duyguların kaynağı.

Gönülay Herkese yüreği açık olan.

Gönülcan Gönül dostu.

Gönülden İçten, yürekten.

Gönüldil Yüreği, dili bir olan.

Gönülgül Gül gibi zarif bir gönlü olan.

Gönülnaz Nazlı gönül.

Gönülnur Ferah yürekli.

Gönülsel Sel gibi coşkulu olan.

Gönülses Yüreğinin temizliğini dışarı yansıtan.

Gönülsev Yürekten sev.

Gönülseven Yürekten seven.

Gönülsever Kendisi gibi yürekten olanı seven.

Görez 1. Rüzgar. **2.** İyi görünüş, şıklık.

Görkem Göz alıcı ve gösterişli olma durumu, ihtişam, azamet.

Görkemli Göz alıcı ve gösterişli olma durumu, muhteşem.

Görklü Gösterişli, muhteşem.

Görsel Görme ile, görme duygusuyla ilgili, görmeye dayanan.

Görsev Anında sevilen kişi.

Gözal Güzelliği ile ilgi çeken, alımlı, göze çarpan.

Gözalan Herkesin hayranlığını kazanan.

Gözaydın Kutlama, tebrik etme.

Gözde 1. Benzerleri arasında nitelikleriyle üstün tutulan, beğenilen, önem verilen. **2.** Önemli bir kişinin beğendiği kadın. **3.** Çok güzel.

Gözdeay Herkesin beğenisini kazanan, ay gibi güzel.

Gözdecan En sevilen dost.

Gözdegül En çok beğenilen bir gül gibi, zarif.

Gözdem Beğendiğim, sevdiğim, saydığım, bir tanem.

Gözdenaz Nazlı güzel.

Gözdenur İnsanlara vermiş olduğu iç huzurla herkesin beğenisini kazanan.

Gözdeses Beğenilen ses.

Gözdesoy Herkesin beğenisini, saygısını kazanmış bir soydan gelen.

Gözdesu Temizliği ve saflığı nedeniyle herkesin beğenisini kazanan.

Göze 1. Su kaynağı. **2.** Hücre.

Gözem İlgimi çeken, sevdiğim.

Gözen Herkesin beğenisini üzerinde toplayan, sevimli.

Gözenç Hoşluk, sevimlilik.

Güher 1. Maddenin özü. **2.** Değerli taş, mücevher. **3.** Nükteli ve güzel söz.

Gül 1. Gülgillerden dik, sarılıcı ya da yatık gövdeli, dikenli, çiçekleri kokulu ve çeşitli renklerde olan değerli bir süs bitkisi. **2.** Dünya edebiyatında genel olarak sevgiyi temsil eden gül, Doğu'da özellikle Türk, Arap, Fars ve Hint edebiyatında geniş bir yer tutar. **3.** Kısrakların tüylerinde beliren doğurma işareti. (Isparta, Tokat, Eskişehir, Tekirdağ) **4.** Fes üzerine konan üzeri boncuk ve taşlarla işli gümüş ya da tenekeden yapılmış süs eşyası. (Artvin) **5.** Köşe. (Sivas)

Gülaç Gül gibi açıl, serpil, neşelen.

Gülal Al renkli güller gibi güzel yüzlü kadın, kız.

Gülay 1. Güllerin açtığı mayıs ayı. **2.** Ay gibi açan gül.

Gülbahar 1. Baharla açan gül. **2.** Bir çeşit pembe boya.

Gülbanu *Far.* Gül hanım, gül gibi güzel kadın.

Gülben Gül gibi beni olan.

Gülbende Gülün tüm güzelliğini ve zarifliğini kendisinde barındıran.

Gülbeniz Gül yüzlü, zarif kişi.

Gülbeyaz Beyaz gül.

Gülbike Gül gibi, kocası olmayan kadın.

Gülbin *Far.* Gül fidanı, gül yetişen yer.

Gülbiz *Far.* Gül serpen.

Gülbu *Far.* **1.** Gül kokusu. **2.** Gül kadar güzelliğe sahip olan.

Gülbün "Gülbin" isminin bir başka söyleniş biçimi.

Gülbüz "Gülbiz" isminin bir başka söyleniş biçimi.

Gülcan Gül gibi güzel kişi.

Gülcanan Gül gibi sevgili, yar.

Gülce Gül gibi.

Gülcemal Güzel ve zarif ifadeli.

Gülcihan Eşi benzeri bulunmaz güzellikte olan.

Gülçehre Gül yüzlü.

Gülçiçek Her yönüyle güzel olan.

Gülçimen Güzelliği yaradılıştan olan.

Gülçin *Far.* Gül toplayan, gül devşiren.

Gülçün "Gülçin" isminin bir başka söyleniş biçimi.

Güldal *Far.* Gül gibi güzel, gül dalı gibi dikenli.

Güldalı Gül gibi güzel ve dal gibi ince.

Güldan *Far.* Çiçeklik.

Güldane **1.** Gül tanesi. **2.** Tek gül.

Güldeğer Bulunmaz bir gül kadar değerli olan.

Güldemet *Far.* Gül demeti, toplanmış güller.

Gülden *Far.* Gül soluklu, nefesi gül gibi kokan.

Güldenaz Nazlı güzel.

Güldeniz Gül gibi güzel, deniz gibi engin.

Güldenur Işık saçan zarif.

Gülder *Far.* Gül toplayıp derleyen.

Gülderen Gül toplayan.

Güldermiş Gül toplamış.

Güldeste *Far.* Gül demeti, çiçek destesi.

Güldilek Herkesin dileği olan.

Güldüren **1.** "Gülderen" isminin bir başka söyleniş biçimi. **2.** Sevindiren, neşelendiren.

Gülece Gülümseyen, tebessüm eden.

Güleç Her zaman gülümseyen, tebessüm eden.

Güleda Gül gibi güzel ve nazlı.

Gülela Güzel gözlerinin içiyle durmaksızın gülümseyen.

Gülen Her zaman gülümseyen, güler yüzlü.

Gülencan Güler yüzlülüğü içten olan.

Gülendam Boylu, poslu ve gül kadar zarif olan.

Gülender Zor bulunan bir gül kadar değerli.

Gülengöz Tüm içtenliği ve neşesi gözlerinin içinden fark edilen.

Gülengül Güzelliği ve neşesiyle dikkat çeken.

Gülengün Doğmasıyla herkesi sevince boğan.

Gülengüz Sonbahar sevinci.

Gülennaz Nazlı güzel.

Gülennur Neşesiyle herkese ışık, ferahlık saçan.

Gülensel Sevincini ve neşesini coşkulu yansıtan.

Gülenses Kahkahalara boğulan.

Gülensoy Neşeli bir soydan gelen.

Gülensu Neşeli tavrı içten olan.

Gülenşah Neşeli olmasıyla tanınan.

Gülenşan Neşeli, şanlı, şöhretli.

Gülenşen Neşeli, sevinçli güzel.

Gülenyel Bir tatlı tebessüm.

Gülenyüz Yüzünden tebessümü eksik etmeyen.

Güler Gülen, gülümseyen.

Güleray Aydınlık ve güleç yüzlü.

Gülercan Güler yüzlülüğü içten olan.

Gülerdam Boylu, poslu ve gül kadar zarif olan.

Gülerder Zor bulunan bir gül kadar değerli.

Güleren En güzel gül kadar güzel.

Gülergin Gül gibi güzel ve olgun.

Gülergöz Tüm içtenliği ve neşesi gözlerinin içinden fark edilen.

Gülergül Güzelliği ve neşesiyle dikkat çeken.

Gülergün Gül gibi güzel ve neşeli gün.

Gülergüz Sonbahar sevinci.

Gülernaz Nazlı ve sevimli güzel.

Gülernur Neşesiyle herkese ışık saçan.

Gülersel Sevincini ve neşesini coşkulu yansıtan.

Gülerses Kahkahalara boğulan.

Gülersoy Neşeli bir soydan gelen.

Gülersu Neşeli tavrı içten olan.

Gülerşah Neşeli olmasıyla tanınan.

Gülerşan Neşeli, şanlı, şöhretli.

Gülerşen Neşeli, sevinçli.

Güleryel Bir tatlı tebessüm.

Güleryüz Yüzünden tebessümü eksik etmeyen.

Gülesen Güzelliğiyle ortalığı kasıp kavuran.

Gülesin Mutlu olasın.

Gülez Güleryüzlü.

Gülfer Zarifliği ve güzelliğiyle göz kamaştıran.

Gülferah İç rahatlatan güzellikte.

Gülfidan Gül gibi güzel ve zarif olması temenni edilen.

Gülgen Gül veren, gülden gelen.

Gülgonca Yapraklarını açmamış gül.

Gülgönül Gül gibi bir gönle sahip olan.

Gülgün *Far.* Gül renkli, pembe.

Gülgüzel Güzeller güzeli.

Gülhan Gül gibi ince ve narin olan.

Gülhanım Gül gibi güzel kız.

Gülhatun *Far.* Gül gibi kadın.

Gülhayat Yaşam boyu güzellikler temennisi.

Gülhuri Cennet kadar güzel.

Gülin Güzel, zarif.

Gülinaz Nazlı güzel.

Gülinur Işık saçan güzel, göz kamaştıran.

Gülistan *Far.* Gül bahçesi.

Güliz Gül yetiştiren.

Gülizar *Far.* Gül yanaklı, al yanaklı.

Gülizer "Gülizar" isminin bir başka söyleniş biçimi.

Güllü Güle benzeyen.

Güllüay Ay kadar güzel ve zarif.

Güllücan Güzel, içten dost.

Güllüdil Güzel konuşan, tatlı dili.

Güllühan Güzelliğiyle nam salmış olan.

Güllünaz Nazlı güzel.

Güllünur Güzelliğiyle göz kamaştıran

Güllüsel Coşkulu güzellik.

Gülmüş Gülümseyen, güler yüzlü.

Güllüses Güzel ses.

Güllüsoy Güzel ve zarif bir soydan gelen.

Güllüşah Güzelliğiyle nam salmış olan.

Güllüşan Güzelliğiyle şöhretlenmiş.

Güllüşen Güzel, neşeli, sevinçli.

Güllüyüz Güzel yüz.

Gülmisal Güzellik örneği.

Gülnar *Far.* Nar çiçeği.

Gülnaz Gül gibi güzel, ince, narin, nazlı.

Gülnazik Menekşe.

Gülnihal *Far.* Gül fidanı.

Gülnur Işık saçan güzellik.

Gülnuş *Far.* Gülsuyu içen.

Güloba Güllük, mekan.

Gülören Gül yeri, güllük.

Gülöz Gül gibi temiz olan.

Gülpembe Gül pembesi yanakları olan.

Gülperi *Far.* Gizemli gül, saklı gül.

Gülriz *Far.* Gül saçan, serpen.

Gülru *Far.* Gül yüzlü, gül yanaklı.

Gülruh Ruhu da fiziği kadar güzel olan.

Gülsal Güzelliğiyle nam salmış olan.

Gülsalın Güzelliğiyle nam salmış olan.

Gülsanem Çok güzel kadın.

Gülsay Saygıdeğer güzel.

Gülsel Coşkulu bir güzelliğe sahip olan.

Gülseli Coşkulu bir güzelliğe sahip olan.

Gülselin Coşkulu bir güzelliğe sahip olan.

Gülsema Eşsiz bir güzelliğe sahip olan.

Gülsen Gül gibisin.

Gülser Gül yüzlü.

Gülseren Gül dağıtan, serpiştiren.

Gülsev Gül seven.

Gülseven Güzellikleri seven.

Gülsever Gül gibi güzellikleri seven.

Gülsevil Güzelliğiyle sevilen.

Gülsevin Güzelleri sevin.

Gülsezer Güzel olacağı önceden bilinen.

Gülsezgi Güzel olacağını önceden bilen.

Gülsezin Güzel olacağımı bilin.

Gülsim Parıl parıl parıldayan, ışıldayan güzellik.

Gülsima Güzel ve sempatik bir yüze sahip olan.

Gülsinem Güzelliği yüreğinde barındıran.

Gülsoy Gül gibi güzelliklere sahip bir soydan gelen.

Gülsu Berrak bir güzelliğe sahip olan.

Gülsun Güzelliğinle örnek ol.

Gülsuna Suna boylu, gül gibi güzel kız.

Gülsunam Güzelim, selvi boylum.

Gülsunan Güzelliğiyle örnek olan.

Gülsunar **1.** Güzelliğini gözler önüne seren. **2.** Göz kamaştırıcı.

Gülsüm Yuvarlak yüzlü güzel.

Gülsüme Yuvarlak yüzlü güzel.

Gülsün Güzelliğinle eşsizsin.

Gülşad Güzelliğiyle sevinç duyan.

Gülşah *Far.* **1.** Gül dalış. **2.** Güzelliğiyle nam salmış olan.

Gülşan Güzelliğiyle söhretlenmiş.

Gülşen *Far.* Gül bahçesi, güzel, neşeli.

Gültan **1.** "Gülten" isminin bir başka söyleniş biçimi. **2.** Tan vaktinin güzelliğine sahip olan.

Gültane **1.** Yeni açmış gül, gonca. **2.** Tek gül.

Gültaze Gül gibi taze kız.

Gülten *Far.* Gül tenli, pembe tenli.

Gülter *Far.* Gonca gül.

Gülücük Yüzünden tebessümü hiç eksik etmeyen, durmaksızın gülümseyen.

Gülüm **1.** Benim gülüm. **2.** Canım.

Gülümay Ay kadar güzelim.

Gülümcan Güzel, içten dost.

Gülümnaz Nazlı güzel.

Gülümnur Göz kamaştıran bir güzelliğe sahip olan.

Gülümsay Saygın güzel.

Gülümsen Sensin güzel.

Gülümser Güler yüzlü, gülümseyen.

Gülümses Çok güzel sesi olan.

Gülümsev Sevilen güzel.

Gülümsoy Güzel bir soydan gelen.

Gülümsu Berrak bir güzelliğe sahip olan.

Gülümşah Güzelliğiyle nam salmış olan.

Gülümşen Neşeli güzel.

Gülüş Gülmek eylemi.

Gülver Güzellik örneği.

Gülveren Güzellik saçan, göz kamaştıran.

Gülyüz Güzel yüz.

Gülzar "Gülizar" isminin bir başka söyleniş biçimi.

Gülziba *Far.* **1.** Süslü gül. **2.** Güzel gül.

Gümüş Parlak beyaz renkte, kolay işlenir ve tel durumuna gelen bir element.

Günal Gün gibi aydınlık.

Günan **1.** Doğumuyla sevinç getiren. **2.** Anılan gün.

Güncan İçtenliğin, sevecenliğin günü.

Günce **1.** Güncel olan. **2.** Tutulan günlük.

Güncel **1.** Gelecek gün. **2.** Günün konusu olan, şimdiki, bugünkü, aktüel.

Günçiçek **1.** Çiçeklerin günü. **2.** Güneş gibi aydınlık, çiçekler kadar masum.

Günden Kendinden söz ettiren.

Günebakan Ay çekirdeğinin çiçeği, beyaz, sarı büyük çiçek.

Güneda Nazlı güzel.

Günela Işık gözlü güzel.

Güner Tan vakti, güneşin doğma zamanı, günün erken zamanı.

Günerdi Güneşin batışı, akşama doğru.

Günerim Yetişen gün.

Günfer Aydınlık gün.

Günhan Eski Türkler'de tabiat tanrılarından biri.

Güngül Aydınlık, güzel gün.

Güngülen Gülen, aydınlık gün.

Günistan Beyaz, parlak tenli.

Güniz Güneşli yerler.

Günkut Uğurlu, talihli, kutlu gün.

Günnar Şen şakrak.

Günnaz Nazlı kişi.

Günnur Güneş gibi ışık saçan.

Günsal Güneş gibi ışık salan.

Günsay Saçtığı ışığa saygı duyulan.

Günsel O güne ait olan, o günle ilgili önemli olgu ve anılar.

Günseli Işığın coşkusu.

Günsen Gün senin günün.

Günser Gizli kalmış bir gerçeği, bir güzelliği, bir başarı ve sevinci aydınlığa çıkarmak, gün ışığına sermek.

Günserin Serin, ferah, güzel gün.

Günses Güneş gibi ferahlatan ses.

Günsev Sevilen, beğenilen gün.

Günseven Yaşamayı seven.

Günsever Yaşamayı sever.

Günsoy Işık saçan bir soydan gelen.

Günsu Gün gibi aydınlık, su gibi berrak.

Günşah Güçlü aydınlık.

Günşan Güneş gibi şanlı, şöhretli.

Günşen Neşeli, gününü gün eden.

Güntan Tan ışıltısı, tan aydınlığı.

Günten İçindeki aydınlık dışına vurmuş olan.

Günyüz Aydın yüzlü, aydın kişi.

Güral **1.** Gücünle hakkını almasını bil. **2.** Güçlü ve kırmızı olan.

Güray **1.** Ürünlerin, bereketli ekinlerin tükenmez kazançların en çok olduğu, gür kısmetli ay. **2.** Bol ışık.

Gürez Süslü, zarif, şık, havalı.

Gürgül Coşkulu kahkahalar atan.

Gürgülen Neşeli ve yüksek sesle kahkahalar atan.

Gürizan **1.** Güçlü anlayış, kavrayış. **2.** Güçlü inanç.

Gürnaz Çok nazlı olan.

Gürnur Coşkulu ışıklar saçan.

Gürselin Gürül gürül akan su.

Gürsev Coşkulu sev.

Gürsevil Coşkulu sevil.

Gürşan Şanı, şöhreti bol olan.

Gürşen Coşkulu, neşeli, içi içine sığmayan.

Gürten Fidan gibi olan.

Güvem **1.** Yeşil, çayırlık. **2.** Yabani erik.

Güvenay İnsanın içinde ferahlık uyandıran.

Güvercin Barış simgesi evcil bir kuş.

Güz Sonbahar.

Güzay Sonbaharı hatırlatacak kadar güzel.

Güzden Sonbahar mevsiminin güzelliği.

Güzelay Ay güzelliğine sahip olan.

Güzelcan Hoşa giden kişi.

Güzelgül Gül kadar güzel olan.

Güzelim Canım, aşkım, bir tanem.

Güzelnaz Yaptığı naz çekilir.

Güzelnisa Güzel kadınlar.

Güzelnur Güzelliğiyle göz kamaştıran.

Güzelsoy Güzellikleriyle bilinen bir soydan gelen.

Güzelsu Güzelliğinin yanı sıra, temizliği ve saflığıyla da göz dolduran.

Güzelşan Güzelliği dilden dile dolaşan.

Güzeltan Tan vaktinin güzelliğine sahip bulunan.

Güzelyar Güzelliğiyle sevilen sevgili.

Güzer *Far.* Geçme, geçiş.

Güzey Gölgede kalan, az güneş gören.

Güzide *Far.* Seçkin, seçme, seçilmiş.

Güzin *Far.* Seçilmiş, seçkin, beğenilen.

Güzinay *Far.* Seçkin ay.

Güzincan **1.** Seçkin ve sevilen kişi. **2.** Dost, arkadaş.

Güzir *Far.* Çare, derman.

Güzün Sonbahar mevsimi.

H

Habibe *Ar.* Sevgili, sevilen, seven dost.

Habile *Ar.* Hamile, gebe.

Habinar *Ar.* Nar tanesi.

Hacce *Ar.* **1.** Hacca giden kadın. **2.** Hacı kadın, hacı kız.

Hacer *Ar.* Taş, göktaşı.

Hacil *Ar.* Utancından yüzü kızarmış.

Hadice *Ar.* Erken doğmuş kız çocuğu.

Hadiye *Ar.* **1.** Asa, değnek. **2.** Su içinde yükselip çıkmış kaya.

Hadra *Ar.* Yeşil.

Hafide *Ar.* Torun.

Hafize *Ar.* Muhafaza eden, koruyan.

Hakgüzar *Ar., Far.* Haktan yana, hak yanlısı.

Hakikat *Ar.* Bir işin doğrusu, gerçeği.

Hakime *Ar.* **1.** Hükmeden, buyruğunu yürüten, sözünü geçiren, egemen. **2.** Başta gelen, başta olan, baskın çıkan. **3.** Duygu, davranış gibi şeyleri iradesiyle denetleyebilen.

Hale **1.** Ay'ın çevresinde görülen ışık halkası. **2.** Hristiyanlıkta aziz sayılanların resimlerinde başları çevresinde çizilen daire.

Halecan Candan, içten dost.

Halegül Kutsal gül.

Halenaz Kutsallığıyla nazlanan.

Halenur Kutsal ışık.

Halet *Ar.* **1.** Hal, durum. **2.** Takdir.

Haletan Kutsal ışık.

Halide *Far. Ar.* **1.** Sonsuz, ebedi. **2.** Saplanmış, dürterek batırılmış.

Halile *Ar.* Zevce, kadın, nikahlı eş.

Halime *Ar.* Yumuşak huylu, uysal.

Halise *Ar.* **1.** Karışık olmayan, saf, katıksız. **2.** İçtenlikle, temiz yürekle, riyasız.

Hamaset *Ar.* **1.** Yaradılıştan gelen cesaret. **2.** Yiğitlik.

Hamdiye *Ar.* Tanrı'nın ululuğunu övmek için söylenen şükran sözü.

Hamide *Far.* Övülmeye değer.

Hamise *Ar.* Beşinci.

Hamiye *Ar.* Koruyucu, koruyan, arka çıkan.

Hamiyet *Ar.* **1.** Yurtseverlik. **2.** Ulusal onuru koruma çabası, güdüsü. **3.** İyilikseverlik.

Handan *Ar.* Gülen, sevinçli, neşeli, şen şakrak.

Hande *Far.* **1.** Gülüş, gülme. **2.** Açılma. **3.** Eğlenme.

Handecan Gülen dost.

Handecik Eğlenceli, sevimli.

Handegül *Far.* Gülün açılması.

Handenaz Nazlı gülüş.

Handenur **1.** Işığın açılması. **2.** Gülmesiyle ışık saçan.

Hangül Hanın gözdesi, saray güzeli.

Hanım **1.** Kadınlara ve kızlara verilen ünvan, bayan. **2.** Karı, eş. **3.** Kadınlığın bütün iyi niteliklerini taşıyan. **4.** Toplumsal durumu, varlığı iyi olan, hizmetinde bulunulan kadın.

Hanife *Ar.* Müslümanlığa sıkı sıkıya bağlı olan.

Harbiye *Ar.* Savaşla ilgili.

Hare *Far.* **1.** Meneviş, menevişli kumaş. **2.** Sert taş, kaya.

Harika *Ar.* **1.** İmkânların üstünde olup, insanda hayret uyandıran şey. **2.** Ateş, ad. **3.** Bulamaç (yemek). **4.** Acı, sızı.

Harran Ülkemizde bereketli bir ova.

Hasat *Ar.* Ürün toplama, ekin biçme.

Hasen *Ar.* Güzel, güzel yüz.

Hasene *Ar.* Yararlı, iyi, güzel işler.

Hasgül Değerli, eşsiz gül.

Hasibe *Ar.* Değerli, soyca temiz, soylu.

Hasna *Ar.* İffetine düşkün kadın.

Hatice *Ar.* **1.** Erken doğan kız çocuğu. **2.** Hz. Peygamberin ilk eşi.

Hatife *Ar.* Sesi duyulduğu halde kendisi görünmeyen.

Hatime *Ar.* **1.** Son. **2.** Son söz.

Hatun *Far.* **1.** Kadın. **2.** Bayan, hanım. **3.** Eş, zevce. **4.** Yüksek makamlardaki kadınlara ve hakan eşlerine verilen unvan.

Hava *Ar.* **1.** Gökyüzü. **2.** Bütün canlıların solunumuna yarayan, renksiz, kokusuz, akışkan gaz karışımı. **3.** Esinti. **4.** Müzik parçalarında tür. **5.** Keyif, alem. **6.** Çekicilik, albeni, alım, cazibe. **7.** Durum, ortam.

Haver *Far.* Güneşin doğduğu, yön, doğu.

Haveri *Far.* Doğu ile ilgili.

Havva *Ar.* **1.** Kitaplı dinlere göre yaratılan ilk kadın. **2.** Hz. Adem'in karısı.

Hayal *Ar.* **1.** Zihinde tasarlanan, canlandırılan gerçekleşmesi umulan şey, hülya. **2.** İmge. **3.** Görüntü.

Hayat *Ar.* **1.** Yaşam, dirim. **2.** Doğumdan ölüme kadar geçen süre, ömür. **3.** Yazgı, kader.

Hayran *Ar.* Çok beğenen, hayranlık duyan.

Hayriye *Ar.* Hayırlı insan.

Hayrünnisa *Ar.* Kadınların en hayırlısı.

Hazal *Ar.* Kuruyup dökülen yaprakların güzelliği.

Hazan *Ar.* Güz, yaprak dökümü, sonbahar.

Hazime *Ar.* **1.** Tedbirli, akıllı. **2.** Hazmettiren, sindiren.

Hazin *Ar.* Acıklı, hüzün veren, dokunaklı.

Haziran *Ar.* Yılın altıncı ve en güzel ayı.

Hediye *Ar.* Armağan.

Helâl *Ar.* **1.** Din bakımından yenilmesinde, kullanılmasında sakınca bulunmayan şey. **2.** Nikahlı, evli kadın.

Henna *Ar.* Kına ağacı.

Hepgül Sürekli mutlu yaşa ve gül.

Hepöz Özünü devamlı koruyan, bozulmayan, özü sözü bir.

Hepşen Neşeli ve güzel ol.

Hera *Yun.* Mitolojide analığın yüceliğini temsil eden Tanrıça.

Hesna *Ar.* Güzel, hanım, efendi kadın.

Heves *Ar.* **1.** Arzu, istek, eğilim. **2.** Gelip geçici istek.

Hezar *Far.* **1.** Bülbül. **2.** Çok, pek çok.

Hezel*Ar.* Şaka, latife.

Hical *Ar.* Gelin odaları.

Hicran **1.** Bir yerden, bir kimseden ayrılma, ayrılık. **2.** Ayrılığın sebep olduğu onulmaz acı.

Hilal *Ar.* Ayça, yeni ay.

Hilkat *Ar.* Yaradılış.

Hilmiye *Ar.* Yumuşaklık, yavaşlık.

Hoşcan İyi insan, güzel kişi.

Hoşdil Tatlı dilli.

Hoşeda Nazlı güzel.

Hoşfidan Tatlı, sevecen genç.

Hoşgül Tebessümü eksik olmayan.

Hoşnaz Nazlı, sevimli.

Hoşnigar Resim gibi hoş sevgili.

Hoşnur Sevimliliği ve cana yakınlığıyla ışık saçan.

Hoşnut Herkesi memnun eden.

Hoşnüma *Far.* Güzel ve hoş görünen, görünümü etkili ve güzel.

Hoşses Tatlı, edalı, işveli.

Hoşsoy Tatlı, sevimli bir soydan gelen.

Hoşsu Gönül ferahlatan.

Hoştan Güzel, göz alıcı.

Hoşten Yüreğinin sevimliliği dışına vurmuş olan.

Hulkiye *Ar.* Yaradılıştan gelen huy.

Hulya *Ar.* **1.** Kuruntu. **2.** Kurgu. **3.** Fikir. **4.** Sevda.

Huri *Ar.* **1.** Cennette yaşadığına inanılan kızlara verilen ad. **2.** Sevgili.

Huriay Güzeller güzeli.

Hurican Çok güzel dost.

Huridil Sözleriyle herkesi kendine hayran bırakan.

Hurigül Güzeller güzeli.

Hurigüz Mahsun, hüzünlü güzel.

Hurinaz Nazlı güzel, nazenin.

Hurinur Işık saçan güzellikte olan.

Hurisel Coşkulu güzel.

Huriser Cennet kızlarının başındaki yöneticisi.

Hurises Sesinin güzelliğiyle herkesi kendine hayran bıraktıran.

Hurisu Güzelliği ve temizliğiyle bilinen.

Hurişah Güzel ve etkili kadın.

Hurişan Güzelliğiyle ünlenmiş olan.

Hurişen Fiziğiyle güzel ve de yüreğiyle içten olan.

Huriye *Ar.* **1.** Hurilere benzeyen güzel kız. **2.** Coşkulu duruma geldiklerinde hurilerle buluştuklarına inananların kurdukları bir tarikat.

Huriyüz Çok güzel yüzü olan.

Hurmız Jüpiter yıldızı.

Hurşide *Far.* Güneş.

Huzur *Ar.* Gönül rahatlığı.

Hülya *Ar.* Tatlı düş, hayal.

Hüma *Ar.* Mübarek, kutlu.

Hümeyra *Ar.* Beyaz tenli kadın.

Hüray Ay gibi özgür ve güzel.

Hürgül Gül gibi özgür ve güzel.

Hürgüz Sonbaharın özgürlüğü.

Hürmet Saygı, sevgi duygusu.

Hürmüz *Far.* Eski İran takviminde Güneş yılının ilk günü.

Hürnaz Özgürlüğüne nazlı olan.

Hürnur Özgürlük aşılayan.

Hürrem *Far.* Güler yüzlü, şen, insanın gönlüne neşe veren.

Hürsel Özgürlüğünü yüreğinde coşku ile taşıyan.

Hürsen Özgürlüğüne düşkün olan.

Hürses Özgürlüğün sesi.

Hürsev Özgürlüğü sev.

Hürseven Özgürlüğü seven, özgür ruhlu.

Hürsever Özgürlüğü seven.

Hürsay Bağımsızlığıyla saygınlık kazanmış olan.

Hürsoy Özgürlüğüne düşkün olan bir soydan gelen.

Hürsu **1.** Kendi yolunda ilerleyen. **2.** Bildiğini okuyan.

Hürşan Özgürlüğü şanına, şöhretine uygun yaşayan.

Hürşen Özgürlüğünden memnun olan.

Hüsna *Ar.* Daha güzel, pek güzel.

Hüsniye *Ar.* Güzellikle ilgili.

Hüsnüan *Ar.* Güzellik.

Hüsnünazar *Ar.* İyi gözle görme.

Hüsnüye "Hüsniye" isminin bir başka söyleniş biçimi.

Hüsran *Ar.* **1.** Zarar, ziyan. **2.** Beklenilen şeyin elde edilememesinden duyulan acı, üzüntü.

Hüsün *Ar.* **1.** Güzellik. **2.** İyilik. **3.** Olgunluk, kusursuzluk. **4.** Düzen, düzgünlük.

Hüzün *Ar.* **1.** Tasa. **2.** Üzüntü, sıkıntı. **3.** Gönül üzgünlüğü.

Hüzzam *Far.* Türk müziğinde en eski makamlardan biri.

I

Ihlamur *Yun.* Güzel kokulu, çiçeği kurutularak şifa niyetine çay olarak içilen bir ağaç.

Ilım Uzlaşma, yumuşaklık.

Iraz Hakkına rıza gösteren.

Irıs Mutluluk, saadet.

Irısgül Mutluluk gülü.

Isla Sulu, verimli.

Işıl Parlak bir ışık saçan.

Işılar 1. Parlayan, ışıldayan. 2. Neşeli, canlı.

Işılay Ay ışığı, parlaklık, mehtap.

Işıldar Göz alıcı, ışık saçan.

Işıltan Tan yerinin ışığı.

Işıltı Parıltı.

Işım Işınlık, aydınlık.

Işınay Ay gibi ışıldayan.

Işınbike Aydınlık saçan kadın.

Işıngün Işıklı, aydınlatıcı gün.

Işınsal **1.** Işık saç. **2.** Işıkla ilgili.

Işınsu **1.** Aydınlık, su gibi olan. **2.** Denizden ya da aydan aldığı ışıklarla parıl parıl parlayan deniz ya da akarsuların ışıklı kımıldanışları.

Işkın İnce ve taze dal, filiz.

Itır Bir tür çiçek ve bu çiçeğin güzel kokusu.

Izgın Tohumlarından yağ çıkarılan bir bitki.

Izrar *Ar.* Zarar, ziyan.

İ

İclâl *Ar.* **1.** Ağırlama, konuk etme. **2.** Yücelik.

İçim **1.** Tat alınacak kadar güzel. **2.** Çok güzel, çok alımlı.

İdil *Yun.* **1.** Kır yaşamı içinde genellikle aşk konusunu işleyen kısa şiir. **2.** Gerçek, içtenlikli saf aşk.

İdilsu Su için söylenmiş şarkı.

İfakat *Far.* **1.** İyileşme, iyi olma. **2.** Sarhoşluktan ayılma.

İffet *Ar.* **1.** Cinsi konularda ahlak kurallarına bağlılık. **2.** Namus.

İkbal *Ar.* **1.** Baht açıklığı, şanslılık. **2.** Birine ya da bir şeye karşı arzu, istek duyma. **3.** Yüz çevirip bakma.

İkram *Ar.* **1.** Konuğu ağırlama. **2.** Bir şeyi armağan olarak verme. **3.** Sunulan şey.

İlayda Su perisi.

İlçin Ülke için yaşamak.

İldem Pişmanlık duyan.

İlden Üzgün.

İldeniz Ülkenin denizi.

İley *Far.* Huzur, yan, yöne, taraf.

İlginay Gurbette yaşayan güzel.

İlgün Başkaları, yabancılar.

İlgür Gelişkin, güçlü.

İlisu Sulak yer, hareketli yer.

İlkay Ayın ilk günlerdeki durumu, hilal hali.

İlkbahar **1.** Mart, Nisan, Mayıs aylarını içine alan zaman aralığı. **2.** Hayatın daha ilk gençlik dönemleri.

İlke **1.** Davranışların düzenli ve kurallı oluşu. **2.** Temel düşünce.

İlkgül **1.** İlk açan gül.**2.** Ailede ilk doğan kız çocuğuna verilen ad.

İlknaz İlk göz ağrısı.

İlknur Göze gelen ilk ışık.

İlksay İlk olan.

İlksel İlk göz ağrısı.

İlksen İlk gelen.

İlksev İlk önce sevilen.

İlkşan İlk göz ağrısı.

İlkşen İlk önce sevinen.

İlkyaz İlkbahar, bahar.

İlkyel Hafif esen rüzgar.

İlma *Ar.* **1.** Parlatma. **2.** Belirleme, işaret etme.

İlnur Ülkenin, çevrenin ışığı.

İlser Yurdu için baş veren.

İlsu Vatan suyu.

İltaç Yurdunu taçlandır, onurlandır.

İlterim Yurdunu koruyan.

İmbat *Ar.* Yazın gündüz denizden karaya doğru esen mevsim rüzgarı, deniz yeli.

İmece El birliğiyle yapılan çalışma.

İmer Zengin, varlıklı.

İmge **1.** Gerçekleşmesi olanaksız ya da çok güç olan düşünü, düş, hayal. **2.** Sinirlerin merkezcil uyarımı olmaksızın zihinde kendiliğinden canlanan duyumsal biçim.

İmgen Düşleyen.

İmren Görülen bir şeyi veya benzerini edinme isteği, gıpta.

İnce Düşünce, duygu veya davranış bakımından insanın sevgi ve saygısını kazanan, zarif.

İnci Deniz hayvanlarının içinde oluşan değerli küçük taşlar.

İncidil Değerli sözler söyleyen.

İncigül Gül gibi güzel, inci gibi değerli.

İncilay Işıltı saçan, parıldayan.

İncili Değerli.

İncinur İnci gibi ışık saçan.

İncisel Coşkulu ışık.

İnciser En güzel inci.

İndira *Ar.* **1.** Girişim. **2.** Öne geçme.

İnsel İnsani, insana yakışan.

İpar *Ar.* Güzel koku, amber, misk.

İpek **1.** Kozadan yapılan ince, parlak, dayanıklı iplik ve bundan yapılan kumaş. **2.** Kibar, zarif. **3.** Çok ince, yumuşak, parlak.

İpekel Eli ipek gibi güzel ve yumuşak.

İpekten Teni ipek gibi yumuşak ve güzel olan.

İrem **1.** Cenneti andıran güzel yer. **2.** Şam'da ve Yemen'de bulunduğu söylenen eski ve ünlü bir bahçenin adı.

İren Özgür, serbest.

İrgün Sabah, tan vakti.

İrman *Far.* **1.** Arzu, istek. **2.** Davetsiz gelen misafir.

İrva Suya doyma.

İrza *Ar.* Gönlünü hoş etme, gönül alma.

İsmiay Adı da kendi gibi güzel olan.

İsmican Adı gibi kendisi de içten olan.

İsmigül Gül gibi güzel olan.

İsminaz Nazlı, adı nazdan gelen.

İsminur Nur gibi ışık saçan, adı gibi aydınlık olan.

İsmişan Adı gibi şanlı, şöhretli olması temenni edilen.

İsmişen İsmi gibi neşeli, mutlu olan.

İsna *Ar.* Övme, şükretme, değer, yükseltme.

İstem İrade, arzu.

İstemihan İradeli, arzulu, yönetici.

İşcen Çalışmaktan ve iş yapmaktan zevk duyan, iş sever.

İşve *Ar.* Naz, eda.

İşvebaz *Ar., Far.* Naz edici, kırıtkan, cilveli.

İşvekâr Nazlı, cilveli.

İşveli Nazlı, cilveli.

İyem Güzellik, iyilik.

İyimser Herşeyin iyi tarafını düşünen, olaylara iyi tarafından bakmasını bilen.

İzel El izi.

İzgen Etki bırakabilen, geniş bir ize sahip olan.

İzgi İyi, güzel, akıllı, adil.

İzgül Gül izi.

İzgün Gün izi.

İzlem **1.** İzlemek, gözlemek, görmek. **2.** Takip etmek.

J

Jale *Far.* **1.** Sabahları çiçek ve yaprakların üzerinde görülen su damlacıkları. **2.** Bu su damlacıklarının donmasıyla oluşan kırağı. **3.** Divan Edebiyatı'nda, güzelin yanağındaki ter veya duudağındaki su damlası.

Jaledar *Far.* Üzerine şebnem düşmüş, kırağılanmış.

Jalenur *Far.* **1.** Parlayan, ışıldayan. **2.** Çiy.

Jerfi Derin olanın hali, derinlik.

Jergâr *Far.* Deniz yeşili renk, göz taşı.

Jiyan Kükremiş, kızgın.

Jülide *Far.* Dağınık, karmakarışık.

Kader *Ar.* **1.** Bazı inanışlara göre, bütün olayları önceden ve değişmeyecek şekilde düzenleyen gizli güç. **2.** Alınyazısı, yazgı. **3.** Talih. **4.** Beklenmedik ve kaçınılmaz şartların biraraya gelmesi.

Kadife *Ar.* Yüzeyi belirli uzunlukta bırakılmış hammadde lifleriyle kaplı, parlak yumuşak kumaş.

Kadime *Ar.* **1.** Eski. **2.** Önceki hali hakkında bilgi sahibi olunmayan. **3.** Gitmek istediği yere ulaşabilen.

Kadire *Ar.* Çok kuvvetli, gücü tükenmeyen.

Kadriye *Ar.* Şeref, onur, değer.

Kamelya Pembe, kırmızı, beyaz çiçekler açan bir süs bitkisi.

Kamile *Ar.* **1.** Belli bir olgunluğa ulaşan. **2.** Bütünüyle mükemmel, kusursuz olan. **3.** Hayat tecrübesine sahip. **4.** Bilgili.

Kaniye *Ar.* Varolanla yetinmeyi bilen.

Karakız Teni esmer olan kız.

Karanfil *Ar.* Güzel renkli çiçekler açan bir süs bitkisi.

Kardan Kar kadar beyaz olan.

Kardalen Nergisgillerden, baharda çok erken çiçek açan bir bitki.

Kâşife Varolup da bilinmeyen herhangi bir şeyi meydana çıkaran.

Katibe *Ar.* Kadın katip, kadın sekreter.

Katmer *Ar.* **1.** Bir şeyi oluşturan katlardan her biri. **2.** Arasına yağ veya kaymak sürülerek katlanmış yufka ekmeği.

Kaymak **1.** Sütün yüzünde zar gibi toplanan, açık, sarı renkli, koyu yağlı katman. **2.** Bir şeyin en iyi ve en seçkin bölümü.

Kebire *Ar.* Büyük, ulu, yaşça büyük.

Keder *Ar.* Kaygı, üzüntü, tasa.

Kelebek Kanatları pullu, güzel narin bir hayvan.

Keriman *Ar.* Eli açık, cömert.

Kerime Kız evlat.

Kevser *Ar.* Cennette bulunduğuna inanılan kutsal su.

Kezban *Far.* Yönetici kadın, kahya.

Kırçiçek Kırçiçeği, yabani çiçekler.

Kısmet *Ar.* **1.** Tanrı'nın her kişiye uygun gördüğü yaşama durumu, nasip. **2.** Evlenme talihi.

Kıymet **1.** Bir şey için tespit edilen karşılık. **2.** Değer, bir şeyin niteliği. **3.** Ahlaki, estetik, bir ilkeye uygun olarak verilen önem.

Kızılca Kırmızı renge çalan.

Kızılcık Kızıl renkli, küçük ekşimsi meyveleri olan ağaççık.

Kibariye *Ar.* Kibar, nazik kadın.

Kiraz *Yun.* Kırmızı, küçük, etli, sulu meyveleri olan ağaç.

Konca "Gonca" isminin bir başka söyleniş biçimi.

Koncagül "Goncagül" isminin bir başka söyleniş biçimi.

Korgül Kor renginde, kırmızı gül.

Koza İçinde tohum veya krizalit bulunan korunak.

Körpe **1.** Tazeliği üstünde, daha büyümemiş. **2.** Yeni yetişmekte olan.

Kösem **1.** Osmanlı Padişahı I. Ahmet'in karısı Kösem Sultan. **2.** Sürüye kılavuzluk eden.

Kudsiye *Ar.* Kutsal, saygı uyandıran.

Kudsiyet *Ar.* **1.** Kutsallık. **2.** Saflık, arılık, temizlik.

Kuğu Uzun, kıvrık boyunlu, geniş kanatlı ve gagalı bir su kuşu.

Kumral Teni açık kestane renginde olan.

Kumru Güvercine benzeyen, gri renkli bir kuş.

Kutay Kutsal ay.

Kutgün Kutsal bir zamanda doğan.

Kutlay Şanslı ay.

Kutlu Uğur getirdiğine inanılan.

Kutluay Uğurlu, şanslı ay.

Kutlucan Şanslı, uğurlu dost.

Kutlunaz Şanslı, nazenin.

Kutlunur Şans ışığı veren.

Kutlusun Şanslısın, uğurlusun.

Kutsal 1. Güçlü bir saygı uyandıran veya uyandırması gereken, mukaddes. **2.** Tapınılacak veya yolunda can verilecek derecede sevilen. **3.** Üstüne titrenilen. **4.** Tanrı'ya adanmış olan, Tanrısal

Kutsel Uğuru bol olan, çok coşkulu.

Kübra *Ar.* Çok büyük.

Külkedisi 1. Vücudun arıyan, acıyan, şişen kısmına sarmak için küle sokulmuş ıslak bez. (Fatsa) **2.** Masal kahramanı.

L

Lale *Far.* **1.** Zambakgillerden, anayurdu Asya olan, Anadolu'dan dünyaya yayılan, yaprakları uzun ve mızraksı, çeşitli renklerde çiçek açan, çiçekleri kadeh biçiminde, güzel bir görünüşe sahip süs bitkisi. **2.** Osmanlı tarihinde 1718-1730 yıllarını kapsayan, kimi devlet adamlarının konaklarında lale yetiştermelerinin moda olduğu, tarihe zevk ve eğlence süreci olarak geçen bir dönem. **3.** Eskiden tutsakların boynuna geçirilen demir halka. **4.** Kırmızı gül. (Mardin) **5.** Gelincik Çiçeği. (Bor, Tarsus)

Lalegül Alaturka müzikte bileşik bir makam.

Lalezar *Far.* Lale bahçesi, lalelik.

Lamia *Ar.* Parlayan, parıltılı olan.

Lamiha *Ar.* Işıltılı.

Latife *Ar.* Şaka, nükte.

Lavanta *İt.* Lavanta çiçeğinden elde edilen ispirtolu güzel bir koku.

Layike *Ar.* Ulaşılması gereken herhangi bir amaca veya maddeye uygun olan.

Lebibe *Ar.* Akıllı, anlayışlı, zeki.

Lebriz *Far.* Ağzına kadar dolu olan.

Lema *Ar.* Parıltı, paylayış.

Leman *Ar.* Parlama, parıltı.

Lemis *Ar.* Dokunma, elleme.

Lemiye *Ar.* Parıldayan.

Lerzan *Far.* Titrek, titreyen.

Lerze *Far.* Titreme.

Letafet *Ar.* Güzellik, naziklik, yumuşaklık, hoşluk.

Levin Renk, yüzün rengi, beniz.

Levzi *Ar.* adem gibi olan.

Leyan *Far.* **1.** Parlayan, parlayıcı. **2.** Konfor. **3.** Lüks hayat.

Leyla *Ar.* **1.** Çok karanlık gecede görülen ışık. **2.** İslam edebiyatında yaygın Leyla ile Mecnun isimli aşk öyküsünün kadın kahramanı.

Leylagül *Ar.* Siyah gül.

Leylak *Ar.* Mor ve beyaz renklerde çiçek açan salkım şeklinde, hoş kokulu bir bitki.

Leyli *Ar.* **1.** Geceye özgü, gece yapılan. **2.** Gece gibi karanlık, hüzün veren. **3.** Yatılı okul.

Leylim *Ar.* En karanlık gece.

Lezir *Far.* Akıllı, zeki.

Lezize *Ar.* Tadı, güzel, hoş olan.

Linet *Ar.* Sürgün.

Lirik *Ar.* Coşkun, ilhamla dolu.

Lodos *Yun.* Güneyden esen rüzgar, deniz rüzgarı.

Lüte *Far.* Bükülmüş, dürülmüş, düzeltilmiş şey.

Lütfiye *Ar.* Hoşluk, güzellik, iyi davranış.

M

Macide *Ar.* Belli bir şan ve şerefe sahip olan kimse, onurlu, ünlü.

Maharet İş yapmaya eli yatkın, becerikli.

Mahbube **1.** Sevgili. **2.** Çok değerli bir lale çeşidi.

Mahfer *Far.* Ay ışığı.

Mahinur *Ar.* Ay gibi parlayan ışık.

Mahire *Ar.* Hünerli, becerikli.

Mahiye *Ar.* Aylık, maaş.

Mahire **1.** Becerikli, yetenekli. **2.** Beceri ve yeteneklerinin farkında olan.

Mahmude *Ar.* Övülmüş, övülmeye değer.

Mahmure *Ar.* **1.** Sarhoşluğun verdiği sersemlik. **2.** Dalgın bakışlı göz.

Mahperi Güzeller güzeli.

Mahrem *Ar.* **1.** Gizli, saklı. **2.** İçli dışlı, sırdaş.

Mahru *Far.* Yüzü ay gibi güzel olan.

Mahrume *Ar.* **1.** Yoksun kalmış. **2.** Payı kısmeti olmayan, şansız

Mahrur *Ar.* Alevlenmiş, ateşli.

Mahsure *Ar.* Kuşatılmış, sarılmış.

MahşerKıyamet günü ölülerin dirilip toplanacakları yer ve zaman.

Mahur *Far.* Alaturka müzikte bir makam.

Mahzure *Ar.* **1.** Çekinme, sakınma **2.** Korku. **3.** Savaş.

Maide *Ar.* Ziyafet, şölen.

Makber *Ar.* Mezarlık.

Makbule *Ar.* **1.** Kabul edilmiş. **2.** Genel olarak istenilen, herkesçe kabul edilen. **3.** Beğenilen, sevilen.

Maksude *Ar.* **1.** İstenilen şey, istek. **2.** Niyet, hedef.

Maksure *Ar.* **1.** Kısaltılmış. **2.** Elinde olmadan, zoraki. **3.** Alıkonulmuş. **4.** Camilerde büyükler için ayrılan yüksekçe yer.

Makule *Ar.* **1.** Tür, çeşit. **2.** Soy.

Malike *Ar.* Sahip olan, elinde bulunduran.

Mamure *Ar.* **1.** Bayındırlık. **2.** Kent, kasaba.

Mana *Ar.* **1.** Anlam **2.** Düş. **3.** Hakikat, sır marifet. **4.** Akla yatkın neden.

Manolya *Fr.*Çiçekleri beyaz, bitkileri parlak, yeşil renkte olan süs bitkisi.

Mansure *Ar.* **1.** Tanrı yardımıyla zafer kazanmış. **2.** Yardım görmüş.

Maral Dişi geyik.

Marifet *Ar.* **1.** Ustalık, hüner. **2.** Uygun olmayan, hoşa gitmeyen.

Martı *İt.* Beyaz ve parlak yeşil renkte deniz kuşu.

Marufe *Ar.* **1.** Bilinen tanınan. **2.** Ün kazanmış, ünlü. **3.** Dinsel bakımdan iyi bulunmuş, beğenilmiş kimse.

Masume *Ar.* Günahsız, suçsuz.

Maşuka *Ar.* Sevgi, sevilen yavuklu.

Maviş Mavi gözlü güzel kız.

Maya *Far.* **1.** Yaradılış, öz, nitelik. **2.** Dişi deve. **3.** Bir tür halk türküsü.

Mayıs Bahar ayı.

Mazlume **1.** Zulüm görmüş, haksızlığa uğramış, ezilmiş, yıkılmış. **2.** Uysal boynu bükük, nazlı.

Mebruke *Ar.* Kutlanacak, tebrike layık kadın.

Mebrure *Ar.* Hayırlı, beğenilmiş.

Mebuse *Ar.* **1.** Gönderilmiş, yollanmış. **2.** Milletvekili. **3.** Öldükten sonra diriltilmiş olan.

Mecide *Ar.* **1.** Şan ve şeref sahibi. **2.** Büyüklük, ululuk.

Medar *Ar.* Dayanak, yardımcı.

Medeniyet *Ar.* Uygarlık.

Mediha *Ar.* Övülen, beğenilen, sevilen kadın.

Medine *Ar.* **1.** Kent, şehir. **2.** Dünya müslümanlarının kutsal kentlerinden biri.

MefharetÖvünülecek şey, övünmeye neden olacak şey.

Mefkûre *Ar.* Ülkü, ideal.

Meftune *Ar.* **1.** Büyülenmişçesine, kendinden geçercesine birine tutkun. **2.** Bir şeyi aşırı beğenmekten şaşkın olan, vurgun.

Mehcure *Ar.* **1.** Uzaklık, ayrılık. **2.** Bir kenara bırakılma.

Mehir *Far.* Ay, ay parçası.

Mehlika *Far.* Ay parçası gibi, çok güzel kadın.

Mehpare *Ar.* Ay parçası, ay gibi güzel.

Mehru *Far.* Ay yüzlü güzel.

Mehtap *Far.* Dolunay, ay ışığı.

Mehveş *Far.* Ay gibi güzel kadın.

Melahat *Ar.* **1.** Güzellik. **2.** Yüz güzelliği. **3.** Sevimlilik, güleryüzlülük.

Melaik *Ar.* Melekler.

Melda *Ar.* **1.** Çok genç körpe vücut. **2.** Dul.

Melek *Ar.* **1.** Tanrı ile insan arasında aracılık yaptığına ve nurdan yaratıldığına inanılan manevi varlık. **2.** Huyu güzel.

Melekcan **1.** Çok iyi dost. **2.** Karakteri iyi olan.

Melekgül Çok iyi kalpli.

Meleknaz Nazlı güzel.

Meleknur Nur saçan melek.

Melemez **1.** Utangaç. (Tokat, Bayburt, Kars, Ağrı) **2.** Taş yürekli, acımasız. (Ankara) **3.** Yapağı. (Çankırı)

Meliha Güzel, şirin, sevimli, zarif.

Melike *Ar.* **1.** Kadın hükümdar, padişah karısı. **2.** Kırmızı renkli, güzel kokulu birçeşit üzüm. (Muğla)

Melis *Yun.* **1.** Bal, bal arısı. **2.** Çayır, çayırlık. **3.** Yer odası.

Melisa *Yun.* Oğulotu. Tıpta yapraklarından yararlanılan çok yıllık otsu bir bitki.

Melodi *Fr.* Kulağa hoş gelen ses dizisi, müzik.

Meltem Karadan denize esen yaz rüzgarı.

Melül **1.** Üzgün. **2.** Boynu bükük.

Memduha *Ar.* **1.** Övülmüş, yüceltilmiş. **2.** Övgüye değer.

Memnune *Ar.* Sevilmiş, sevinçli.

Menekşe *Far.* Mor renkli, kokulu çiçekler.

Meneviş Renk dalgalanmaları.

Menevşe *Far.* Mor renkli, kokulu çiçekler.

Mengü Devamlı, sonsuz.

Mensure *Ar.* **1.** Saçılmış, serpilmiş. **2.** Yayınlanmış, dağıtılmış.

Menzure *Ar.* Adanmış, adak olarak belirtilmiş.

Meral Dişi geyik, ceylan.

Meram *Ar.* İstek, niyet, amaç.

Mercan *Ar.* **1.** Denizlerde kayalık yerlerde yaşayan, geniş resifler oluşturan, mercanlar sınıfının örneği olan, kırmızı kalker iskeletli hayvan. **2.** Bir çeşit balık. **3.** Dudak.

Meriç Trakya bölgesinde bir nehirin adı.

Mersa *Ar.* Liman.

Merve *Ar.* Mekke'de kutsal bir dağ.

Meryem *Ar.* Hz. İsa'nın annesi.

Merziye *Ar.* Beğenilen, güzel olan.

Merzuka **1.** Rızklanmış, rızkı verilmiş. **2.** Rızkı çok, mutlu.

Mesadet *Ar.* Mutluluk, sevinç.

Meserret *Ar.* Sevinçli, neşeli.

Mesrure *Ar.* **1.** Sevilmiş, sevinçli. **2.** İsteğine kavuşmuş, mutlu olmuş.

Mesture *Ar.* **1.** Örtülü. **2.** Gizli saklı. **3.** Namuslu, açık gezmeyen kadın.

Mesube *Ar.* Hayırlı ve yararlı bir işe karşı Tanrı'nın armağanı.

Mesudane *Ar.* Mutlu olanlar gibi, mutlulukla.

Mesude *Ar.* Mutlu olan, mutlu.

Meşekkat *Ar.* **1.** Güçlük, sıkıntı, zorluk. **2.** Eziyetli, zahmetli iş.

Meşale *Ar.* Ucunda, alev çıkararak yanıcı bir madde bulunan, aydınlatmaya yarayan değnek.

Meşk *Ar.* **1.** Yazı örneği. **2.** Yazı ve müzikte alıştırma, uygulama.

Meşkûre *Ar.* Beğenilmiş, övgüye değer, teşekkür edilecek değerde.

Metanet Dayanıklı, sağlam olma.

Mevcude *Ar.* Mevcut olarak, kendisiyle birlikte.

Meveddet *Ar.* Aşk.

Mevhibe *Ar.* Tanrı vergisi, bağış.

Mevlide *Ar.* **1.** Doğma, dünyaya gelme. **2.** Doğum yeri. **3.** Doğum zamanı, tarihi.

Mevlüde *Ar.* Yeni doğmuş çocuk.

Mevsim *Ar.* Yılın iklim bakımından ayrılmış dört bölümü.

Mevzune *Ar.* **1.** Biçimli, düzgün. **2.** Düzenli, vezinli, ölçülü.

Meygün *Ar.* Şarap renginde, şaraba benzer.

Meyil *Ar.* **1.** Bir yana eğilmiş olma, eğilim. **2.** Sevgi duyma, sevip tutulma.

Meyyal *Ar.* **1.** Meyleden, aşırı istekli. **2.** Fazlaca eğrilen. **3.** Eğik.

Meyyit/Meyyite *Ar.* Çok zayıf.

Meziyet *Ar.* **1.** Bir kişi veya nesneyi benzerlerinden üstün gösteren ya da ayıran nitelik. **2.** Beceri.

Mısra *Ar.* Manzumenin satırlarından her biri, dize.

Mihman Konuk, misafir.

Mihriban *Far.* **1.** İyi yürekli, güleryüzlü. **2.** Dost, sevgili.

Mihrican *Far.* **1.** Sonbahar. **2.** Dost, sevgili.

Mihrigül Güleryüzlü, dost, sevecen güzel.

Mihrimah/Mihrümah *Ar.* Güneş ve Ay.

Mihrinaz *Far.* Çok nazlı.

Mihrinisa *Far.* Güleryüzlü, faziletli kadın.

Mihrinur Güldüğünde ışıklar saçan.

Mihrişah *Far.* Şahların güneşi.

Mihrişan *Far.* Şahların güneşi.

Mihrişen Şen, şakrak, güleryüzlü.

Mihriye *Far.* Güneşli ilgili.

Mimoza *Fr.* Çiçekleri sarı ve bazı türlerinde beyaz veya menekşe renginde, yaprakları akasya yaprağına benzeyen bir süs bitkisi.

Mina *Far., Ar.* **1.** Liman. **2.** Şişe, cam, billur. **3.** Şarap şisesi. **4.** Mine.

Mine **1.** Metal eşya üzerine vurulan renkli cam katmanı. **2.** Saat kadranı. **3.** Dişlerin taç kısmını kaplayan beyaz ve sert doku. **4.** İnce ve parlak sert nakış. *Far.* **5.** Yaprakları karşılıklı ve oymalı, çiçekleri başak durumunda alacalı, mavi veya menekşe renginde ıtırlı bir bitki.

Minnet *Ar.* **1.** Yapılan bir iyiliğe karşı kendini borçlu sayma, gönül borcu. **2.** Bir iyiliğe karşı teşekkür etme, memnuniyet duyma.

Mircan *Far.* Güneş gibi aydınlık.

Misal *Ar.* **1.** Örnek olarak alınabilen, gösterilen şey, örnek. **2.** Benzer, eş gibi.

Morgül Mor renkli değişik bir gül türü.

Muaccel *Ar.* **1.** Acele olunmuş, acelecilik. **2.** Peşin, vadesi olmayan.

Muadelet *Ar.* Değer bakımından eşit olma, eşitlik, denklem.

Mualla *Ar.* **1.** Yüksek, yüce. **2.** Rütbe ve mevki bakımından en üst düzeyde olan.

Muazzez *Ar.* **1.** Çok saygıdeğer, onur sahibi. **2.** Aziz, değerli.

Mucibe *Ar.* İcap eden, gereken.

Mucide *Ar.* **1.** Bilinen şeylerin yardımıyla hiç bilinmeyen bir şey bulma. **2.** Yeni düşünce ve anlamlar bulabilen.

Mucize *Ar.* İnsanı şaşkınlık içinde bırakan olağanüstü olay.

Muhabbet *Ar.* **1.** Sevgi. **2.** Dostça konuşma, yarenlik, sohbet etme.

Muhibban *Ar.* **1.** Sevenler muhabbeti olanlar. **2.** Dostlar, ahbaplar. **3.** Bir tarikata sevgi duyanlar, bağlı olanlar.

Muhibbe *Ar.* Kadın dost.

Muhlise *Ar.* **1.** Katkısız, halis. **2.** Düşünce, davranış ve duyuşlarında içten olan, samimi.

Muhsine *Ar.* İhsan eden, iyilik edip bağışta bulunan, cömert.

Muhteşem *Ar.* Görkemli, gösterişli, büyük ve göz alıcı.

Mukaddes *Ar.* Kutsal, mübarek.

Mukbile *Ar.* **1.** İkbal sahibi. **2.** Mutlu, kutlu.

Mukime *Ar.* Bir yerde yerleşmiş, orada oturan.

Munise *Ar.* **1.** Alışılan, alışılmış, yabancı olmayan. **2.** Cana yakın, uysal, sevimli.

Musiye *Ar.* Vasiyet eden kadın.

Muslihe *Ar.* **1.** Islah eden, düzelten, iyileştirmeye çalışan. **2.** Barıştıran, arayı düzelten.

Muteber *Ar.* Hatırı sayılan, saygın, güvenilir.

Mübeccel *Ar.* Yüceltilmiş, ululanmış, yükseltilmiş.

Mübeddil *Ar.* Değiştiren.

Müberra *Ar.* Temize çıkmış, arınmış, aklanmış.

Mübeşşer *Ar.* Müjdelenmiş.

Mübeyyen *Ar.* Beyan edilen, bildirilen, açıkça söylenen.

Mübine *Ar.* **1.** İyiyi, kötüyü ayıran. **2.** Apaçık, besbelli.

Mübtesim *Ar.* Gülümseyen, tebessüm eden.

Mücber *Ar.* Zorunlu, zorlanan.

Mücella *Ar.* Cilalanmış, parlatılmış.

Mücevher *Ar.* Değerli süs eşyası.

Müçteba *Ar.* Seçilmiş, seçkin.

Müdebber *Ar.* **1.** Tedbir, önlem alınmış. **2.** Her şeyi düşünülmüş. **3.** Azat olması için sahibinin ölümü koşul olarak kabul edilmiş köle.

Müdrike *Ar.* Anlayan, kavrayan, idrak eden. **2.** Yaklaşan, ulaşan.

Müeccel *Ar.* Tecil edilmiş, sonraki bir zamana bırakılmış, ertelenmiş.

Müedda *Ar.* **1.** Eda edilmiş, ödenmiş. **2.** Anlam, kavram.

Müesser *Ar.* Etkilenmiş olan, tesir altında kalan.

Müeyyet *Ar.* Sağlamlaştırılmış, güçlendirilmiş. **2.** Yardım gören.

Müfide *Ar.* **1.** Anlatan, ifade eden. **2.** Yararlı.

Müge İnce bir sap üzerinde küçük çan biçiminde beyaz çiçekler açan bir süs bitkisi. İnci çiçeği.

Mühire *Ar.* Aydınlatan.

Mühri *Far.* Güneşli.

Müjde *Ar.* Sevindirici haber, muştu.

Müjdecan İyilik haberleri getiren.

Müjdenaz Nazlılığıyla kendini sevdiren.

Müjdenur İnsanın içini ferahlatan haber.

Müje *Far.* **1.** Kirpik.**2.** İlahi hikmetin gereği olarak salikin amellerini ihmal etmesi.

Müjgan *Far.* Kirpikler.

Mükâfat *Ar.* **1.** Ödül. **2.** Değerlendirici, sevindirici davranış.

Mükedder *Ar.* Üzgün, acılı, üzüntülü, kederli.

Mükesser *Ar.* Kırık, kırılmış.

Mükrem *Ar.* İkram olunmuş, değer verilerek ağırlanmış.

Mükrime *Ar.* **1.** İkram eden güleryüzle ağırlayan. **2.** Konuksever, hürmetkâr.

Müldüz Duru, berrak su.

Müleyyen *Ar.* Yumuşatılmış, mülayimleştirilmiş.

Mülhime *Ar.* İlham eden, içe doğduran.

Mülzime *Ar.* **1.** Susturan. **2.** Gerekli gören.

Mümine *Ar.* İslam dinine, Tanrı'nın birliğine, Muhammed peygambere yürekten inanan müslüman.

Münciye *Ar.* Kurtaran, kurtarıcı.

Münevver *Ar.* **1.** Parlak, aydınlatılmış. **2.** Kültürlü, açık düşünceli insan.

Münibe *Ar.* **1.** Başkaldırmayı, azgınlığı bırakarak Tanrı'ya yönelen. **2.** Bereketli yağmur.

Münife *Ar.* **1.** Yüksek, ulu, büyük. **2.** Ululuk.

Münime *Ar.* **1.** Nimet veren, yedirip içiren. **2.** İyiliksever, velinimet.

Münire *Ar.* Nurlandıran, ışıklandıran, ferahlatan.

Münşire *Ar.* **1.** Anlatımı iyi olan sekreter. **2.** İyi hatip.

Mürebbi *Ar.* Çocuk eğiticisi olan.

Müride Bir tarikat şeyhine bağlanarak ondan tasavvufun yollarını öğrenen, onun doğrultusunda ilerleyen kimse.

Mürşide Doğru yolu gösteren kılavuz.

Mürüvvet *Ar.* **1.** İyilikseverlik, cömertlik. **2.** Ana babanın çocuklarının sünnet, askerlik, evlilik gibi mutlu günlerini görme sevinci. **3.** Yiğitlik, mertlik.

Mürvet "Mürüvvet" isminin bir başka söyleniş biçimi.

Müsalemet Barış içinde yaşama, iyi geçinme.

Müseccel *Ar.* Sicil defterine, kütüğe yazılmış.

Müsemma *Ar.* **1.** Adı olan, adlanmış. **2.** Parası sayısı tutarı belli. **3.** Belli bir zaman süresi.

Müslime *Ar.* Müslüman.

Müstakbel *Ar.* **1.** İleri bir tarihte beklenen, gelecek. **2.** İstikbal, gelecek (zaman).

Müstesna **1.** Bir bütünün veya kuralın dışında olan, kural dışı. **2.** Benzerlerinden üstün olan, benzerleri bulunan. **3.** Ayrıcalıklı.

Müyesser Kolaylıkla yapılan, kolay gelen.

Müzehat Benzeşme.

Müzehher **1.** Çiçeklenmiş, çiçekli. **2.** Çiçeklerle süslenmiş olan.

Müzeyyen Süslenmiş, bezenmiş.

N

Nabiye 1. Haberci, haber veren. 2. Coşkulu bir şekilde yerden kaynayarak fışkıran.

Naciye 1. Kurtulan, esenliğe kavuşan. 2. Cehenneme girmekten kurtulmuş, cennetlik.

Nadide *Far.* 1. Seçkin, az bulunur, görülmemiş. 2. Çok değerli eşsiz.

Nadime Yaptığı bir davranıştan pişmanlık duyan, pişman olan.

Nadire Az bulunan.

Nafile 1. Yararsız, boşa giden, işe yaramayan. 2. Fazladan kılınan namaz veya tutulan oruç.

Nafiye 1. Yok edici, giderici. 2. Olumsuzlaştırıcı.

Nafize 1. Delip geçen. 2. İçe işleyen. 3. Sözü geçen, etkili olan.

Nagehan *Far.* 1. Ansızın, birden bire. 2. Zamansız, vakitsiz.

Nağme 1. Güzel uyumlu ses, ezgi. 2. Birinin yalandan ve nazlanarak söylediği söz.

Nahide *Far.* 1. Venüs gezegeni. 2. Ergenlik çağındaki genç kız.

Naime Nazlı büyütülmüş, güzel ve zarif.

Naibe Birinin yerine geçici bir süre için oturan vekil.

Naile İstediğini elde etmiş, muradına kavuşmuş.

Naime 1. Bollukta yaşayan. 2. Güzel ve zarif kadın.

Nalan *Far.* İnleyen.

Nalie Muradına eren, kazanmış, ele geçirmiş.

Namiye *Far.* Namlı, ünlü, şöhretli.

Nasibe 1. Birinin payına düşen şey. 2. Bir kimsenin elde edebildiği, sahip olabildiği şey. 3. Tanrı'nın kısmet ettiği.

Nasiye Alın.

Naşide Şair, şiir okuyan ve yazan.

Naşire Dağıtan, yayan.

Naz *Far.* 1. Kendini beğendirmek için yapılan davranış, cilve, işve. 2. İsteksiz gibi görünerek yalvartmak amacıyla yapılan davranış. 3. Şımarıklık.

Nazan *Far.* Cilve yapan, nazlanan, nazenin.

Nazbahar Nazlı olması güzelliğinden gelen.

Nazcan Nazlı dost.

Nazende *Far.* Nazlı, alımlı.

Nazenin *Far.* 1. Oynak, cilveli. 2. Çok nazlı yetiştirilmiş, şımarık.

Nazgül Gül kadar güzel olan, nazlı, nazenin kız.

Nazife Temiz, pak.

Nazire 1. Karşılıklı olarak benzetilerek yapılan davranış, söz. 2. Başka bir manzume örnek alınarak aynı ölçü ve aynı uyakla yazılan manzume.

Nazlı 1. Kolayca gönlü olmayan, kendini ağır satan, işveli, edalı. 2. Üstüne titrenilen, değer verilen sevgili.

Nazlıay Ay kadar güzelliğinden ötürü nazlı olan.

Nazlıcan Nazlı dost.

Nazlıcık Sevimli, işveli.

Nazlıdil Kendini ağırdan satan.

Nazlıela Ela gözlü, nazlı bakışlı.

Nazlıfer Ruhunu yansıtmakta nazlanan.

Nazlıgöz Süzgün bakışlı.

Nazlıgül Nazlı güzel.

Nazlıgülen Gülmekte bile nazlanan.

Nazlıgüz Ruhundaki hüznü yansıtmakta nazlanan.

Nazlıhan Nazlanması gücünden kudretinden gelen.

Nazlım Sevdiğim, değer verdiğim.

Nazlınur Nazlı ışıltı.

Nazlısel Nazlı, coşkulu.

Nazlıses **1.** Ağzından zorla laf alınan. **2.** Pek konuşmayan.

Nazlısoy Nazlı bir soydan gelen.

Nazlısu Nazlı, ama yüreği temiz olan.

Nazlışah Nazlanması gücünden kudretinden gelen.

Nazlışan Şöhretinden yanına yaklaşılmayan.

Nazlışen Gülmekte bile nazlanan.

Nazlıtan Nazlı güzel, nazenin.

Nazlıyar Nazlı sevgili.

Nazlıyel Usul usul esen yel.

Nazmiye **1.** Yetişen, büyüyen, güç kazanan. **2.** Manzum yazılar, şiirler, nazımlar.

Nebahat **1.** Şeref, onur. **2.** Ün, şöhret.

Nebihe Şan, şöhret sahibi.

Nebile Fazilet sahibi.

Necibe Soylu, soyu temiz.

Necla **1.** Evlat, çocuk. **2.** Soylu.

Necmiye **1.** Yıldız. **2.** Kur'an.

Necve Çocuk, evlat.

Nedime **1.** Kadın arkadaş, dost. **2.** Zengin ya da saygın bir kişinin kadın arkadaşı. **3.** Güzel konuşan kadın arkadaş.

Nefaset **1.** Güzel ve enfes olma durumu. **2.** Tat güzelliği.

Nefis Öz varlık, kişilik. **2.** İnsanın yeme içme gibi ihtiyaçlarının bütünü. **3.** Pek hoş, istek uyandıran, çok güzel.

Nefise Çok güzel, değerli.

Nehir Akarsu, ırmak.

Nehire Gereğinden fazla.

Nemika Mehtap.

Nergis *Far.* **1.** Çiçekleri ayrı veya bir kök sap üzerinde şemsiye durumunda, açılmadan önce bir yenle örtülü bulunan ve bazı türlerinde beyaz, bazılarında sarı renkte, soğanlı bir süs bitkisi. **2.** Güzelin gözü.

Nergise *Far.* Nergisle ilgili.

Nergisi *Far.* **1.** İnsanı şaşırtacak derecede aklını başından alan göz. **2.** Nergis biçiminde kesilerek yapılan bir tür hamur işi.

Neriman *Far.* Pehlivan, yiğit, cesur.

Nermin *Far.* Yumuşak, nazik, ince.

Nesevi Kadınla ilgili, kadınlık.

Nesibe Soylu, soyu temiz.

Nesime **1.** Yel, hafif esinti. **2.** İyi huy.

Nesli Soylu.

Nesliad Asil isim.

Nesliay Asil ay.

Neslican Sevgi dolu.

Neslicik Sevimli bir soyun temsilcisi.

Neslidil Güzel sözler söyleyen.

Nesligül Gül gibi güzel insaların soyundan gelen.

Nesligün Özel gün.

Nesligülen Gülen bir soydan gelen.

Nesligüz Güzel bir sonbahar.

Neslihan Sevgi ile sonbahar.

Neslinaz Nazlılığı kanından gelen.

Neslinur Parlak bir aileden gelen. Soyu ışık saçan.

Neslisal Soyuyla övünen.

Neslisel Coşkusu soyundan gelen.

Nesliser Asilliğiyle gözler önünde olan.

Neslisev Kendin gibi olanı sev.

Nesliseven Adı gibi olanı seven.

Neslisever Kendi gibi olanı sever.

Neslisay Saygınlığı ve soyluluğu karakterinde barındıran.

Neslisoy Çok asil bir soydan gelen.

Neslişah *Ar., Far.* Egemen bir soydan gelen.

Neslişan Geçmişinden gelen bir şöhrete sahip kişi.

Neslişen Şen şakrak bir soydan gelen.

Neslitan Soylu güzel, asil.

Nesliten Yüreğindeki soyluluğu dışına yansımış.

Nesliyar Doğuştan sevecen.

Nesliyel Bağra esen.

Nesrin *Far.* Bir tür yaban gülü.

Nesteren *Far.* Yaban gülü.

Neşe **1.** Üzüntüsü olmayan, sevinçli. **2.** Hafif sarhoşluk, çakırkeyfi olma. **3.** Yeniden ortaya çıkma.

Neşead Adı gibi neşeli, şen şakrak olan.

Neşeay Şen şakrak güzel.

Neşecan Sevimli, neşeli, keyifli, candan.

Neşecik Sevimli, hoş, çevresine neşe dağıtan, sen şakrak.

Neşegül Gülümsemesi eksik olmayan.

Neşeli Şen şakrak.

Neşem Hayata iyi taraflarıyla yaklaşan.

Neşenaz Nazlı tavırları hoş bulunan. İtici gelmeyen.

Neşenur İçindeki parıltıyı başkalarına yansıtan.

Neşesal Ruh sevincini herkese yansıtan.

Neşesel İçtenliğini, neşesini, coşkuyla yansıtan.

Neşide **1.** Şiir. **2.** Bir toplulukta okunmaya değer şiir. **3.** Ata sözü gibi kullanılan beyit veya dize.

Neşire **1.** Yayma, dağıtma, çıkartma. **2.** Bir yere yazma, yazdırma. **3.** Kitap, gazete bastırıp çıkartma. **4.** Kıyamet günü tüm insanların dirilmesi.

Neşure Durmaksızın yayın yapan.

Neşve Çakırkeyif.

Neşvünema Büyüme, gelişme, yetişme.

Netice **1.** Son, sonuç, bitim. **2.** Öz, özet.

Neva *Far.* **1.** Ses, ahenk, nağme. **2.** Kuvvet, zenginlik, servet. **3.** Azık. **4.** Geçinecek şey. **5.** Nasip. **6.** Türk müziğinde bir makam.

Nevai *Far.* **1.** Makam, ses ve ahenkle ilgili. **2.** Nasiple ilgili.

Nevair Ateşler, alevler.

Neval **1.** Talih, kader, kısmet. **2.** Bağış, bahşiş.

Nevaziş *Far.* Okşama, gönül alma, iltifat etme.

Nevbahar *Far.* İlkbahar.

Nevbare **1.** Turfanda yemiş, sebze. **2.** Yeni taze. **3.** Armağan.

Nevber **1.** Turfanda çıkan meyve. **2.** Göğüsleri yeni çıkan.

Nevcan *Far.* Yeni doğmuş.

Neveda Tavırları yeni olan.

Neveser *Far.* Klasik Türk müziğinde Dede Efendi'nin buluşu olan bir makam.

Nevgül *Far.* Yeni açmış gül.

Nevhager *Far.* Ağıtçı.

Nevheves *Far.* **1.** Bir işe yeni başlayan. **2.** Sık sık iş değiştiren.

Nevide Müjde, sevinçli haber.

Nevin *Far.* Çok yeni, yepyeni.

Nevir *Far.* **1.** Parlaklık, ışıldama. **2.** Ağaç çiçeği.

Nevmide *Far.* Umutsuzluk.

Nevnihal *Far.* **1.** Genç, güzel kız. **2.** Taze fidan, filiz.

NevraAğacın çiçeği, parlaklık.

Nevres *Far.* Yeni yetişen, genç.

Nevreste *Far.* Yeni yetişen, yeni oluşmuş.

Nevriye Işıkla ilgili.

Nevruz *Far.* Yeni gün. Eski İran takvimine göre yeni yılın ve ilkbaharın başlangıç günü.

Nevsale *Far.* **1.** Genç, taze. **2.** Küçük.

Nevsefer *Far.* Yeni yolculuğa çıkan.

Nevşah Taze, yeni, genç dal.

Neyyire **1.** Nurlu, parlak. **2.** Işık veren cisim, cisme dönüşmüş nur.

Nezafet Temiz olma.

Nezahat Ahlaklı, dürüst, samimi.

Nezaket **1.** Başkalarına karşı saygılı ve incelikle davranma, incelik, naziklik. **2.** Önemli olma, dikkatli davranmayı gerektirme. **3.** Terbiye, edep.

Nezihe Masum, temiz, pak, saf ruhlu, güzel.

Nezire **1.** Adanan şey, adak. **2.** Birini korkutarak doğru yola getirme.

Nigâh *Far.* Bakış, bakma, göz.

Nigâr *Far.* **1.** Resim gibi güzel sevgili. **2.** Resim.

Nihade *Far.* Koymuş, koyulmuş.

Nihal *Far.* **1.** Fidan, taze sürgün. **2.** Vücudu güzel sevgili.

Nihale Yeni yetişmiş fidan.

Nihan *Far.* Görünmeyen, gizli, saklı, sır.

Nihansu Yüce alem.

Nihavent *Far.* Türk müziğinin en eski makamlarından biri.

Nil *Far.* Mısır'dan geçip Akdeniz'e dökülen ünlü nehir.

Nilay *Far.* **1.** Nil nehrine parıltısını saçan ay. **2.** Parıltılı lacivert.

Nilgün *Far.* Koyu mavi renk, çivit rengi.

Nilüfer *Far.* **1.** Nilüfergillerden yaprakları yuvarlak ve geniş, çiçekleri beyaz, sarı, mavi, pembe renkte, durgun sularda veya havuzlarda yetişen bir su bitkisi. **2.** Orhan Gazi'nin ilk zevcesi.

Niran **1.** Aydınlıklar, ışıklar, ateşler. **2.** Cehennem.

Nisa Kadın, kadınlar.

Nisan **1.** Yılın dördüncü ayı. **2.** Gelin çiçeği. **3.** Bolluk, bereket.

Nisvan Kadınlar.

Nisyan 1. Unutma, hatırdan çıkartma. **2.** Unutulma.

Nur 1. Işık, gözalıcı aydınlık. **2.** Tasavvufta Tanrı'nın görünüş alanına çıkışı.

Nuran Nurlu, ışıklı.

Nurani 1. Nur yüzlü. **2.** Görünüşü saygı uyandıran.

Nuray Işık saçan.

Nurbanu Aydınlık yüzlü kadın.

Nurcan Aydınlık insan.

Nurcihan Dünyaya ışık saçan.

Nurdal Gençliğiyle ışık saçan, ışıklı aydınlık dal.

Nurdan Işıktan, nurdan yapılmış, ışıktan nurdan ibaret olan.

Nurdanay Işık saçan güzel.

Nurdane 1. Nur tanesi. **2.** Işık saçan.

Nurdil Nurlu olduğu gibi aynı zamanda da tatlı dilli.

Nureda Işık saçan işveli güzel.

Nurefşan *Ar., Far.* Işık saçan, çevresini aydınlatan.

Nurfer *Ar., Far.* Işık veren, aydınlatan, ferahlatan.

Nurfidan Gençliğiyle ışık saçan.

Nurgöz Gözleriyle ışık saçan, göz kamaştıran.

Nurgül Güzelliğiyle ışık saçan, göz kamaştıran.

Nurgün Nurlu, uğurlu gün.

Nurgüz Sonbahar ışığı.

Nurhan Aydın, çevresini, ülkesini ya da halkını aydınlatan, aydınyık günler yaşatan.

Nurhayal Hayallerdeki ışık.

Nurhayat Işıklı, güzel yaşam.

Nurhilal Işık saçan hilal.

Nurışık Çok ışıklı.

Nurinisa Nurlu kadın.

Nuriye Nurla ilgili, ışıkla ilgili, aydınlık.

Nurkan İyi, soylu ve temiz bir soydan gelen.

Nurlu 1. Aydınlı, ışıklı, parlak. **2.** Saygı uyandıran, temiz.

Nurmelek İçi dışı bir olan, temiz.

Nurnigâr Güzelliğiyle göz kamaştıran sevgile.

Nuröz Özü varlığı aydınlık, ruhsal yapısı tertemiz olan kimse.

Nurper *Ar., Far.* Işıklı kanat.

Nurperi *Ar., Far.* Bir peri kadar göz kamaştıran güzelliğe sahip olan.

Nursaç Işık saçan, çevresini aydınlatan.

Nursal İlahi bir ışık gibi aydınlık ve nurlu.

Nursan Işık gibi görünen, ışık gibi parlayan.

Nursay Saygın, nurlu kişi.

Nurseda Aydınlık ses.

Nursel 1. Işık seli. **2.** Aydınlatma coşkusu.

Nurselen Aydınlık müjde.

Nurseli Işık seli.

Nursema Aydınlık gökyüzü.

Nursen Nur gibi aydınlık.

Nursenin Işık.

Nurseren Işığıyla göz kamaştıran.

Nursev Aydınlığı seven.

Nurseven Aydınlığı seven.

Nursever Aydınlığı sever.

Nursevil Sevilen, ışık saçan.

Nursevim Sevimli, göz kamaştırıcı güzellik.

Nursevin Işıklı, aydınlık olan ve bunun sevincini yaşayan kimse.

Nursima *Far.*, *Ar.* Aydınlık yüz.

Nursoy Işık saçan bir soydan gelen.

Nursu Aydınlık su.

Nurşan Göz kamaştıran bir şöhrete sahip olan.

Nurşen Nur gibi parlak ve aynı zamanda güler yüzlü, neşeli insan. Şen şakraklığıyla ışık saçan.

Nurtaç Mücevher gibi parıldayan, ışık saçan.

Nurtan Alacakaranlık ışığı.

Nurten Yüreğinin ışığı tenine vurmuş olan.

Nurtop Işık küresi.

Nurver Işık saçan, ferahlatan.

Nuşin *Far.* **1.** Tatlı, lezzetli. **2.** İçki.

Nüceba Asiller, soylular.

Nüdema Arkadaşlar.

Nüket Nükteler.

Nükhet **1.** Güzel ve hoş koku. **2.** Ağız kokusu.

Nükte İnce anlamlı, düşündürücü söz, espiri.

Nümune *Far.* Örnek.

Nüshet Sevinç, eğlence, neşe.

Nüvide *Far.* Müjde.

Nüvişte Yazılmış şey, mektup.

Nüzhet **1.** Eğlenme, eğlenceli yerleri gezme. **2.** Sevinç, tazelik. **3.** Ferahlık, neşe.

O

Odakan Kadın şair.

Oder Ateş gibi canlı, hareketli.

Ogül Gül gibi güzel.

Oksu Hızlı akan su.

Okşan Sevil, şefkat gör.

Olca Bolluk, bereket.

Olça Savaşta düşmandan ele geçirilen ganimet.

Olçum Hekimlik taslayan, kendini hekim gibi gösteren.

Olgaç Bilgi ve görgüde olgunlaşan.

Olsar İsim yap, adın duyulsun.

Ongar Kurtuluş.

Ongu Sağlık, mutluluk.

Onuray **1.** Haysiyetli ve güzel olan.

Orgül Ateş kırmızısı. **2.** Kent güzeli.

Orkide *Fr.* Çiçeklerinin güzelliği dolayısıyla camlıklarda yetiştirilen birtakım bitki türlerinin ortak adı.

Otacı Hekim, doktor.

Oya **1.** Daha çok ipek ibrişim kullanılarak iğne, mekik, tığ veya firkete ile yapılan ince dantel işleme. 2. İnce güzel, zarif kadın.

Oyacan Nazlı ve kibarcan.

Oyacık Sevimli, zarif kişi.

Oyalı İnce, nazikçe, güzelce.

Oyalıgül Er ince ayrıntısına kadar çok güzel olan.

Oylum **1.** Kayak. (Denizli, Elazığ, Mardin) **2.** Büklüm. **3.** Kayalık yer. **4.** Arazinin bir parçası. **5.** Ağaç dikilecek çukur. **6.** Parça, bölüm. (Yozgat) **7.** Girinti çıkıntı. **8.** Aynı sırada olan şeyler. **9.** Kalıp, biçim.

Oysu İnce, akan su, derecik.

Ö

Öge Bir şeyi oluşturan unsurlardan her biri.

Öğet Beğenilen, aranılan, övülen.

Önay Ay gibi aydınlık ve öncülük eden.

Önem Mühim olan, gerekli olan.

Öney Önde olmayı arzulayan.

Öngül **1.** Önayak olmak. **2.** İlk gülen.

Örengül **1.** Yaban gül. **2.** Değer verilen güzel.

Örge **1.** Yükselen, yukarı çıkan. **2.** Motif.

Örgen Urgan, ince hat, ip.

Örnek **1.** Benzetilmek istenen şey, model. **2.** Bir şeyin benzeri, misal. **3.** En iyi olan.

Örün Gökyüzünün açık, aydınlık durumu.

Övgül Övülmeye değer.

Övgüm Övmeye değer gördüğüm.

Öykü **1.** Hikâye. **2.** Ayrıntılarıyla anlatılan olay.

Özde İç dünyasında, aslında.

Özel Kişiye ya da yalnızca belli bir şeye özgü olan.

Özen İtina. Bir şeyi yaparken gösterilen dikkat.

Özenay Çok güzel, ay gibi güzel.

Özenç Özenme hali.

Özengül Kusursuz gül gibi olan.

Özey Aydın kişilik.

Özge **1.** Başka, yabancı.**2.** İyi, güzel, cana yakın. **3.** Gözüpek, yürekli.

Özgecan Cana can katan.

Özgen Canayakın, gözüpek, yürekli.

Özgü Özellikle birine ya da bir şeye ait, mahsus olan.

Özgül **1.** Bir türle ilgili, bir türe ilişkin. **2.** Özü gül gibi olan.

Özgülay Kendine has bir güzelliği olan.

Özgünay Çok değişik, eşi ve benzeri olmayan.

Özgünel Becerileri üstün, yetenekli.

Özgüneş Sıcakkanlı olan.

Özil Yaşanılan, gerçek il.

Özipek Koza, ipek böceği.

Özlem Bir kimseye ya da bir şeye duyulan aşırı görme, kavuşma arzusu, hasret.

Özlen Hasret çekilen, özlenen.

Özlenen Hasret çekilen kimse ya da şey.

Özler Bir şey ya da bir kişi için aşırı görme, kavuşma isteği çeken.

Özleyiş Özlem duygusu, hasret çekme.

Öznil Nil gibi verimli.

Öznur İlahi ışık.

Özperi Peri gibi güzel.

Özsel Öze bağlı, özle ilgili.

Özsev İçten gelen sevgi.

Özşah Güçlü kişilik.

Özten Güzel tenli.

Öztün Sağlam, sağlıklı kişiliği olan.

P

Pakize *Far.* Tertemiz, halis, hakiki.

Pamuk *Far.* **1.** Ebegümecigillerden koza biçimindeki meyvesi üç, dört, beş dilimli olan, sıcak bölgelerde yetişen tarım bitkisi. **2.** Uysal, yumuşak kişi.

Papatya *Yun.* Baharda çiçek açan, taç yaprakları beyaz, ortası sarı kömeçli, bir bitki.

Parlak **1.** Parlayan, ışıldayan. **2.** Temiz ve ışıklı. **3.** Göze çarpacak kadar başarılı olan.

Parlar Parlayan, etrafına ışıltılar saçan.

Parlanur Nur gibi parla, ışık saç

Payende *Far.* **1.** Sürekli, yerinde duran. **2.** Kararlı, temelli. **3.** Payanda, destek.

Pekay Ay gibi güzel.

Pekşen Çok şen, çok neşeli kimse.

Pelin *Yun.* Yapraklarında ve öteki bölümlerinde çok acı, ıtırlı bir madde bulunan, hekimlikte kullanılan çok yıllık ve otsu bir bitki.

Pelit Palamut meşesi ve meyvesi.

Pembe *Far.* Beyazla biraz kırmızının karışmasından oluşan açık renk.

Pembegül Pembe renkli gül gibi olan.

Pembenaz Nazlı güzel.

Pembenur Pembe renkli ışık saçan.

Perçem *Far.* **1.** Saç tıraşından sonra tepede bırakılan saç tutamı. **2.** Yele. **3.** Kakül. **4.** Mızrak, bayrak gibi şeylerin uçlarına konulan püsküle benzer şeyler.

Peren Ülker yıldızı.

Perestide *Far.*Sevgili, sevilen, canan.

Peri **1.** Doğaüstü güçleri olduğuna inanılan, hayali dişi varlık. **2.** Çok güzel, alımlı, becerikli, hamarat kadın.

Perican İçtenliğiyle güzelleşen kadın.

Peride *Far.* Uçmuş, soluk, solmuş.

Perihan *Far.* Peri padişahı.

Perinaz Çok güzel olmasından ötürü nazlanan.

Perinisa Kadınların en güzeli.

Perinur Peri gibi güzelliğiyle göz kamaştıran.

Perisu Peri kadar güzel ve su kadar da saf olan.

Periveş *Far.* Peri gibi çok güzel.

Periyar Peri kadar güzel sevgili.

Perizat *Far.* Peri çocuğu kadar güzel.

Perize *Far.* Kırmızı altın.

Perran *Far.* Uçan, uçucu.

Perrin Naz, nezaket, gönül tokluğu.

Perver *Far.* Besleyen, besleyici, eğiten, eğitici.

Pervin *Far.* Ülker yıldızı.

Perviz **1.** Üstün gelen, zafer kazanan. **2.** Güzellik, cilve.

Pesin *Far.* Sonraki, en son.

Petek Arıların yumurtalarını bırakmak ve bal depo etmek için yaptığı, düzgün altıgen bal mumu yuvacıkları. **2.** Arı kovanı. **3.** Balçıktan yapılan ve dikine duran sandık biçimindeki tahıl ambarı. **4.** Minarelerde külah ile şerefe arasındaki bölüm.

Peyker *Far.* Yüz, çehre.

Peyma *Far.* Ölçen, ölçülü.

Pınar Yerden kaynayarak çıkan su, kaynak.

Pırıl **1.** Çok parlak, çok ışıklı. **2.** Çok temiz, tertemiz. **3.** Çok yeni. **4.** Kusursuz, eksiği olmayan, tam.

Pırıltı Parıldayan şeyin çıkardığı ışık.

Pırıltılı **1.** Pırıltısı olan, parlak. **2.** Süslü, özentili.

Pıtırcık Koyu pembe renkli bir bahar çiçeği.

Piraye *Far.* Süs, bezek.

Piruze *Far.* Mavi renkli ve değerli bir süs taşı.

Prenses *Fr.* **1.** Hükümdar ailesinden olan kadın veya kızlara verilen unvan. **2.** Hükümdar karısı.

Pürahenk *Far.* Çok uyumlu.

Pürçek Püskül, saçak, şakaklardan sarkan saç.

Püren **1.** Meşenin filizi. **2.** Çalı, ot.

Pürenvar *Far.* Rengarenk, çok renkli.

Pürfeyz Bereketli.

Pürheves *Far.* Çok hevesli, çok istekli.

Pürhuzur *Far.* Huzur dolu.

Pürşan *Far.* Çok şöhretli.

Pürşen *Far.* Neşe dolu, çok neşeli.

Pürtaravet *Far.* Taptaze.

Püser *Far.* Oğul vermek.

R

Rabia Dördüncü. **2.** Tanzimat'tan sonra kullanılan sivil rütbelerden biri.

Rabian Dördüncü olarak.

Raciye Rica eden, yalvarıp yakaran.

Radife **1.** Kabullenen, rıza gösteren. **2.** Boyun eğen.

Radiye Kabullenen. **2.** Boyun eğen.

Rafia Her türlü destek, ayaklık.

Rafiha Bolluk içinde, rahat yaşayan.

Rağbet **1.** İstek, arzu. **2.** Beğenme, itibar.

Rahile Kervan, yolcu kafilesi.

Rahime Acıyan, merhametli.

Rahşan Parlak, pırıltılı.

Rahşende *Far.* Parlayan, parıldayan, ışıldayan.

Raife Esirgeyici, merhametli.

Raika Sade, saf, katıksız.

Rakabe Köle, cariye.

Rakkas **1.** Rakseden, dans eden, oynayan. **2.** Sarkaç.

Rakkase Geçimini dans ederek sağlayan kadın.

Rana Çok güzel, hoş, âlâ.

Rasiha **1.** Sağlam, kökten güçlü. **2.** Özellikle din bilimlerinde çok bilgisi olan.

Rasime Eskiden kalma görenek. **2.** Merasim, tören.

Raşide **1.** Doğru yoldan giden. **2.** Akıllı.

Ratibe Maaş, aylık.

Raufe Çok merhametli, esirgeyen.

Ravza Suyu yeşilliği bol olan bahçe.

Rayiha Koku, güzel koku.

Raziye Kabul eden, boyun eğen, rıza gösteren, gönlü olan.

Rebia Baharla ilgili.

Refaket Arkadaşlık, yok arkadaşlığı.

Refia Yüksek, yüce.

Refiha Rahatlık ve huzur içinde yaşayan.

Refika **1.** Zevce, eş. **2.** Kadın arkadaş.

Rekin Gururlu, ağırbaşlı, yüksek.

Remziye **1.** İşaret ile ilgili. **2.** Simgesel.

Renan Çok ses çıkaran, çınlayan, inleyen.

Rengin *Far.* **1.** Renkli, boyalı. **2.** Hoş, latif ve güzel. **3.** Süslü, bezeli.

Rengial Al renkli.

Renim *Far.* Bağırma, çığlık.

Renk Işığın cisimlere verdiği görüntü niteliği, boya, tarz, şekil, usul.

Resmiye **1.** Devlet tarafından ya da devlet adına. **2.** Törenle ilgili. **3.** Çok ciddi, sert.

Reşide **1.** Doğru yolu tutan. **2.** Olgun, doğru davranışlarda bulunan.

Reviş *Far.* **1.** Yürüyüş, gidiş. **2.** Tarz, usul, yöntem.

RevnaGöz alan, göz alıcı bir güzellikte olan.

Revnak **1.** Güzellik, göz alıcılık, parlaklık. **2.** Tazelik, gençlik.

Reyhan Fesleğen. Yapraklarının güzel kokusu ile tanınan bir süs bitkisi.

Reyyan *Far.* Çok sulak.

Rikkat **1.** Acıma, yumuşaklık. **2.** İncelik, zariflik, içlilik.

Roman **1.** Uzun öykü. **2.** Çingene.

Rosa *Fr.* Gül rengi, pembe ile kırmızı arası bir renk.

Ruhan Güzel kokulu.

Ruhcan Üretken insan, hareketli, yaratıcı kişi.

Ruhinur Yüzü nurlu.

Ruhiye Ruhla ilgili.

Ruhsar **1.** Yanak. **2.** Yüz, sima, çehre.

Ruhsel İçi içine sığmayan, coşkulu.

Ruhuay Ruh güzelliği olan.

Ruhucan Samimiyeti yürekten olan.

Ruhugül Gül kadar temiz ,güzel, narin bir ruha sahip olan.

Ruhugülen Şen ruh yapısına sahip olan.

Ruhugüz Hüzünlü bir ruh yapısına sahip olan.

Ruhunaz Nazlı, bir karaktere sahip olan.

Ruhunur İçinde aydınlık bir ışık varolan.

Ruhuşan Ruhunda şöhret kazanma arzusu olan.

Ruhuşen Neşeli bir ruh yapısı olan, şen şakrak.

Rukiye Büyü, sihir.

Rüveyda Hoş, ince, nazik.

Rüya **1.** Düş. **2.** Gerçekleşmesi imkansız durum, hayal. **3.** Gerçekleşmesi beklenen, umut edilen şey.

Saadet Mutluluk, bahtiyar.

Saba 1. Yazın kuzeydoğudan esen hafif ve tatlı yel, tanyeli. **2.** Türk müziğinde bir birleşik makam.

Sabacan Tatlı dost.

Sabagül Şirin güzel.

Sabahat Güzellik, yüz güzelliği.

Sabanaz Sevimli, nazlı.

Sabanur Işık saçan.

Sabiha 1. Güzel, şirin, zarif. **2.** Yüzen, yüzücü.

Sabire 1. Sabreden, dayanan. **2.** Bir kötülüğü kızmadan, dişini sıkarak bekleyen.

Sabite Durağan yıldız.

Sabiye Ergin olmamış kız çocuğu.

Sabrınisa Sabırlı kadınlar.

Sabriye Sabırla ilgili, sabırlı, dayanıklı.

Sacide Secde eden, yere yüz süren.

Sada 1. Ses. **2.** Yankı.

Sadaret Başta bulunma, öne geçme, liderlik.

Sadberk *Far.* Bir gül türü.

Sade *Far.* **1.** Süsü, gösterişi olmayan; yalın, gösterişsiz. **2.** Anlaşılır olan, düz, basit, karışık olmayan. **3.** Doğru, içi temiz kişi.

Sadecan Kendi halinde içten, iyi ve temiz dost.

Sadegül Temizliği, dürüstlüğü ve güzelliğiyle bilinen.

Sadet 1. Yakınlık. **2.** Niyet, fikir. **3.** Konu üzerinde konuşulacak şey, konuya dönmek.

Sadıka *Far.* **1.** Sadıklar, bağlı olanlar. **2.** Doğru insanlar.

Sadiye Mutlulukla, uğurla ilgili.

Sadme 1. Çarpma, vurma. **2.** Sarsıntı. **3.** Hiç beklenmedik bir anda başa gelen bela.

Sadriye Göğüsle ilgili, göğüse ait.

Safder *Ar., Far.* Düşman saflarını yarıp bozan.

Safderun *Ar., Far.* İçi temiz ve saf olan.

Safdil İçi temiz, kötülük nedir bilmeyen.

Safican Temiz, içten dost.

Safigül Güzel ve temiz insan.

Safiha Yassı ve düz olan yüz.

Safinaz Çok nazlı, çok naz eden.

Safinur Çok aydınlık, temiz kimse.

Safir *Fr.* Mavi renkli değerli bir süs taşı türü, gök yakut.

Safiye Katıksız, duru.

Safiyet Saflık, temizlik, dürüstlük.

Sahba Şarap.

Sahibe 1. Herhangi bir şey üstünde mülkiyeti olan, istediği ve dilediği biçimde kullanan. **2.** Herhangi bir niteliği olan kimse. **3.** Bir iş yapmış, üstlenmiş veya bir eser ortaya koymuş kimse. **4.** Koruyan, arka çıkan, gözeten kimse.

Sahil 1. Deniz, nehir, göl kıyısı. **2.** Kıyı, yaka, yalı.

Sahire Büyücü kadın.

Sahra 1. Kır. **2.** Çöl.

Saide 1. Kutlu, uğurlu. **2.** Tanrı'nın beğendiği, cennetlik olmuş. **3.** Yükseğe çıkan, yükselen. **4.** Ses çıkartan, sesli, gürültülü.

Saika 1. Yıldırım. **2.** Sebep.

Saime Oruç tutan, oruçlu, niyetli.

Sakıye İçki dağıtan kadın.

Sakine **1.** Durgun, hareket etmeyen, kımıldamayan. **2.** Sessiz. **3.** Kimseyi rahatsız etmeyen, kızgınlık göstermeyen. **4.** Bir yerde oturan kimse.

Saliha **1.** Yararlı, iyi elverişli. **2.** Yetkili. **3.** Dinin buyruklarına uyan.

Salime **1.** Sağlıklı, sağlam, esen. **2.** Eksiksiz. **3.** Korkusuz, kendinden emin.

Saliye *Far.* Yeni yılın gelişini kutlamak amacıyla Muharrem ayında yazılıp sunulan kaside.

Salkım **1.** Üzüm gibi, birçoğu sap üzerinde bir arada bulunan. **2.** Salkım durumunda mor çiçekler açan ve çoğu asma gibi çardağa sarılan ağaç türü ve çiçeği.

Samahat "Semahat" isminin bir başka söyleniş biçimi.

Samia İşitme yetisi.

Samiha Cömert, eli açık.

Samime Bir şeyin için, özü, merkezi, temeli, kökü.

Samine Sekizinci.

Samire Meyve veren, meyveli.

Samiye **1.** Duyan, işiten. **2.** Yüce, ulu, yüksek. **3.** Dinleyen, dinleyici.

Samru Yüksek yer, tepe, üst.

Samur Değerli kürkü olan bir hayvan türü.

Sanal Ünlü, şöhretli.

Sanavber **1.** Şam fıstığı ağacı. **2.** Sevgilinin boyu posu.

Sanay Sanı ile ilgili, sandan gelen etki.

Sanem **1.** Çok güzel kadın. **2.** Put.

Sania İş, meşgale.

Saniha Düşünmeden, kendiliğinden doğan düşünce, fikir.

Saniye **1.** Sivil rütbelerden ikincisi. **2.** Dakikanın altmışta biri. **3.** Fizik ve mekanikte zaman birimi.

Sarfiye Giderle yapılan, masrafla ilgili.

Sargın Albenili, büyüleyici güzel.

Sarıcan Sarışın dost.

Sarıgül Sarışın, gül sarısı renkte.

Sarmal Helis biçiminde olan, helozoni.

Satı **1.** Yaşamın uzun sürmesi için doğumundan önce erenlere adanan çocuk. **2.** Satmak işi, satış.

Satıgül Satılan gül.

Satir Örten, kapatan.

Savlet Hücum etme, saldırma.

Saye *Far.* **1.** Gölge. **2.** Koruma, yardım, sahip çıkma.

Saygül Hem saygın hem gül gibi güzel.

Sayide Ezilmiş, yıpranmış, eskimiş.

Saynur Saygınlığıyla ışık saçan.

Seba Yedi.

Sebahat "Sabahat" isminin bir başka söyleniş biçimi.

Sebiha Gecelik, gece yatarken giyilen giysi.

Sebile Allah yolunda olan.

Sebu *Far.* **1.** Testi. **2.** Şarap kabı.

Seçen Benzerleri arasından ayıran, farklı olanı alan.

Seçil Beğeni, sevgi, üstünlük gösterilen.

Seçilay Güzelliğiyle üstünlük sağlayan.

Seçilcan Üstün dost.

Seçilgül Güzelliğiyle üstünlük sağlayan.

Seçilnaz Naz yapmasıyla kendine üstünlük sağlayan.

Seçilnur Çevresindekileri ferahlatmakla beğeni kazanan.

Seçilsay Saygınlığıyla beğeni toplayan.

Seçilsoy Üstün nitelikli bir soydan gelen.

Seçilsu Temizliği ve saflığıyla herkesin beğenisini kazanan.

Seçki 1. Beğenilmiş, seçilmiş. **2.** Şairlerin, yazarların, bestecilerin eserlerinden alınmış, seçme parçalardan oluşan eser, güldeste.

Seda Ses, yankı.

Sedacan Can dost.

Sedacık Sevimli sesler çıkartan.

Sedagül Kıpır kıpır güzel.

Sedanaz Nazlı güzel.

Sedanur Sesiyle ışık saçan.

Sedasu Çağlayarak akan su gibi.

Sedef Deniz hayvanlarının kabuğunda bulunan parlak, gök kuşağı renklerinde veya beyaz değerli taş.

Seden 1. Uyanık, gözü açık. **2.** Kabe'nin hizmetkarı.

Seher Sabahın gün doğmadan önceki hali, tan ağartısı.

Sehercan Güzel dost.

Sehergül Tan vakti açan gül.

Sehergün Günün ilk ışıkları.

Sehernaz İlk göz ağrısı.

Sehernur Işık saçan.

Sehersoy Güzel bir soydan gelen.

Sehertan Tan ağartısı.

Sehhar 1. Büyücü. **2.** Büyüleyici, büyülü gibi.

Sekine 1. Gönül rahatlığı, kafa dinçliği, inanç. **2.** Rahatlık, dinlenme. **3.** Ağır başlılık. **4.** Güvenç, güvenme.

Selay Ay'ın suya yansıyan parlak ışığı.

Selbin Bir suyla yıkanmış temiz, berrak.

Selcan Coşkulu, taşkın, hareketli

Selda Bir söğüt türü.

Seldacan Yürekten dost.

Seldagül Gül kadar güzel.

Seldağ Dağlardan akan sel.

Selek Cömert, konukseyer.

Selen Ses, haber, bilgi.

Selgün Güneş ışığının huzmesi, ışık demeti.

Seliha Bozulmuş, soyulmuş şey.

Selika Güzel konuşma ve yazma yeteneği.

Selime 1. Sağlam, kusursuz. **2.** Doğru, temiz. **3.** Kolayca iyileşen.

Selin Yağış sebebiyle oluşan ufak sel.

Selma Barış içinde huzur, erinç.

Selmin Barışçıl, barış ve sevgi dolu.

Selnur Yüreğindeki ışığı büyük bir coşkuyla saçan.

Selva Amerika'da Amazon, Afrika'da Nijer ırmakları gibi Ekvator bölgesindeki büyük suların geçtiği havzalarda bulunan geniş ve balta girmemiş ormanlara verilen ad.

Selvi *Far.* Akdeniz bölgesinde yetişen, kışın yapraklarını dökmeyen ince, uzun bir ağaç türü.

Selvican Selvi gibi endamlı ve üzel olan insan.

Sema **1.** Gök, gökyüzü. **2.** İşitme, duyma. **3.** Mevlevi dervişlerinin ney, mısfiye gibi çalgılar eşliğinde, kollar ını iki yana açıp dönerek yaptıkları ayin.

Semacan Gökyüzü gibi temiz ve sessiz dost.

Semagül **1.** Gökyüzü gibi yüksek. **2.** Gül gibi güzel olan.

Semahan Sema hükümdarı.

Semahat **1.** Cömertlik, el açıklığı. **2.** İyilikseverlik.

Semanur Gökyüzünün aydınlığı.

Semen *Far.* Yasemin çiçeği.

Semiha Cömert, eli açık.

Semin Değer, paha.

Semine Değerli, pahalı.

Semiramis Mitolojiye göre, basit bir ölümlüyle Tanrıça Derketo'nun kızı olan Semiramis eşi kral Ninos'un ölümünden sonra Asur İmparatorluğu'nun hakimi oldu. Babil ülkesin saraylar ve dünyanın yedi harikası arasında yer alan asma bahçeleriyle süsledi. Topraklarını genişletti ancak Hindistan'da yenildi. Bu yenilgi üzerine intihar ettiği ya da güvercin şekline dönüştüğü söylenir.

Semire Meyveli, meyve veren.

Semiye Adaş, adları aynı olan.

Semra Esmer kadın.

Senal Allı güzel.

Senar *Far.* **1.** Yar. **2.** Âşık, seven insan.

Senay Ay gibi güzel.

Sengül Gül kadar güzel olan.

Seniha Süs, bezek.

Seniye Yüksek, yüce.

Sennur Nur gibi güzel ve ışık saçan, aydınlık.

Seren Yelkenli gemilerde direkler üzerinde yelken açmak ve işaret kaldırmak için kullanılan yatay olarak bağlanmış, uçları ince gönder.

Serin Hafif soğuk olan hava.

Sera *Far., İt.* **1.** Toprak. **2.** Yeryüzü, dünya. **3.** Sebze ve meyvelerin yetiştirildiği ve hava şartlarına karşı korunduğu cam ve naylonla kaplıyer.

Seran Işıklı parlak.

Serap **1.** Özellikle çöllerde sıcağın etkisiyle su gibi görünen aldatıcı görüntü, yalgın, ılgın, pusarık. **2.** Öbür dünya, ahiret.

Seray Ay gibi güzel.

Serazat **1.** Serbest, hür, başıboş. **2.** Rahat, derdi olmayan, huzurlu.

Sereda Naz yapmakta önde giden.

Serefnaz *Far.* Başını yükselten, yükselen, benzerlerinden üstün durumda olan.

Serela Göz güzelliğinde üstüne olmayan.

Seren Yelkenli gemilerde üzerine dört köşe yelken açmak ve işaret kaldırmak için direğe yatay olarak bağlanan gönder.

Serenay Uzun boylu güzel.

Serencan İnce, zarif dost.

Serendaz *Far.* Çekinmeyen, korkmayan, fedakar, özverili.

Serengül Uzun boylu güzel.

Serfiraz *Far.* Baş eğme, söz dinleme.

Sergül Önde gelen gül.

Serim Hoşgörülü, sabırlı.

Sermin Başta gelen güzel, kibar.

Sernaz *Far.* Nazlı.

Sernur Başı ışıklı, aydınlık kişi.

Serpil Gelişmek, büyümek.

Serpin Yağmur.

Serra *Far.* Genişlik, kolaylık.

Sesil Büyüyüp gelişen.

Sertap *Far.* İnatçı, direngen.

Servican Uzun boylu arkadaş.

Servigül Uzun boylu, zarif, gül güzelliğinde kız.

Servigüzar Becerikli, zarif kız.

Servinaz *Far.* Uzun boylu, nazlı sevgili.

Servinisa Zarif kadınlar.

Servinur Işık saçan.

Servişan Zarifliğiyle tanınan, zerafat sahibi.

Servitan Zarif, uzun boylu ve bir tan vakti kadar güzel.

Serviyar Uzun boylu, zarif sevgili.

Seval Severek al.

Sevan Sev ve unutma.

Sevay Ay gibi sevilen.

Sevcan Can gibi sevilen, sevilecekk güzel.

Sevda 1. Güçlü sevgi, aşk. **2.** Aşırı ve güçlü istek, tutku.

Sevdacan Tutkulu dost.

Sevdagül Âşık olunacak kadar güzel ve zarif kişi.

Sevdakâr *Far.* Sevdalı.

Sevdanaz Nazına âşık olunan.

Sevdanur Işık saçan.

Sevdil Dili güzel olan.

Sevdiye Sevilsin diye sevilesi güzel.

Seven Sevgi ile dolu, birine tutku ile dolu olan kişi.

Sevenay Sevgisini güzellikle dışarı vuran.

Sevencan Tutkulu dost.

Sevencik Çok sevimli.

Sevendil Konuşma güzelliği.

Sevengül Gül gibi seven, gül seven.

Sevengün Güzel bir günde doğan.

Sevengüz Sonbahar güzelliği.

Sevennaz Nazlı güzel.

Sevennur Aydınlatıcı güzel.

Seventan Tan vakti güzelliği.

Sever Herşeyin olumlu yanını gören.

Sevgen Sevgi dolu.

Sevgi İnsanı bir şeye veya bir kimseye karşı yakın ilgi ve bağlılık göstermeye yönelten duygu.

Sevgican Candan dost.

Sevgim Sevgi duygusunun ifade tarzı.

Sevgin Sevme duygun çok olsun.

Sevginaz Nazlı sevgili.

Sevginur Işık saçan sevgili.

Sevgisel Coşkulu sevgili.

Sevgisun Sevgisini gizlemeyen.

Sevgişan Duyduğu sevgi ile ünlenmiş olan.

Sevgitan Duygusal, romantik.

Sevgiyar Sevilen, sevgili.

Sevgül Gül gibi sevilen.

Sevi Aşırı sevgi ve bağlılık duygusu, aşk.

Sevican İçten seven.

Sevigül Sevilen güzel.

Sevil Sevilen birisi olması istenen.

Sevilay Ay gibi sevimli, sevilgen.

Sevilcan Çok sevilen kişi.

Sevilen Gözde olan.

Sevilnaz Nazıyla kendini sevdiren.

Sevilnur İnsanları aydınlatmasıyla kendini sevdiren.

Sevilsu Gördüğü ilgiye, sevgiye aynı şekilde karşılık veren.

Sevilşen Şen şakrak olmasıyla kendini sevdiren.

Seviltan Tan vaktinin romantizmiyle kendini sevdiren.

Sevilyar Güzelliğiyle kendini sevdiren.

Sevim **1.** Sevmek işi, sevgi. **2.** Bir kimse veya bir şeyde bulunan ve o kimse veya şeyi başkalarına sevdiren özellik.

Sevin Sevilmekle ilgili.

Sevinaz Sevilen nazlı.

Sevinç İstenen veya hoşa giden bir şeyin olmasıyla duyulan coşku.

Sevingül Hoşnutluk ve mutluluk içinde ol ve gül.

Sevinur Sevgi ışığı saçan.

Seviye **1.** Birlik, beraberlik. **2.** Düzlük, doğruluk.

Sevkal Bir tek kişiyi sev ve bağlı kal.

Sevnaz Sev ve naz et.

Sevnur Hayranlık duyulan.

Sevra *Far.* Genişlik, kolaylık.

Sevşan Şöhretiyle sevilen.

Sevtan Güzelliğiyle sevilen.

Sevtap Tapılacak kadar çok sevilen.

Seylan Sel, akma, akış.

Seylap *Far.* Sel, su baskını, sel suyu.

Seyran **1.** Gezinme. **2.** Bakıp seyretme.

Seyyal Akıcı, akan, akışkan.

Seyyale **1.** Akan şey, sıvı. **2.** Akıntı.

Seyyare Gezegen.

Seyyibe Dul kadın.

Seyyide Saygıdeğer kadın.

Seza *Far.* Uygun, yaraşır, değer. **Sezel** Seziye dayalı, sezişle ilgili.

Sezen Duyan, hisseden, anlayan.

Sezgi **1.** Sezme yeteneği. **2.** Aklın yarımı olmaksızın gerçeğin doğrudan doğruya kavranması.

Sezin Duygulu, anlayışlı.

Sıdıka Çok doğru, hiç yalan söylemeyen kadın.

Sıla **1.** Bir süre ayrı kaldığı bir yere veya yakınlarına kavuşmak. **2.** Doğup büyüdüğü ve özlediği yer.

Sırma **1.** Altın yaldızlı veya yaldızsız ince gümüş tel. **2.** Altın sarısı renginde ve parlak saç. **3.** Subayların rütbesini gösteren şerit.

Sibel **1.** Buğday başağı. **2.** Henüz yere düşmemiş yağmur damlası.

Sidal Gölgelik yer.

Sim *Far.* **1.** Gümüş. **2.** Genellikle işlemelerde kullanılan gümüş görünüşünde ve parlaklığında olan iplik. **3.** Gümüş gibi parıldayan. **4.** İşaret.

Sima *Far.* **1.** Yüz, çehre, beniz. **2.** Kişi, kimse, insan.

Simay Gümüşten ay, parlak ay.

Simber Gümüşten ay, parlak ay.

Simce Gümüş gibi parlak beyaz.

Simden Gümüş gibi parıldayan.

Simge İşaret, sembol.

Simin *Far.* **1.** Gümüşten. **2.** Gümüş gibi beyaz, gümüş gibi saf, parlak.

Simla Gümüş gibi.

Simten *Far.* Teni gümüş gibi parlak, güzel.

Sincan Kırmızı renkte çiçekleri olan, çok yıllık ıtırlı bir bitki.

Sine *Far.* **1.** Göğüs. **2.** Gönül, yürek.

Sinem Gönlüm, yüreğim.

Sirap *Far.* Taze, körpe, genç.

Siren *Fr.* **1.** Mitolojide, belden aşağısı kuş ya da balık, belden yukarısı kadın biçiminde tasvir edilen deniz cini. **2.** Tiz ve yüksek bir ses çıkaran uyarı düdüğü; alarm, canavar düdüğü.

Sitare *Far.* Yıldız.

Solmaz Rengini, parlaklığını ve tazeliğini kaybetmeyen.

Sonay Yılın ya da belirli bir sürenin son ayı.

Sonbahar **1.** Güz. **2.** Sonbahar mevsimi.

Soncan **1.** Son çocuk olması temenni edilen. **2.** En iyi arkadaş.

Soneda Nazlı olmaması temenni edilen.

Songül **1.** Son açan gül. **2.** Son çocuk.

Songün Beklenen tarihin en son gününde doğan.

Songür Bereket, mutluluk.

Sonnur Son ışık.

Sonyar En son gözde.

Soygül Gül gibi güzel ve parlak bir soydan gelen.

Sözen Güzel ve etkileyici konuşma yeteneğine sahip olan.

Sözem Huzur veren kelimeler.

Su **1.** Hayat iksiri sıvı.**2.** Bir şeyin kenarına yapılan süs.

Suadiye Yararlı, faydalı.

Suay Su gibi berrak, ay gibi parlak.

Sudan Berrak, tertemiz.

Sudiye Faydalı.

Sulbiye Birinin soyundan gelen, onun çocuğu olan.

Sulhiye Barışla ilgili olan.

Sultan Çoğunlukla Osmanlı padişahlarına, bunların karılarına kızlarına verilen unvan.

Sumru Yüksek yer, üst.

Suna **1.** Boylu, poslu, filiz gibi. **2.** Yaban ördeği.

Sunar Takdim eden, saygılı.

Sunay Tanrı'ya dilek ve adaklarımızı sunma işi.

Sungu **1.** Bir büyüğe sunulan armağan. **2.** Bir tanrıya veya tapınağa yapılan bağış.

Sunu **1.** Sunulan şey. **2.** Piyasaya mal çıkartma.

Suphiye Sabah vakti, şafak ile ilgili.

Suzan *Far.* Yakan, yakıcı.

Suzen *Far.* İğne, iğne deliği.

Suzende *Far.* Yakıcı.

Suzidil *Far.* Doğu müziği makamlarından.

Suziş *Far.* **1.** Yanma, yakma. **2.** Etki yapma, dokunma. **3.** Yürek yanması, derin ve büyük acı.

Süeda Uğurlu kimse.

Süheyla Yumuşak ve iyi huylu, mütevazi kadın.

Sükûn 1. Durgunluk, dinginlik, hareketsizlik. **2.** Huzur, rahat. **3.** Dinme, yatışma.

Sükût Susma, söz söylememe, sessizlik.

Sülün Uzun kuyruklu, güzel bir kuş türü.

Sümbül Zambakgillerden soğanla üretilen, 15-20 cm. yükseklikte, çiçekleri kokulu çeşitli renklerde süs bitkisi. (Far.)

Sümer Mezopotamya'da İ. Ö. 4000 yıllarında yaşamış, Orta Asya'dan göç eden, dil ve bazı gelenekler bakımından ral-Altay Türkler'i ile bağlantılı oldukları kabul edilen, uyguarlıkta çok ileri gitmiş bir millet, bu milletten olan kimse.

Sümeyre 1. Meyve çağlası. **2.** Yaprak kıvrımı.

Sümre Esmer, kara yağız.

Sünbüle Başak.

Sürmeli Gözleri doğuştan sürmeli kız.

Sürüri Neşeli, sevinçli.

Süsen *Far.* Yaprakları kılıç biçiminde çiçekleri iri ve mor renkli, güzel görünüşlü ve kokulu, çok yıllık bir süs bitkisi.

Süveyda Kalpteki gizli günah.

Süzül 1. Bakılan, sevilen, beğenilen. **2.** Süzgün bakışlı.

Ş

Şadıman Halinden şikayetçi olmayan, memnun.

Şadiye Kendisiyle barışık olan.

Şafaknur Gün doğumu öncesindeki aydınlık.

Şafiye Şefaat eden, birinin bağışlanması için aracılık eden.

Şahdane 1. Büyük inci. **2.** Kenevir tohumu.

Şahande *Far.* **1.** Dindar. **2.** Mutlu, temiz kalpli.

Şahane *Far.* **1.** Hükümdarla ilgili, hükümdara özgü olan. **2.** Çok güzel, çok mükemmel, üstün nitelikli.

Şahbanu *Far.* Hükümdar eşi, şah hanımı.

Şahdane *Far.* İnci tanesi.

Şahande İçinde bulunduğu ortamde memnunluk duyan, huzurlu.

Şaheser *Far.* **1.** Üstün ve kalıcı nitelikte olan. **2.** Değeri üstün olan, üstün nitelikli.

Şahide Mezarın baş ve ayak ucuna dikilen, üzeri yazılı ve çiçekli mermer taşı.

Şahika Dağın tepesi, doruk, zirve.

Şahmaran/Şahmeran Mitolojide başı insan, gövdesi yılan biçiminde efsanevi canavar. (Yılanların hükümdarı olduğuna inanılan bu canavar, gömülere bekçilike eder, soluğu ve bakışıyla öldürürdü.)

Şahname *Far.* Şahların yaşam öyküsünü anlatan manzum eser.

Şahnaz *Far.* Çok nazlı.

Şahnigar Resmedilen.

Şahnisa *Far.* Sözü geçen, otoriter ve saygın kadın.

Şahnur *Far.* Aydınlık kimse.

Şahsar **1.** Dallı budaklı ağaçlar. **2.** Ağaçlık yer, koruluk.

Şahsen **1.** Kendisi. **2.** Yüzünde görülen. **3.** Cisim, şekil, görünüş bakımından.

Şahsenem Kadınlar arasında en güzel olanı, şahaser.

Şahser Gücünü gösteren.

Şahseren Gücünü gözler önüne seren, güçlü.

Şahver *Far.* İri ve güzel, kalite inci.

Şaika İstekli, hevesli, arzulu, şevkli.

Şaikane *Far., Ar.* İsteklice, şevkli olarak.

Şairan Şairler, ozanlar.

Şaire Şiire yazan kadın.

Şakrak Güzel ötücü bir tür kuş.

Şamiha **1.** Yüksek. **2.** Kibirli.

Şamile Bir şeyi kuşatan, bütünüyle kaplayan, çevreleyen.

Şanal Adın duyulsun, şöhretli ol.

Şarika Doğan, parlayan.

Şarkan Doğu yönünden.

Şayan *Far.* Yakışır, yaraşır, uygun.

Şayeste Değerli, uygun, layık.

Şayeste *Far.* Uygun, yaraşır.

Şayia **1.** Yayılmış haber. **2.** Yaygın söylenti.

Şaylan *Far.* Nazlı, neşeli.

Şaziment Benzersiz olan, farklı.

Şaziye *Far.* Kural tanımayan.

Şebnem *Far.* Havada buğu durumundayken akşamın ve gecenin serinliğiyle yerde veya bitkilerde toplanan küçük su damlaları, çiy.

Şebnur *Far.* Gecenin ışığı, ay ışığı.

Şefika Sevecen, merhametli, şefkatli.

Şefkat Acıyarak veya koruyarak sevme, sevecenlik.

Şehamet Zekâ ile aklı birleştiren.

Şehbal *Far.* Kuş kanadının en uzun tüyü.

Şeher "Seher" isminin bir söyleniş biçimi.

Şehime Zekâ ile aklı birleştiren.

Şehla **1.** Tatlı şaşı, yarım şaşı. **2.** Ela gözlü kadın.

Şehnaz *Far.* Türk müziğinin eski makamlarından.

Şehper *Far.* Kuş kanadının en uzun tüyü.

Şehrazat *Far.* **1.** Kendi kendine yaşayan, özgür. **2.** Binbir gece masallarında, bu masalları anlatan kişi.

Şehriban Kentin en büyüğü, vali.

Şehrinaz Kentin nazlısı.

Şehriye Çorba yapmakta kullanılan, türlü biçimlerde kurutulmuş buğday unu hamuru.

Şehvar İri ve kaliteli inci.

Şeker *Far.* **1.** Sevimli, cana yakın ve güzel. **2.** Şekerkamış, şeker pancarı, patates, havuç, mısır, buğday gibi birçok bitkilerin sap ve köklerinin öz suyundan, nişastasından çıkarılan, çoğu tatlı olan maddelerin ortak adı.

Şekerpare *Far.* **1.** Çok tatlı bir kayısı çeşidi. **2.** Bir çeşit hamur tatlısı. **3.** Çok sevimli, cana yakın kız.

Şekliye Şekilcilik, biçimsellik.

Şelale Büyük çağlayan, çavlan.

Şemime Güzel kokan.

Şeminur Mum ışığı, mum aydınlığı.

Şemsinisa *Far.* Kadınların aydınlığı.

Şemspare *Far., Ar.* **1.** Güneş parçası. **2.** Çok parlak.

Şenay Ay kadar güzel olup da neşesini yitirmeyen.

Şenbahar Bahar kadar güzel ve onun neşesini taşıyan.

Şenbul Neşeli, mutlu ol.

Şenece Neşeli güzel.

Şengül Güler yüzlü, canlı, neşeli, hareketli, sevecen.

Şengün Sevinçli gün.

Şeniz *Far.* Mutlu anılar.

Şennaz Nazlı ve neşeli.

Şennur İnsana huzur veren aydınlık.

Şensu Mutlu ve su gibi berrak.

Şerare Kıvılcım, ateş parçası.

Şerbet **1.** Meyve suyu ile şekerli su karıştırılarak yapılan içecek. **2.**Tatlı ve şirin.

Şerefnaz Büyük, ulu ve nazlı, edalı.

Şeren **1.** Güzel sözler sarfeden. **2.** Atak.

Şerife Kutsal, şerefli, soylu.

Şermin *Far.* Utangaç, mahçup.

Şetaret **1.** Şenlik. **2.** Sevinç, neşe.

Şevkiye **1.** Şevkle ilgili. **2.** Neşe ve coşku dolu.

Şevval Arabi aylardan onuncu ay, bayramı ayı.

Şeyba Beyaz saçlı kadın, ayın son gecesi.

Şeyda *Far.* Çılgınca âşık olan, deli divane.

Şeydacan Arkadaş canlısı, dostlarına düşkün olan.

Şeydagül Gül delisi, gül hayranı.

Şeydanaz Naz yapmaya meraklı, çok nazlı.

Şeydanur Herkesin derdine derman bulmaya çabalayan, yardımsever.

Şeyma **1.** Vücudunda ben olan. **2.** Tutkulu.

Şeza Koku, aroma.

Şezre Süs için takılan veya asılan inci ve altın.

Şıra Üzümden yapılan mayhoş bir içeçek, sarımsı renkte.

Şıray Çok aydınlık, çok ışıklı.

Şimal Kuzey.

Şiraze *Far.* **1.** Düzen, nizam. **2.** Bağ, örgü.

Şivecan Nazlı arkadaş, dost.

Şivekâr *Far.* İşveli, nazlı.

Şivenaz Çok nazlı.

Şivenüma *Far.* **1.** Nazlanan, naz gösteren. **2.** Türk müziğinin makamlarından biri.

Şiveyar Nazlı sevgili.

Şöhret Herkesçe tanınma durumu, ün, san.

Şölen **1.** Bir olayı kutlamak amacıyla biraraya gelinerek yenilen yemek, ziyafet. **2.** Sanat gösterisi. **3.** Dini tören niteliğindeki yemek toplantısı.

Şule Alev, parıltı.

Şuledar Alevli, parlıtılı.

Şuride *Far.* Tutkun, âşık, sevdalı.

Şükrane İyilik bilmenin belirtisi.

Şükrüye Minettarlık.

Şükûfe *Far.* Filiz, çiçek.

T

Taciser Baştacı edilen.

Tacizer *Far.* Altın taç.

Taçnur Nur saçan taç.

Tadım Tat aldığım, güzelim, şekerim.

Taflan Gülgillerden, kışın yapraklarını dökmeyen çiçekleri salkım durumunda ve beyaz olan, süs bitkisi olarak bahçelerde yetiştirilen küçük bir ağaç.

Tahire Temiz. Tasavvufta Tanrı'nın emirlerine karşı gelmekten koruduğu saf kimse.

Tahsine Takdir etme, beğendiğini alkışlayarak gösterme.

Tahsire Hasret bırakma, özletme.

Taibe Tövbe eden, pişmanlık duyan.

Talia Doğma, doğuş.

Talibe **1.** İsteyen, istekli, talepte bulunan. **2.** Kız öğrenci.

Taliha Rastlantıları düzenlediğine ve insanlara iyi veya kötü durumlar hazırladığına inanılan doğa üstü güç, şans, felek.

Taluy Sevilen, beğenilen.

Tamay Dolunay, ayın on dördü.

Tanay Şafak kızıllığı.

Tanaydın Günün ilk ışıkları.

Tandan Tan güzelliğinde olan.

Tanegül Gül tanesi, tek gül.

Tangül Şafak renginde gül.

Tangün Güneşin doğuşu.

Tannur Tan vakti ışığı.

Tansel Şafak vakti seli.

Tanseli Gün ağarırken gelen sel.

Tanyel / Tanyeli Tan ağarırken esen rüzgar.

Tanyeri Güneşin doğduğu sırada ufukta aydınlanan yer.

Tanyüz Yüzü tan renginde olan.

Tanzer Sarı altın rengindeki tan.

Tasvir Tasarlama, bir şeyi sözle veya yazıyla anlatma, göz önünde canlandırma.

Tatlı Tadı şeker gibi olan, çekici.

Taya *Far.* Dadı.

Tayyibe Güzel davranış, hoşa giden söz.

Taze *Far.* **1.** Dinç, yıpranmamış, yorulmamış. **2.** Yeni, son, zamanı geçmemiş. **3.** Genç kadın.

Tazegül *Far.* Yeni kopartılmış gül.

Tebessüm Gülümseme.

Tekay Eşi benzeri olmayan ve ay kadar güzel olan.

Tekgül Eşsiz güzellikte olan.

Teknur Eşsiz, ışık saçan.

Teksin Eşsiz, bir tane.

Telvin Renk verme, renklendirme, boyama.

Temayül Bir yana tutma, o tarafa eğilim gösterme.

Temenni Dileme, dilek.

Temime Nazarlık, nazar boncuğu.

Temsil **1.** Benzetme. **2.** Bir şeyin tıpkısını yapma. **3.** Örnek söz. **4.** Tiyatro oyunu. **5.** Biri yada bir topluluk adına davranış.

Tenay Ay tenli, teni ay gibi parıldayan, ışıldayan.

Tendü Yiğit, cesur.

Tenigül Güzel tenli olan.

Tennaz Nazlı, teni güzel olan.

Tennur Nur gibi tenli, aydınlık güzel.

Tennure Mevlevi dervişlerinin semah ayini sırasında giydikleri kendine özgü geniş etekleri olan giysi.

Tenperver *Far.* Yeyip içmeyi, keyfini, rahatlığını düşünen.

Teren *Far.* Nesteren gülü.

Teşrife **1.** Onurlandırma, şereflendirme. **2.** Gelmesiyle bir yeri onurlandırma.

Tevfika **1.** Uydurma, uygun duruma getirme. **2.** Uzlaştırma, barıştırma. **3.** Tanrı'nın yardımına kavuşma.

Tevhide **1.** Birleştirme. **2.** Tanrı'nın tek olduğuna inanmak. **3.** Allah'ın birliği inancını işleyen manzume. **4.** Tektanrıcılık.

Tezay Çabuk ol.

Tezgül Güzelliğiyle çabuk serpilen.

Teznur İçi içine sığmayan.

Tezsal Aceleciliğiyle tanınan.

Tılsım **1.** Doğaüstü işler yapabileceğine inanılan esrarlı güç. **2.** Çare, kuvvet.

Tijen Taç, taçlar.

Tilbe Derviş, gezgin.

Tiraje *Far.* **1.** Gökkuşağı. **2.** Koni biçiminde tepe.

Tomurcuk **1.** Bir bitkinin üzerinde bulunan ve ileride sap, çiçek veya yaprak verecek olan filiz. **2.** Çiçek verecek olan gonca.

Topay Dolunay, ayın on dördü.

Topaz *Fr.* Kahverengi veya soluk sarı renkte değerli süs taşı.

Tuba **1.** Cennette bulunduğuna inanılan kökü yukarıda, dalları aşağıda bulunan büyük ağaç. **2.** Güzellik, iyilik. **3.** Rahat.

Tuğçe *Far.* Küçük tuğ.

Tuhfe **1.** Armağan, hediye. **2.** Yeni çıkma, hoşa giden güzel şey.

Tula Çok uzun, uzun boylu.

Tulen Boyca, boyunca uzun.

Tuluğ Doğma, doğuş ile ilgili.

Tulû Doğuş, doğma. (Güneş için anlamında).

Tutku **1.** İstenç ve belli toplumsal yargıları aşan güçlü coşku. **2.** Güçlü istek durumundaki eğilim. **3.** Bu istek ve eğilimin yöneldiği amaç.

Tülay **1.** Ayın ince ışığı. **2.** Tül gibi beyaz bulutların arkasından görülen ay.

Tülcan İnce yürekli, nazenin.

Tülen İlk defa çocuk sahibi olan kadın.

Tülin Ayın çevresinde görülen ışık halkası, ayna.

Tülinay Ayın tülin hali.

Tümay Bütün ay, dolunay.

Tün Gece.

Tünay Gece ve ay.

Tünaydın Akşamüzeri söylenen bir selamlama sözü.

Türkân **1.** Kraliçe. **2.** Güzel kız.

Türkay Ay gibi parlayan.

Türkü *Tür., Ar.* Hece ölçüsü ile yazılmış ve halk ezgileriyle bestelenmiş manzume.

Tüzün Düzgün, derli toplu.

U

Ubeyde Tanrı'nın kölesi.

Uğuray Uğur getireceğine inanılan.

Uğurgül Uğurlu gül.

Uğurgüz Sonbaharın uğur getirmesi.

Uğurnaz Nazlı, şanslı.

Uğurnur Işığıyla şans veren.

Uğurşan Uğurlu, şanlı, şöhretli.

Uğurşah Uğurlu, güçlü.

Uğurten 1. Teninin güzelliğiyle uğur saçan. **2.** Şanslı güzel.

Uhde 1. Birinin yapmakla yükümlü olduğu iş, görev. **2.** Sorumluluk üstünde olmak, sorumluluk altında olmak.

Ulunay Ayın yüceliği.

Ulviye Yüce, ulu, yüksek.

Ulviyet Yücelik, ululuk, yükseklik.

Ulya En yüce, en ulu, en yüksek.

Umay 1. Göktürk yazıtlarında adı geçen bir Tanrıça. **2.** Mitolojik Huma kuşu.

Umran 1. Bayındırlık. **2.** Uygarlık, medeniyet. **3.** İlerleme, mutluluk, refah.

Unan Sadakat, bağlılık, hak.

Unat Doğru yolu bulmuş.

Uraz Şans, talih.

Urza Hedef, amaç.

Usul 1. Bir amaca erişmek için izlenen, tutulan yol, yöntem, tarz. **2.** Yavaş. **3.** Alaturka müzikte tempo.

Usun Hüzün.

Uzan Yetişen, büyüyen, gelişen.

Uzca Uzmanca yetenekli, becerikli.

Ü

Üfteda *Far.* Düşkün, biçare âşık.

Ülcan Ele avuca sığmayan, canlı.

Ülez Gün batımı.

Ülfet 1. Alışma, kaynaşma. **2.** Görüşüp konuşarak dostluk kurma. **3.** Huy etme, alışkanlık.

Ülgeray Kadife gibi yumuşak ve güzel olan.

Ülküye Ülkü sahibi.

Ümera Emirler, emredenler.

Ümeyra Hükmeden, efendi.

Ümmiye Ana ile, anne ile ilgili.

Ümmühan Hükümdar anası.

Ümran 1. Bayındırlık. **2.** Uygarlık, medeniyet. **3.** İlerleme, mutluluk, refah.

Ünlünaz Nazlılığıyla ünlenmiş olan.

Ünlünur Saçtığı iyilik ışığı ile ünlenmiş olan.

Ünsel Ünüyle, şöhretiyle coşan.

Ünzile Gönderilmiş, haber verilmiş.

Ürengül Artan, çoğalan gül.

Ürünela Gözlerinin güzelliğiyle bilinen, tanınan.

Ürünser Başlarını gözler önüne seren.

Ürünsu Bolluk, verimlilik.

Üstünbüke Güzelliğiyle dikkat çeken.

Üstüncan En iyi dost, yürekli dost.

Üstünel Usta, becerikli.

Üstüngül Çok üstün güzel.

Üzer Üst, kaynak, faiz.

Üzgü Yersiz ve gereksiz olarak çektirilen üzüntü, eziyet.

V

Vacibe 1. Yapılması şart olan şey. **2.** İslam dininde farzdan sonra gelen emir.

Vacide 1. Varlıklı, zengin. **2.** (Tanrı'nın sıfatlarından biri.) Meydana getiren.

Vadide Söz veren, vaatte bulunan.

Vahibe 1. Hibe eden, bağışlayan. **2.** Tek, yalnızca bir tane olan.

Vahide Tek, yalnızca bir tane olan.

Vahime Kurma, kuruntu.

Valide 1. Doğuran. **2.** Anne, ana.

Varak Yaprak, yazılı kağıt.

Vasfiye Vasfeden, bildiren, nitelendiren.

Vasıla Ulaşan, birleşen.

Vecdiye Coşku ile kendinden geçme.

Vecihe Güzel, hoş, uygun olan.

Vecize Derin ve anlamlı söz, özdeyiş.

Veda 1. Sevilen şeylerden ayrılma. **2.** Ayrılırken birbirine selam ve esenlik dileme.

Vedia Saklanılması için teslim edilen şey, emanet.

Vedide Sevgi ve acıması çok olan.

Vefakâr *Ar., Far.* Sevgisi güçlü ve kalıcı olan.

Vefika Düşünceleri birbirine uyan, aynı düşüncede olan.

Vehbiye 1. Tanrı vergisi. **2.** Doğuştan olan.

Vekil 1. Temsilci. **2.** Birinin işini görmesi için kendi yerine bıraktığı veya yetki verdiği kimse. **3.** Bakan.

Velide 1. Yeni doğmuş çocuk. **2.** Köle, kul. **3.** Cariye.

Veliye Ermiş evliya kadın.

Vemiş *Lat.* **1.** Çoban yıldızı. **2.** Güneşe en yakın olan gezegen.

Venüs *Fr.* Merkür'den sonra güneşe en yakın gezegen, çoban yıldızı.

Verda Gül.

Verdinaz Naz gülü.

Verka Yabani güvercin.

Vesalet Aracı olma, vasıta olma.

Vesamet *Ar.* Güzel yüzlü, nur yüzlü.

Vesile 1. Neden, sebep, neden olma. **2.** Elverişli olma durumu, fırsat.

Vesime Güzel yüzlü.

Vezin 1. Tartı. **2.** Ölçü.

Vezire İradeci, kadın komutan.

Vicdan Kişiyi kendi davranışları hakkında bir yargıda bulunmaya iten, kişinin kendi ahlak değerleri üzerine dolaysız ve kendiliğinden yargılama yapmasını sağlayan güç.

Vildan 1. Yeni doğmuş çocuklar. **2.** Köleler.

Vira *İt.* Durmadan, aralıksız, sürekli.

Vuslat Sevgiliye kavuşma.

Yakar Güzelliğiyle yürek yakan.

Yakut 1. Pembe veya erguvan tonlarıyla karışık koyu kırmızı renkte, saydam olan değerli bir süs taşı. **2.** Kuzeydoğu Sibirya'da yaşayan bir Türk topluluğu ve bu topluluktan olan kimse.

Yalaz Alev.

Yaldız 1. Eşyaya altın veya gümüş görünüşü vermek için kullanılan, sıvı veya yaprak durumundaki, altın, gümüş ve bunların taklidi olan madde. **2.** Aldatıcı dış görünüş, göz boyama.

Yalınay Gökyüzünde halesiz parlayan ay, dolunay.

Yalınca Sadece, çıplakça.

Yalıncan İçi dışı bir olan, içten dost.

Yaprak Bitkilerin solunumunu sağlayan, yeşil ve türlü biçimlerdeki ince bölümü.

Yar *Far.* **1.** Çok sevilen, sevgili. **2.** Dost, tanıdık. **3.** Yardımcı.

Yarcan *Far.* Çok sevilen, sevgili.

Yarence Yaren gibi, yarene benzer.

Yarkınbüke Güneş aydınlığı gibi güzel.

Yarpuz Çiçekleri birbirinden ayrı halka biçiminde nane türünden kısa saplı, az veya çok tüylü güzel kokulu bir bitki.

Yasemin *Far.* Çeşitli renklerde, kokulu çiçekleri olan bir bitki.

Yaşıl Yeşil.

Yaşın Işık, parlaklık, şimşek.

Yaşmak İnce yüz örtüsü, hafiflik.

Yayla 1. Dağlık, yüksek yerlerde, kışları boş kalan, yazları havası, güzel suyu ve otu bol olduğu için geçici olarakbir süre oturulan yer. **2.** Genellikle yüksek vadilerle, derince yarılıp parçalanmış, üzerinde düzlüklerin belirgin bir şekilde bulunduğu yeryüzü parçası.

Yazgan Süsleyici, sürekli yazan.

Yazgı Alın yazısı, kader.

Yazgül Yaz gibi sıcak, gül gibi güzel.

Yazgülü 1. Yazın açan gül çiçeği. **2.** Havalı güzel.

Yediveren Yılda birkaç defa çiçek açıp meyve veren bir bitki.

Yegâh *Far.* Doğu müziğinin en eski makamlarından.

Yegâne *Far.* Biricik, tek.

Yelcan Rüzgar gibi hızlı olan.

Yelda *Far.* **1.** Uzun. **2.** Yılın en uzun gecesi.

Yelesen Rüzgar gibi esen.

Yeliz Ferah yer, aydınlık, havadar.

Yelkin Hazır duruma gelmiş, ayaklanmış.

Yelten Davran, teşebbüs et.

Yenal Üstün gelen, zafer kazanan, muzaffer.

Yenigül Yeni açmış gül kadar güzel.

Yenigün Yeni başlayan gün, yeni zaman.

Yeşim Açık yeşil ve pembe renkli kolay işlenen değerli bir taş.

Yeter 1. Yeterli, kafi. **2.** Son olması için çocuğa verilen isim.

Yıldanur Nurlu yıl, şanslı yıl.

Yıldız 1. Gökyüzündeki ışıklı cisimlerin her biri. **2.** Sinema veya sahne sanatçısı, star. **3.** Bir toplulukta veya bir meslekte üstün başarı gösteren kimse. **4.** Şans, talih, baht.

Yıldızhan Güçlü şans.

Yomut Uğur, şans getiren hediye.

Yonca 1. Nemli yerlerde kendiliğinden yetişen üç yapraklı, menekşe renginde bir çayır bitkisi. **2.** Çiçekleri kırmızı veya mor renkli çayır bitkilerinin genel adı.

Yosun Tatlı bitkilerin karada ve suda yetişen ilkel yapılı örneklerine verilen ortak ad.

Yöre Bir bölgenin belli bir yer ve çevresini kapsayan sınırlı bölümü.

Yudum Bir içimlik sıvı.

Yumak Top biçiminde sarılmış iplik.

Yumuk 1. Yumulmuş olan, yumulmuş gibi duran. **2.** Tombul.

Yuna Yıkanmış, temiz, pak.

Yunak Yıkanma yeri, banyo, hamam.

Yunar 1. Temiz kişi. **2.** Temizlik yapan kadın.

Yurdagül Ülkesini gül gibi güzel gören.

Yurdagülen Ülkesine sevgiyle bağlı olan.

Yurdum Vatanım, ülkem.

Yurtsevil Vatanı gibi sevilmek arzusunda olan.

Yurtsevin Vatanı ile sevinen.

Yücenur Nurlu, uğurlu kişi.

Z

Zafire Savaşta düşmanı yenen, muzaffer.

Zahide Bağlı olduğu dinin kurallarına ve buyruklarına sıkı sıkı bağlı olan.

Zahire 1. Parlak. **2.** Açık, belli, ortada görünen. **3.** Gerektiğinde harcanmak üzere ambara konan yiyecek.

Zaide 1. Artan, çoğaltan. **2.** Çok fazla, gereksiz.

Zaika Tat alma.

Zakire 1. Zikreden, dua eden. **2.** Hatırlatan, anan.

Zaliha Su perisi.

Zambak Güzel, iri çiçekli çok yıllık bir süs bitkisi.

Zarafet İncelik, güzellik, zariflik.

Zarif İnce yapılı, güzel, hoş.

Zarife 1. Çekicilik, biçim, görünüş, durum ve davranışlarıyla hoşa giden, beğenilen. **2.** Hoşa gider bir biçimde konuşan.

Zatiye Kişisel, kendine ait.

Zehra 1. Yüzü pek beyaz ve parlak olan. **2.** Hz. Fatma'nın lâkabı.

Zehre *Ar.* Çiçek.

Zekâvet Anlayış, zekilik, çabuk kavrama.

Zekire Unutmayan, hafızasına güvenen.

Zekiye 1. Anlama, kavrama yeteneği olan, zekâsı olan. **2.** Çabuk ve kolay kavrayan. **3.** Zekâ varlığı gösteren.

Zeliha 1. Su perisi. **2.** Peri kız.

Zeliş Zeliha, su perisi.

Zennube *Ar.* Günahkâr kız.

Zennur Zinnur, ışıklı, nur saçan.

Zercan Altın kalpli arkadaş.

Zeren Zeki, akıllı, anlayışlı, çabuk kavrayan.

Zergül *Far.* Altın gül.

Zergün *Far.* Altın gibi güzel, değerli.

Zerin Altından ya da altına benzer olan.

Zerka Gök gözlü mavi.

Zerrin *Far.* **1.** Altından yapılmış, altın. **2.** Altın gibi sarı. **3.** Parlak. **4.** Fulya.

Zevce **1.** Kadın, eş. **2.** Erkeğin nikahlı karısı.

Zeynep/Zeyneb *Ar.* **1.** Süs, bezek. 2. Hz. Muhammed'in büyük kızı.

Zeyno "Zeynep" isminin bir başka söyleniş biçimi.

Ziba *Far.* **1.** Süslü. **2.** Güzel.

Zican *Far.* Cana yakın, içten, yürekten kimse.

Zihniye Zihni ile ilgili.

Zinnur Nurlu, ışıklı, aydınlık.

Ziver *Far.* Süs, bezek.

Ziynet Süs, bezek.

Zuhal *Ar.* Satürn gezegeninin adı. Nahs-ı ekber sayılır, gam, kaygı vericidir. Ahmaklık, cahillik, pintilik, yalan ve fenalık, bu yıldızın altında doğanlarda olur, rivayetlere göre...

Zulal Hafif, güzel, soğuk su.

Zübeyde Özet, öz.

Zühal Satürn gezegeninin adı.

Zühre *Ar.* Çoban yıldızı, Venüs.

Zülal *Ar.* **1.** Saf, temiz, hafif tatlı su. **2.** Yumurta akı.

Züleyha *Ar.* Su perisi.

Zülfünaz Sevgilinin nazı.

Zülfiye *Ar.* Sevgilinin saçı.

Zülfübar *Far.* Dağılmış, saçılmış saç.

Zülfüyar *Far.* Sevgilimin zülfü, saçı.

Zülüf *Far.* **1.** Yüzün iki yanından sarkan saç lülesi. **2.** Sevgilinin saçı.

Zümra *Ar.* Akıllı, çabuk kavrayan kadın.

Zümrüt *Ar.* Cam parlaklığında, yeşil renkte, saydam bir süs taşı.

KAYNAKÇA

Adviye Aysan-Selma Tuncay, *Türk Adları Sözlüğü,* V Yayınları, 1987

Ali Püsküllüoğlu, *Çocuk Adları Sözlüğü,* Özgür Yayınları, 2. basım, 1987

Ali Püsküllüoğlu, *Türkçe Sözlük,* Doğan Kitap, 1999

Arif Hikmet Par, *A'dan Z'ye Ansiklopedik Türk İsimleri Sözlüğü,* Serhat Yayınevi, 1981

Ferit Devellioğlu, *Osmanlıca-Türkçe Ansiklopedik Lûgat,* Aydın Kitabevi, Ankara, 2000

Emin Refik Kırış, *Türk Adları,* 1939

F. Kemal Ermiş - Feyza Ermiş, *Ansiklopedik Çocuk Adları Sözlüğü,* Gün Yayıncılık, tarih belirtilmemiş.

Hüseyin Kâzım Kadri, *Türk Lûgatı* (4. Cilt), İstanbul, 1928-1945

İsmet Zeki Eyüboğlu, *Türk Dilinin Etimoloji Sözlüğü,* Sosyal Yayınları, Gözden geçirilmiş 4. baskı, 1998

Kemal Zeki Gencosman, *Ansiklopedik Türk İsimleri Sözlüğü,* İstanbul 1975

M. Cavit-O. Saffet, *Türk Adları,* Muğla Halkevi Neşriyatı, 1934

Metin Celal, *Çocuk Adları: Kadın ve Erkek Adları Sözlüğü,* Papirüs, 1996

Meydan-Larousse *Büyük Lûgat ve Ansiklopedi* (13 cilt)

M. Kemal Çalık, *Türk Ad ve Soyadı Sözlüğü,* Kastaş Yayınları, 1991

Murat Uraz, *Türk Adları,* Yeni Şark Bitik Evi, 1935

Öner Yağcı, *En Güzel Çocuk Adları Sözlüğü,* Gün Yayıncılık, 2000

Prof. Süleyman Uludağ, *Tasavvuf Terimleri Sözlüğü,* Kabalcı Yayınları, 2002

Şemsettin Kutlu, *Türkçe Kadın ve Erkek Adları,* Türk Tarih Kurumu, 1966

TDK, *Derleme Sözlüğü* (11 cilt), Ankara, 1980

TDK *Türkçe Sözlük,* Türk Tarih Kurumu, 1966

TDK *Türkçe Sözlük* (2 cilt), Türk Tarih Kurumu, 1998

Vildan Uğur, *Çocuk Adları Kılavuzu,* Cem Yayınevi, 1997